三高の見果てぬ夢

中等・高等教育成立過程と折田彦市

厳平著

思文閣出版

三高の見果てぬ夢——中等・高等教育成立過程と折田彦市——　目次

凡例

◇史・資料の引用に際しては、次のような基準にしたがった。
・旧字体の漢字は、原則として、人名を含めて通行の字体に改めた。
・仮名の清濁、平仮名と片仮名の表記については、両者が混用されている場合を含めて原文通りとした。
・判読不能な箇所は□□とした。
・文書名など不詳の場合に［　］をつけた。
・年号を西暦に統一した。
・読みやすさを考慮して、適宜、句読点を加えた。
◇京都大学大学文書館所蔵『第三高等学校関係資料』の引用にあたり、「大学分校規則並授業用書附元中学生改編入伺ノ件」『明治十八年文部省伺届原稿』（８５００１８-66）のように、「文書名」『簿冊名』（簿冊の整理番号―文書名の番号）の順に詳記した。簿冊の整理番号については、同文書館において現在、新たに番号の付け替え作業を行なっている。未公開文書も多いため、本書においてはすべて、旧京都大学総合人間学部附属図書館所蔵当時の整理番号で統一した。

三高の見果てぬ夢

――中等・高等教育成立過程と折田彦市――

序　章　近代日本教育史における中等・高等教育

第一節　研究の課題

本書は、明治前期、とりわけ一八八〇～九〇年代における中等・高等教育の成立過程を、第三高等中学校（一八九四年から第三高等学校）及びその前身校の変遷に即して明らかにするものである。その際に、前身校を含めて長く校長職にあった折田彦市の役割に特に着目したい。

本書の課題を具体的に説明するに先立ち、まず第三高等中学校にいたる前身校の変遷を示しておく（カッコ内は学校の創立年月と、存続期間である）。

舎密局（一八六九年五月、八ヶ月）→化学所（一八七〇年一月、四ヶ月）→理学所（一八七〇年五月、五ヶ月）→開成所（一八七〇年一〇月、一〇ヶ月）→第四大学区第一番中学（一八七二年八月、八ヶ月）→第三大学区第一番中学（一八七三年四月、一ヶ月）→開明学校（一八七三年四月、一年）→大阪外国語学校（一八七四年四月、六ヶ月）→大阪英語学校（一八七四年一二月、四年四ヶ月）→大阪専門学校（一八七九年四月、八ヶ月）→大阪中学校（一八八〇年一二月、四年九ヶ月）→大学分校（一八八五年七月、九ヶ月）→第三高等中学校（一八八六年四月、八年二ヶ月）→第三高等学校（一八九四年九月、一九五〇年三月まで約五六年）

上記のように、舎密局から第三高等中学校への変遷は、明治国家の教育における試行錯誤のありさまを端的に示したものと見ることができる。大阪にある官立学校は、一八八〇年代に入ってからもなお、「専門学校」「中学校」「大学」「高等中学校」のように、学校名称が多様であった。この点について二見剛史は、「高等教育の概念規定それ自体がまだ不明確」であったことによるものと述べている。[1]「小学」や「大学」といった用語は当時確立していたものの、「高等教育」という用語は未だ一般化していなかった。これは、「中学」という教育機関の概念の画定の困難さにも対応している。

本書では、一八八〇年一二月に大阪中学校が成立した時期から一八九四年に第三高等学校が成立した時期までを中心に、それぞれの時期における第三高等中学校（以下、第三高等学校を含めて「三高」と略す）及びその前身校が抱えた諸問題を考察し、その教育機能の変化を辿ることとする。また、校長折田彦市が、大阪中学校創設以来、（一八八六年初頭より一八八七年四月までの極めて短い期間を除いて）一九一〇年に三高校長の地位を退くまで三〇年近くも、三高およびその前身校の校長職を務め続けていた意味についても考察したい。折田の在職期間の長さは、他の教育機関には稀にしか見られないことである。[2]学校名称の変化に象徴されるような制度的不安定と、異例なほど長い同一校長の存在は、対照的な事実でありながら、三高が明治期における中等・高等教育の模索の一つの焦点であったことを物語っている。

本書は「中等教育の成立」でもなく、「中等・高等教育の成立」でもなく、「中等・高等教育の成立」を課題として設定している。それは、一九〇〇年以前の時期において「中等教育」と「高等教育」の境界が不分明であったという判断に基づくものである。戦前日本の「国民教育体系」の「正系」は、小学校―中学校―高等学校―帝国大学のコースによって構成されることとなった。このうち小学校と帝国大学はそれぞれ、「初等教育」と「高等教育」を意味しているのは紛れもない。これに対して、明治期の中学校及び高等学校の性格は必ずしも明確でなかった。

これは分析概念の混乱によるものというよりも、一九〇〇年以前の段階においては中学校・高等学校の性格がいまだ流動的だったことに起因するものと考えられる。たとえば、米田俊彦は、中学校制度の確立時期を、法制・教育機能・支持基盤に着目して、一九〇〇年前後と指摘している[3]。一方、寺﨑昌男は、高等学校が「帝大進学者のための学校だというイメージが確実にでき上がっていった」時期を、やはり一九〇〇年前後に見出している[4]。寺﨑は同時に、一九〇〇年前後の時期に高等学校が、帝国大学への予備的教育機関という意味で高等教育の一部としての性格を明確にしたことを指摘している[5]。さらに、一九〇〇年前後は、単一の小学校システムが成立したという意味でも日本近代教育史において重要な転換期の一つとみることができる（久木幸男、佐藤秀夫）。

本書は、これらの見解を踏襲した上で、近代日本における「中等・高等教育の成立過程」をとりあげようとするものである。とりわけ高等学校の成立プロセスを軸に、中等・高等教育が明確に分化した形で成立するまでの試行錯誤の過程を検討する。

第二節　研究の視点――高等中学校概念の再検討――

森文政の評価をめぐって

高等学校の原型は、周知のように森有礼文政期の「中学校令」に規定された高等中学校である。かかる意味で、本書は、狭義には旧制高等学校史研究の系譜に位置づくものであるが、またそれと同時に、広義には森文政研究の一環として位置づくものと考えている。まず森文政に関する先行研究を確認しておこう。

一八八六年に初代文相森有礼によって創出された「諸学校令」体制（「帝国大学令」「師範学校令」「小学校令」「中学校令」「諸学校通則」）は、近代日本の「国民教育体系」の基礎を確立した。その意味において、教育史上の画期をなす。しかし従来、いわゆる森文政の近代教育史における位置づけについては、森の教育思想とも相まって、その評価は分かれている。

一九四〇年代後半以降、戦前教育の国家主義的・軍国主義的性格への批判から、森文政は「軍国主義」的教育政策の本格的な起点と認識され、しばしば批判を浴びることになっていた。例えば土屋忠雄は、「明治十二、三年頃から保守的に反動化して、国家、国体を頻りに問題の表面に据え始めた政府指導層の動きに機敏に随従し、その才にまかせて一層これを露骨且極端に顕現したものにすぎない」と森文政を一蹴した[6]。土屋は、一八七九年以降いわゆる保守的儒教主義教育の復活の延長線上に森文政を位置づけ、さらにその後敗戦に至るまでの教育政策の本格開始の時期とみている[7]。その上、森の教育政策は、「政治的抑圧、軍事的支配と密接に関連した鎮圧的、統制的性格を帯びた[8]」ものと断言されている。とりわけ寄宿舎制度や兵式体操を導入した師範教育は、「個人の否定、人間性に対する不信、国家或は権力者に対する絶対的信頼の傾向」が「余す所なく現われたもの[9]」と酷評されている。森の教育政策を批判した土屋はさらに、「明治初年における森有礼の言行は、極端に反伝統的な点が少くない」と述べ、さらに「英語国語論」、「契約結婚」など明治初期における森の行動も、「極端なる欧化思想の最悪例」や「文明開化時代の語り草」として否定している[10]。つまり土屋は、森の「国家主義」を彼の個人思想と教育政策を一貫する根底的思想だと理解し、幕末・維新初期の森の行動に見られる近代主義的思想まで全面的に否定している。従って、「森文相ほど教育における個人を抹殺していた文部大臣は、国家主義に彩られて来ている近代日本教育史上にも少ない」と土屋は結論づけている[11]。

それに対して林竹二は、一九六〇年代後半以降、米国コロンビア大学所蔵のオリフォント・ハリス関係史料を駆使し、幕末・明治初期におけるキリスト教受容、近代市民社会理解といった新しい森像を展開させていく[12]。これらの史料では、明治維新前後の留学経験は森思想形成の最も決定的な要因とされ、しかもこれが森文政期まで影響力を持ち続けるとされている。例えば、「兵営化した寄宿舎での厳しい規律の中にある生活と、週六時間の兵式体操」[13]といったいわゆる「身体教育」と「服従精神」を中心とした師範学校の教育も、「ハリスの影響が森の教育思想の中に最後まで残った」[14]ものと解釈されている。それを根拠に、「『個人』の尊重は森の生涯を貫いていた」[15]と林は断定し、「森学政の機軸をなすものは、地方分権と教育自理」[16]と訴えている。つまり明治初期に形成された森の近代思想をもって森文政の教育政策を解釈している。それを踏まえた上で、「森は、教育勅語以降の教育と、教育行政の中に定着していった形での教育における国家主義にたいする、最後の抵抗者であった」[17]と新たな森像を提示し、「明治の革命の教育版ともいうべき『学制』の革新的精神」、いわゆる教育における「明治維新」は、森の死をもって「終焉」を迎えたと言い切っている[18]。つまり、林は森文政とその後の「反動的」教育との間に一線を引いたのである[19]。

林によって提示された森像は、その後の森研究に絶大な影響を与えていった[20]。佐藤秀夫は、森の遭難直後に出された学校令法律案を分析し[21]、森文政下の諸法制は、「ほとんど例外なく、天皇制公教育体制の始動する九〇年代を通じて基本的に排除された」という結論を出した[22]。森文政の史的位置に関して佐藤は、天皇制教育形成への始まりではなく、近代教育への多様な可能性の終結だと理解している。

以上のように、森文政の評価は、森文政のみの評価にとどまらず、その後に続く近代日本の教育そのものに対する評価にまで大きく密接に関わっているのである。

森文政研究における問題の所在　とはいえ、森文政をめぐる上記の両分した評価の中、ある部分は共通している。すなわち、森の教育政策と彼の思想とを直結して考えていることである。前者（森文政の近代性否定論）は、森の教育政策に対して彼の思想にその根拠を求めるあまり、明治初期に見られる森の近代的性格まで否定してしまう。一方、後者（森文政の近代性肯定論）は、明六社での啓蒙活動、外交官としての米・英駐在期間の活動、内閣発足後の文相期間、あらゆる時期における森の行動や政策全般を、明治初期に形成された近代思想をもって解釈する傾向が見られる。また森有礼文政については、森の思想の反映と見る。森が、自らの思想に基づいて諸学校令体制を作り出し、やがてそれが日本近代教育の基礎を築き上げたと認識される傾向があった。

これに対して佐藤秀夫は、「(森の)思想と外交官または文相としての言説・行動とを、直線的に結び付けることなく、相対的に区別して考察する必要があろう」と述べ、森の思想と政策決定とを直線的に結びつける見方に疑問を投じた[23]。佐藤のこの指摘は、森の思想と森文政期の諸政策との関連について、再検討する必要性を提起した。一方、中野実は、帝国大学体制の成立過程を綿密に分析した上、「制度として実現した帝国大学体制が森の意図の全き実現形態とする見解は、再考の対象とならざるを得ない」と指摘した[24]。つまり、帝国大学は、森の構想とは別に、他者の意見を取り入れながら成立していったということである。中野の研究は、佐藤の仮説を実証的に論証し、森文政研究に極めて重要な論点を提示したと評価できる[25]。

周知の通り、「帝国大学令」は、「師範学校令」とともに「諸学校令」の中でも森の関与度が最も高いといわれている[26]。森が「諸学校令」の中でも特に帝国大学を重視していたという事実は、必ずしも各学校に均一に力を入れたとは限らない可能性があることを窺わせる。したがって、他の学校令も含めて、森はどの程度これらの創出に関与していたのか、それをあらためて確認する必要があるように思われる。そこで、本書では、主に「中学校令」に即して、「諸学校令」に含まれている問題点を今もう一度確認しておきたい。

諸学校令研究における問題点

「諸学校令」の制定は、小学校―中学校―高等学校―帝国大学、いわゆる戦前日本の「国民教育体系」の「正系」の基礎を築き上げた。それに小学校―師範学校―高等師範学校といった「傍系」と併せて、近代日本の教育体系は、この「諸学校令」によって教育史上初めて明確になった[27]。いわば森による「国民教育体系」の創出である。

しかし、すでに多数の先行研究で明らかにされたように、この学校体系は必ずしも、各学校の接続関係を明確に規定したものではなかった。[28] 事実、小学校から尋常中学校、尋常中学校から高等中学校、そして高等中学校から帝国大学など接続関係は明確であるどころか、「諸学校令」制定から九〇年代初頭にかけて試行錯誤の末に定められたものだった。例えば、尋常中学校への入学資格は高等小学校四年卒ではなく、二年卒ないし尋常小学校四年を終えてから入学することが可能となっている。そして高等中学校を卒業しても帝国大学に自動的に進学できる保障はない。初等段階に位置する尋常小学校を別として、高等小学校、尋常中学校、高等中学校、帝国大学への入学は、制度上、それぞれ学力認定を受ける必要があるとされている。

ここに一つ重要な疑問点が生じてくる。「諸学校令」では、「小学校令」と「中学校令」がそれぞれ「尋常」と「高等」に分けられている。この「尋常」、「高等」の区別はいかなる理由で設定されたのか。「尋常」から「高等」への無条件の接続を意味しているとすれば、そもそも「尋常」と「高等」を区別する必要はない。とりわけ「中学校令」をめぐって、高等中学校がなぜ「中学校令」の中に取り込まれているのかという問題は、中等・高等教育または旧制高等学校研究者の間で興味深い問題とみなされてきた（寺﨑昌男、荒井明夫）。この高等中学校は、一八九四年の「高等学校令」により高等学校に改称され、とくに一九〇〇年以降大学予備教育機関としての性格を明確にしていき、一九五〇年に廃校されるまで独特な旧制高校文化を形成することとなった。

米田俊彦は、高等中学校の性格について「中学校令」と相容れない性格が強く、「高等学校令」のもとで「高等中学校」という名称の改廃を余儀なくされた点を強調している。[29] 米田はまた、なぜ高等中学校が専門教育機能まで持たされることになったのか、という問題を提起している。「帝国大学令」の発布により、専門教育機能は帝国大学が担うという規定が明確化されたにもかかわらず、「中学校」と名乗る高等中学校に専門教育機能が委ねられることは不可解であるということになる。これについて寺﨑昌男は、森有礼の「教育令ニ付意見」（一八八五年七月）に注目し、「目的」別に教育機関を配置するという、いわゆる森の「学校制度原理」を強調している。それに従えば、「高等中学校はあくまで独立した高度の普通教育と専門教育とを併行して行う中等教育機関として構想された」と寺﨑は結論づけている[30]。つまり、高等中学校は「普通教育あるいは専門教育の完結的教育機関」として構想されたということになる。この指摘は重要な意味を持つが、専門教育機能を持つ「完結的教育機関」がなぜ「中学校」と名乗ることになったのかという問題は、まだ十分に解明されていない。

この「高等中学校」がいかなる理由で設けられるようになったのか、という問いをさらに具体的に分節化すると次のようになる。（一）なぜ五つの学校が同時に、しかも生徒の最も集中していた東京にではなく、地域を分散する形で設置されたのか。（二）地域の分散に対応する「設置区域」制度はどのような意味を持ったのか。（三）とりわけ、なぜ第三設置区域が最も広い地域を占めていたのか。（四）さらに、高等中学校設置当時最も多数の学生を抱えていたのは第一高等中学校だったにもかかわらず、第三高等中学校の定員数が最も多く設定されていたのはなぜか[31]。（五）また、各高等中学校に設けられた専門学部の中で、法学部が三高だけに設けられたのはなぜなのか。

本書では、主に第三高等中学校の例に即して、こうした諸問題に対する考察を展開することにしたい。事実、これらの問題は、そもそも高等中学校はなぜ作られることになったのか、という中等・高等教育史研究の年来の大きな課題に解答を与えることに直結すると考えている。そして、それは、研究蓄積の少なくない森文政研究の残された課題にほかならない。森文政が日本近代教育体制形成に画期的な意義を持つとするなら、高等中学校をめぐる上記の諸問題が十分解明されていないことは、日本近代教育史研究上になお大きな欠落が存在していることを物語っている。本書は、その欠落を埋めることを目指している。

第三節　研究の方法・内容と構成

本書では、上記のような課題に迫るために基礎的な作業を行なう。具体的には、第三高等中学校及びその前身校を対象に、一八八〇年代における「中学校」の教育機能を考察する。それを通じて高等中学校の教育機能を考察し、高等中学校の「設置区域」や設置目的などの諸問題を検討する。

研究手法とその有効性

高等中学校の教育機能については、高等中学校を含む従来の旧制高校研究では、「大学予科」としてのイメージが強かった。しかし、「中学校令」では大学予科と共に専門（完成）教育機能も期待されていた。寺﨑は、「大学予科」としてのイメージが東京大学予備門を前身とする一高の事例を中心としてつくられていることを指摘した上で、「第一高等中学校・高等学校で類推したようなことは他の高校にも当てはまるのか」と述べ、従来の旧制高校研究の限界を認めている(32)。

事実、従来の旧制高校研究は一高が中心に据えられ、他の高等中学校に関する研究は著しく不足している。寺﨑が指摘したように、他の高等中学校も含めて、高等中学校全般にわたって研究していく必要性が、近年になって唱えられ始めている（『地方教育史研究』第二三号、二〇〇二年）。本書が第三高等中学校を取り上げる理由は、高等中学校制度の成立当時に前身校をもつのは一高と三高だけであったからである。周知のとおり、一八八六年四月に「中学校令」が制定された当時、一高は東京大学予備門、三高は大学分校から、それぞれ組織を変更して発足した。つまり、両校とも前身校の歴史を持っていた。このうち、東京大学予備門は、東京大学が成立した一八七七年以来、一貫して大学予備教育機能を持ち続けた。それに対して、三高の前身校は、本章の冒頭に指摘したように、舎密局から第三高等中学校ができるまでの一七年間、実に一二回も校名を変えた。官立学校としての性格は一貫していたとはいえ、校名をみた限りでは、教育機関として複雑な性格をはらんでいたといえる。従って、成立当時の高等中学校の特徴を考えるためには、一高と同様に、三高に関する研究が重要かつ不可欠となる。

確かに、「中学校令」の規定内容をみるならば、「中学校ハ実業ニ就カント欲シ又ハ高等ノ学校ニ入ラント欲スルモノニ須要ナル教育ヲ為ス所トス」（第一条）というように、「実業従事」と「進学準備」との二つの機能が想定されていたことがわかる。この規定は、一八八一年七月の「中学校教則大綱」（「中学校ハ高等ノ普通学科ヲ授クル所ニシテ、中人以上ノ業務ニ就クカ為メ又ハ高等ノ学校ニ入ルカ為ニ必須ノ学科ヲ授クルモノトス」）や一八八四年一月の「中学校通則」（「中学校ハ此通則ニ遵ヒテ之ヲ設置シ、中人以上ノ実務ニ就ク者若クハ高等ノ学校ニ入ル者ノ為メニ、忠孝ノ道ヲ本トシテ高等ノ普通学科ヲ授クヘキモノトス」）と文面上は大差がなかった。つまり、「中学校令」が発布されるまで、中学校に二重の目的を課すのはむしろ一般的だった[33]。このことから、「中学校令」を考察する際にも、森文政以降ばかりでなく、一八八〇年代全般における中等・高等教育の動向をおさえておくことが重要であり、こうした点からも一高・三高の前身校の性格を検討するのが不可欠だといえる。

主な使用史料　本書では、主として学校側史料を中心としながら、学校と文部省や他の学校との交渉を含む史料を援用し、当時の中等・高等教育に関する状況を解明することに努めたい。具体的には、京都大学大学文書館所蔵（二〇〇四年三月に京都大学総合人間学部附属図書館「舎密局〜三高資料室」から移管）『第三高等学校関係資料』を利用する。『第三高等学校関係資料』には、一八六九年舎密局成立以来、一九五〇年三高閉校までの八〇年にわたる史料が保存されている。三高の記録だけでなく、文部省との往復文書のほか、帝国大学や他の高等学校、尋常中学校など諸学校と三高との往復記録も残されている。従って、三高だけでなく、当時の中等・高等教育をめぐる文部省、帝国大学、高等中学校及び尋常中学校側の動向を把握するためにも有効である。当該時期の文部省側の公文書類は欠落が多く、不足している。その中、この史料は極めて重要な史料価値を有していると思われる。

本書の構成と特徴

本書は以下のように構成されている。それぞれの内容と特徴を記しておく。

第一章では、一八七〇年から一八七六年にかけて折田彦市の米国留学に関する事実を解明する。それによって、その後、三高およびその前身校における校長としての言動を理解するための手がかりをえることとしたい。留学の経緯、滞米中の体験、とりわけ教会、スポーツに関する経験を、彼の日記を中心に描き出す。さらに、彼が在学していたプリンストン大学の学長の教育理念を分析し、その影響も含めて、折田の米国経歴の意義を検討したい。

第二章では、中等・高等教育模索期の一八八〇年代、大阪中学校が模範中学校として果たしていた教育機能を、校長折田の役割に着目しながら明確にする。まず当時唯一の官立中学校であった大阪中学校によって作成された中学校教則の内容とその影響を明らかにする。次に身体教育の導入、寄宿舎の改革といった角度から「教科外教育」の実態を描き出す。さらに卒業生の進路選択を中心に、この学校が有していた教育機能を明らかにする。最後に折田校長が考案した中学校の改革案を分析し、大学へ直接接続するという彼の中学校像を浮き彫りにする。

第三章では、大学分校の考案段階から実現に至るまでに出された草案を分析し、大学分校の性格とその期待された教育機能を明らかにする。折田が提出した草案の特徴と、それに対する文部省の回答の違いをまず示す。次に、大学分校創立決定後に作成された規則の内容と二つの草案と成案の内容とを分析し、実際に成立した大学分校の位置づけを考察する。最後には大学分校の特質や「五大学校」構想の内実を分析し、高等教育機関の設置をめぐる折田や文部省の思惑のズレを明確にしたい。

第四章では、高等中学校体制成立後、尋常中学校との接続問題をめぐって、三高が文部省や他の高等中学校と交渉した経緯を分析し、高等中学校のあり方をめぐる理解の食い違いや矛盾の様子を描く。また、高等中学校と尋常中学校の接続問題が入試の方法にどのように表れていたかを検討し、さらに無試験入学実施の原因と実態を明らかにする。

最後に結章では、結論として本書の論点を整理し、最初に提示した課題に対する新たな仮説的解答を試み、今後の課題と展望を示しておく。

(1) 二見剛史「明治前期の高等教育と大阪中学校」(『日本の教育史学』第一七集、一九七四年)二六頁。
(2) 対照的に第一高等学校の場合は、予備門時代を含めて同じ期間中、服部一三、杉浦重剛、小林小太郎、野村彦四郎、古荘嘉門、木下広次、嘉納治五郎、久原躬弦、沢柳政太郎、狩野亨吉、今村有隣、新渡戸稲造など計一二人が学校行政を主導した。
(3) 米田俊彦『近代日本中学校制度の確立――法制・教育機能・支持基盤の形成――』(東京大学出版会、一九九二年)。
(4) 寺﨑昌男「旧制高校教育研究の視座」(『近代日本における知の配分と国民統合』、第一法規、一九九三年)一四四頁。
(5) 高等学校すなわち旧制高校は、専門教育を行なう前段階にあるという意味においては、厳密にいえば大学のそれとは性格が明確に異なる。しかし、大学での専門教育を行なうために、その予備を行なう専門的な教育機関といった性格を持つようになっていった。そういう意味で、日本教育史研究では、旧制高校を高等教育の一環に含めて捉えるのが一般的である。
(6) 土屋忠雄「森有礼の教育政策」(石川謙博士還暦記念論文集『教育の史的展開』、大日本雄弁会講談社、一九五二年)四四六頁。
(7) 「学制」の実施過程にみられる現実との乖離という問題を把握した田中不二麿文部大輔は、一八七九年に「第一次教育令」を公布し、地域「人民ノ自為」という視点から教育の再構築・自由化を求めたという(森川輝紀『教育勅語への道――教育の政治史――』、三元社、一九九〇年)。しかし、その後は自由民権運動の台頭への対抗という政治的な見地から、文部省の教育施策もそれを反映したものになった。イデオロギーの面において儒教道徳教育の強化が図られ、また教育においては国家権力の「指導性」を回復させようとした。その中、一八八〇年の教育令改正(第二次教育令)によって、修身科の筆頭化を始め明治国家の教育政策が保守的な方向へ転換し始めたと認識されている。一方、本書で明らかにするように、同じ時期に体操教育の導入など、学校教育においての近代的な教育実践などの事実は、殆んど言及されないままに放置されてきた。換言すれば、この時期の教育については、儒教道徳教育の強化などイデオロギーの面が特別に強調されるあまり、近代教育の模索期に含まれる「近代的な要素」は無視された傾向があるといえる。

(8) 林竹二「森有礼の教育政策」『林竹二著作集　第Ⅵ巻・明治的人間』（筑摩書房、一九八四年、以下林論文の引用は同書による）四四八頁。
(9) 同右、四六四頁。
(10) 同右、四四六頁。
(11) 同右、四五八頁。
(12) 周知のとおり、一八六五年に薩摩藩留学生の一人として渡英後森は、オリフォントの説得により一八六七年に鮫島尚信、吉田清成などの日本人留学生とともに米国に渡り、ハリスの宗教団体「新生社」に入った。よって彼は、従来ほとんど知られなかった米国時代森の行動の一斑を、オリフォントより友人宛の手紙を中心に推測することが出来た。
(13) 林竹二「森『学政』の根底にあったもの」、七九頁。
(14) 同右、五八頁。
(15) 林竹二「近代教育構想と森有礼」、七頁。
(16) 林竹二「明治教育の出発と挫折――森有礼を中心として――」、一〇八頁。
(17) 林竹二「森有礼とナショナリズム」、四四頁。
(18) 林竹二「近代教育構想と森有礼」、五頁。
(19) なお、森の思想形成について森川輝紀は、森が薩摩藩で受けた「自治的訓練法」に注目し、兵式体操や寄宿舎制度における「軍隊式方法」が伝統的な郷中教育に由来するという見解を示している（森川輝紀「森有礼小考――師範学校における人物養成方法を中心に――」、『埼玉大学教育学部紀要（教育科学）（二六）』、一九七七年）。それに対して辻本雅史は、「薩摩でのそれまでの家庭教育・郷中教育・藩校教育等は、おそらく主に人間形成・人格形成に関わる問題であり、欧米での本格的な思想形成のベースにあって、思想形成上重要な意味があろう」と指摘し、森の思想形成における欧米体験の重要な意味を強調している（辻本雅史「森有礼の思想形成」、『光華女子大学研究紀要』第二二集、一九八四年、三五頁)。

(20) 例えば寺崎昌男は、森研究をまとめた上で、「今後日本近代教育史ないし教育思想史において、林の森研究が落している影は無視できない」と述べている(寺崎昌男「森有礼研究の新しい視点」、大塚久雄等編『林竹二 その思索と行動』、国土社、一九八五年、七二頁)。

(21) 佐藤秀夫「明治二十三年の諸学校制度改革案に関する考察」(教育史学会紀要『日本の教育史学』第一四集、教育史学会刊行、一九七一年)。なお、本論文は佐藤秀夫『教育の文化史一 学校の構造』(阿吽社、二〇〇四年)に収録。

(22) 佐藤秀夫「教育史研究の検証──教育史像の改築をめざして──」(藤田英典等編『教育学年報六 教育史像の再構築』、世織書房、一九九七年)一〇二頁。

(23) 同右、一〇一頁。

(24) 中野実「帝国大学創設期に関する史料と文相森有礼──『帝国大学体制』の形成に関する試論的考察──」(『教育学研究』第六六巻第二号、一九九九年)三七頁。また、中野実『近代日本大学制度の成立』(吉川弘文館、二〇〇三年)七九頁。

(25) 詳しくは、中野前掲『近代日本大学制度の成立』を参照。

(26) 例えば木場貞長は、「帝国大学令は森氏が師範学校令と共に、最重を措て制定せられし所なれば」と回想している(木場貞長「帝国大学令制定に関する木場貞長氏の追憶談筆記」一九三二年六月、引用は『東京大学百年史』資料編一、東京大学百年史編集委員会、一九八四年、一二六~一二七頁による)。

(27) 本書は、「国民教育体系」の「正系」に関する研究であることを断わっておく。なお、近代日本の師範学校や教員養成に関する研究として、水原克敏『近代日本教員養成史研究──教育者精神主義の確立過程──』(風間書房、一九九〇年)、逸見勝亮『師範学校制度史研究──一五年戦争下の教師教育』(北海道大学図書刊行会、一九九一年)、船寄俊雄『近代日本中等教員養成論争史論──「大学における教員養成」原則の歴史的研究──』(学文社、一九九八年)などが挙げられる。

(28) 例えば久木幸男は、諸学校の間に「連絡不十分」という大きい欠陥を持っていたと指摘した上、とくに「尋常中学と高等中学との間」でこのような断絶が大きかったと強調している。またこの「連絡不十分」の理由について久木は、「入学競争率が高かった結果ではなく、どの段階の学校も上位段階の学校へ進学し得るだけの学力を、その卒業生につけることができなかったからである」と述べている（久木幸男「私学撲滅論争」、『日本教育論争史録』近代篇(上)、第一法規出版、一九八〇年、一七一頁）。

(29)　米田前掲書、二一一頁。

(30)　寺﨑前掲「旧制高校教育研究の視座」、一四六頁。

(31)　一八八七年一〇月一九日に文部省が告示第一〇号を発布し、各高等中学校生徒の定員を定めた。それによれば、本科レベルでは、第一高等中学校の九二〇人に対して第三高等中学校は一一五〇人と、一高を上回っている（一方、医学部定員はともに四〇〇人だった）。既に一〇〇〇人以上の学生を擁していた一高に対して、いまだ本科の学生は一〇数人しかいなかった三高の現実を考慮し、さらに大阪中学校から予備門への無試験での転学も不可能だった状態（第二章第三節に詳述）を想起するならば、これは三高の格上げ措置であるとも言える。

(32)　寺﨑前掲「旧制高校教育研究の視座」、一五七頁。

(33)　一方、中学校教育の特徴を「高等普通教育」として捉えた佐藤秀夫は、「中学校令」の規定（第一条）は「中学校教則大綱」のそれを「基本的に継承されたのである」と指摘している（佐藤秀夫「一九一八（大正八）年高等学校令の成立過程――文部省案から枢密院決議までのプロセスを中心に――」、『旧制高等学校史研究』第一一号、一九七七年、六頁）。

第一章　折田彦市の米国経歴とその意義

第一節　留学の経緯とミルストン滞在

（1）折田の米国留学の経緯

岩倉具視との交流

折田彦市は、父寧剛、母志計の四男として、嘉永二（一八四九）年一月四日に薩摩藩（鹿児島）で生まれた(1)。長兄年昭、二兄徳次郎、三兄實輝の次に、「年長」と名づけられた。また、俗名としては、三之丞・権蔵・彦市などの名があった。長兄の年昭には男の子がいなかったため、その養子となっている。幼年の時に薩摩藩で儒者平田氏について学び、のち藩校造士館に入った（「折田校長勇退記念」『読売新聞』第一二〇四九号、一九一〇年一二月一日）。そこでは、薩摩藩士森有礼（一八四七〜一八八九）などと机を並べていたと思われる。文久二（一八六二）年四月、数え年一四歳の時に島津茂久（一八四〇〜一八九七、薩摩藩最後の藩主）の小姓役を拝命し、藩主の側近で仕える。当時、西郷隆盛（一八二八〜一八七七）も側役だったため、小姓たちは西郷の話を徹夜して聞いていたという（同上）。

一八六八年正月、藩主に従って京都に出た折田はある日、「命を受けて岩倉公に随侍せり」となり、「日夜近侍左右」とされる(2)。これをきっかけとして、折田と公卿岩倉具視（一八二五〜一八八三）との交流は、激動の明治維新の前夜から始まった。この間、「深夜微行の時或は公先生と刀を変へて帯用せられたことさへありしと言ふ」

ほど、折田は岩倉の信頼を得ていたようである[3]（同上）。

戊辰戦争期のある日、折田は「我々同人多くは武事に偏して文を軽んず。然れども今日以降の日本は更に大いに海外諸国の事情を採り彼の長所を採用するの方を努めざるべからず」とひらめいたという（「折田校長勇退記念」）。このように語った折田は、岩倉邸を離れて「水本氏の家塾に入り英語研究に身を委ねる事とな」った。つまり折田は、維新期の戦乱を経て海外諸国のことを学ばないといけないと自覚し、そのために英語の勉強を始めたわけである。岩倉具視もそれに共鳴し、三男具定（一八五一〜一九一〇）、四男具経（一八五三〜一八九〇）両兄弟を折田に託して一八六八年九月、三人は長崎へ向かった。そこで三人は佐賀藩が建てた致遠館という英語学校に入り、しばらくフルベッキに教わった（同上）。

フルベッキと日本人の海外留学　グイド・フルベッキ（Guido Herman Fridolin Verbeck, 1830-1898）は、オランダに生まれたのちアメリカに渡り、ニューヨークのオーバーン神学校（Auburn Theological Seminary, キリスト教長老派）に入学した。在学中、キリスト教改革派の募集に応じて安政六（一八五九）年に来日する。以降、開成所と大学南校の教頭などを歴任し、明治初期の教育に大きく貢献したお雇い外国人教師の一人として、その名が広く知られている[4]。しかし、来日当時における彼の身分がアメリカ改革派教会宣教師だった事実は、教育史研究ではさほど重要視されてこなかった。この点は、折田の留学経歴にも関係するため、ここでは明治初期のキリスト教について、とりわけ「アメリカ改革派教会」とその宣教活動について、若干触れておきたい。

アメリカ改革派教会（The Reformed Dutch Church in America）は、アメリカに植民したオランダ人信者により一六二八年に設立されたオランダ改革派教会である。主にニューヨークやニュージャージーなどを中心としたアメリカ東海岸地域（ニュー・イングランド）で活動していた。また、ほぼ同時期の一六二〇年代以降にアメリカに渡ったイギリスのピューリタン（Puritan 清教徒）が組織した教会で、アメリカにおける長老派の一大教派であるアメリカ長老教会（The Presbyterian Church in the United States）も、同じ地域で活動していた(5)。一七七六年アメリカ独立後、オランダ改革派教会はアメリカ改革派教会と名を改めたが、ほとんどの指導者や会員はオランダ系アメリカ人であった。

古くからのオランダとの交流という歴史的な理由にもよるものか、初めて来日した米国宣教師ヘボン（James Curtis Hepburn, 1815-1911）に続き、フルベッキも一八五九年にアメリカ改革派教会に派遣された(6)。日本のキリスト教史において名高いフルベッキは、同年一一月に長崎に到着してからそこを拠点に、在留外国人を対象に宣教活動を始めた。一八七三年にキリスト教禁制の「高札」が撤去されるまでは、日本人を対象とした布教活動が禁止されていたため、彼は私塾を開いて英語を教授することに従事した。一方、当時の長崎には、幕府経営の語学校済美館と、佐賀藩の致遠館があったので、その二ヶ所でも彼は英語をはじめとして、政治・経済・理学などを教えた。また、外国の書籍の輸入、海外への留学生の紹介、外国人教師の招聘などにも尽力した。

フルベッキは、一八六九年四月に明治政府の招きにより開成所と大学南校の教頭になり、長崎を去った。その間、長崎において、大隈重信や副島種臣などが彼の門下で学んだという。上京後さらに大久保利通や西郷隆盛、伊藤博文、加藤弘之など日本の近代化に大きく関与した人々と交友・接触していた。このような関係もあろうか、明治初期の海外留学生派遣に関して、とりわけ派遣先の斡旋などについて、彼の果たした役割は非常に大きかった。この中でフルベッキは、折田の米国留学とはどのような関わりを持っていたのだろうか(7)。

米国留学の経緯

フルベッキの上京により、折田と岩倉具定・具経兄弟の三人が、彼に師事した期間は半年と短かった(8)。しかし、一八七〇年になり三人の渡米が計画され(9)、受け入れ先などについて斡旋してくれたのは、実はこのフルベッキだった。この事実は、下記のとおり、ニュー・ブランスウィックにあるアメリカ改革派神学校（New Brunswick Theological Seminary）のアーカイブに保存されている、一八七〇年三月一九日付のフェリス宛彼の書簡で確認できる。

This is simple to say that this trip brings five promising young men, who will probably call on you and want your kind advice and directions on their way to N. Brunswick. Their names are: Asahi, Tats, Orita, Hattori, & Yamamoto. The first two have been my and later Mr. Stout's scholars. They are sons of one of the first houses in the Empire, as their any good manners will show. Hattori is a fine fellow too. All of them I think them the most promising of any that have come yet. They will of course be well provided with funds. Two or three of the company speak English nicely.

Hoping that they will not cause you much trouble, & under obligation for any kindness shown these young men, I remain,

Very truly yours,

G. Y. Verbeck

（この旅に五人の有望な若者が、おそらく［ニューヨークで］君を訪ね、またニュー・ブランスウィック（New Brunswick, New Jersey, ラトガース・コレッジの所在地――引用者）へ行くために君のアドバイスと指導を伺うと思う。彼らの名前は、アサヒ、タツ、オリタ、ハットリとヤマモトである。前の二人は、私のあとスタウトの教え子である。行儀正しい彼たちの振る舞いから分かるように、彼らは、帝国の第一級家庭の子どもである。服部も好青年だ。彼らは皆、今まで来られた［日本人留学生の中で］もっとも有望な青年たちだと思っている。もちろん、彼らには充分な資金が与えられている。この中の二、三人は特に英語が上手である。

彼らは君に多大なご迷惑を掛けないことを願い、また彼らに対するあらゆるご親切を感謝したい）

フェリス（John Mason Ferris, 1825-1911）とは、アメリカ改革派教会ニューヨーク本部の外国伝道局の総主事（Secretary）だった。[10] 当時、海外に派遣された宣教師は毎月一回、本部宛に連絡書簡（Monthly Report）を送っていた。この手紙は毎月一度日本に寄港する米国所属のオリファント商会[11]（Olyphant & Co. in Canton）の定期運送船モリソン号でニューヨークまで届けられていた。文部省に職を得ながらも宣教師の身分を失わない限り、フルベッキは毎月本部に手紙を送り続け、連絡責任を怠ることはなかった。

さて、折田の渡米について、この手紙からいかなる情報を読み取ることができるだろうか。まず渡米予定者の人数は五人であることを確認しておこう。すなわち、「アサヒ、タツ、オリタ、ハットリとヤマモト」の五人である。「アサヒ」と「タツ」こと旭小太郎と龍小次郎は、それぞれ岩倉具定と具経兄弟の変名である。幕末期当時、一般人の海外渡航はまだ自由になっていなかったため、変名をもって出航することは普通だった。例えば一八六五年に渡英した森有礼（一八四七〜一八八九）など薩摩留学生や、翌一八六六年に出発した福井藩の横井大平（一八五〇〜一八七一）・左平太（一八四五〜一八七五）兄弟などは、いずれも変名を使用していた。それに、岩倉という名前の持っていた危険性に相まって、岩倉兄弟は長崎遊学時同様、変名を使用していたと見られる。折田こと折田彦市は、先述のとおり岩倉兄弟と一緒に長崎で学んだため、それに加わるのは自然な流れであろう。一方、「ハットリ」と「ヤマモト」こと服部と山本は、それぞれ服部一三（一八五一〜一九二九）、山本重輔（一八四七〜一九〇二）のことである。両者とも長崎で勉強していたことが確認できるが、いかなる経緯で同行するに至ったかは詳細ではない。[12]「充分な資金」を持っているということは、五人は政府からの資金援助を得ているいわば官費留学生であったと思われる。[13]

ところで、この手紙にもう一つ注目される点がある。一行の中で二、三人は英語が優れている、との文面である。言い換えれば、五人の中で残りの二、三人は、英語が上手とは言えない、とフルベッキは理解していたのである。後にも触れるが、折田を除く四人は一斉にラトガース・コレッジの予備校、グラマー・スクール（Grammar School, New Brunswick, New Jersey）に入った。岩倉兄弟は二年間も在籍を続けたのに対して、服部と山本は共にわずか一年後の一八七一年に大学への入学を果たした。この事実から、岩倉兄弟よりも後者の二人の方が、語学力がより優れていた可能性が高いと思われる。したがって、フルベッキから見た限り、岩倉兄弟と同期の折田の英語力もさほど高くなかった可能性が高い。この点は、後の折田の行動（他のメンバーと別れてミルストン入りした行為など）との関連も考えられるので、まずはここで断っておきたい。この手紙は、このようにして五人の米国への留学を予告したのである。

事実、一八七〇年三月に五人は、アメリカへ向かって横浜を出港した。そして五人の手にはフルベッキからの紹介状が携えられていた。現在、同じく神学校のアーカイブに保存されているこの葉書サイズの紹介状には、下記のような内容が記されている。

The bearers of this are my young friends and former scholars:
Asahi & Tats,
Orita,
Hattori, & Yamamoto,
who come to the U.S. for the purpose of studying at some of our good schools and above whom I write you more fully by this mail's monthly letter.
May I suggest you to assist them with your very kind & valuable advice, which will much oblige,
Yours very truly,

G. Y. Verbeck

（この紹介状の携帯者

アサヒとタツ、

折田、

服部と山本

は、私のかつての教え子である。彼らは我々のいくつかの優れた学校で勉強するために米国に渡航した。彼らのことは、今月の定期報告便にもっと詳しく書くことになる。

ご親切、有益なアドバイスを賜るようお願い、また厚くお礼を申し上げる）

三月一六日付のこの紹介状の存在は、紛れもなく、五人が米国到着後にニューヨークを訪ね、そして直接に紹介状をフェリスに手渡した事実を物語っている。また、フルベッキが依頼したとおり、フェリスはその五人を連れてニュー・ブランスウィックすなわちラトガース・コレッジへ向かったと思われる。しかし、同行した五人の中、ただ一人折田だけは他の四人と行動を別にし、まずミルストンに入り、そしてプリンストンでコレッジ生活を送ることになった。次はその経緯を辿っていく。

(2)ミルストン入りの理由

米国留学のメイン・ルート　このようなフルベッキの紹介で、折田は岩倉兄弟と共に米国到着後、ニューヨークで改革派教会の本部を訪問した。そしてフルベッキの依頼通り、フェリスは青年たちを連れてニュー・ブランスウィックへ向かった。ニューヨークからニュー・ブランスウィックへというルートは、明治初期の日本人留学生の多くが辿っていた道であった。石附実は著書の中でこれを、「改革派教会の系統による、日本人のアメリカ留学へのいわばメイン・ルート」と呼んだ所以である。[14] ここでまず、米国東部のニュージャージー州にある、ニュー・ブランスウィック、ミルストン、そしてプリンストンの位置関係を確認しておきたい。

ニュー・ブランスウィックは、ニューヨークから西南へ二〇キロほど離れたところに位置している。一七七六年米国独立後に初めて造られた、フィラデルフィア（Philadelphia）とニューヨークを連結する国道一号線がそこを通っており、いわば交通の便がよい場所であった。一方、ミルストン（Millstone）はその西へ一〇キロ、またプリンストン（Princeton）は西南へ二五キロほど、それぞれ離れている。

ニュー・ブランスウィックには、アメリカ改革派教会のラトガース・コレッジがある。その予備校グラマー・スクールがそれに隣接している。ラトガース・コレッジは、一七世紀末にイギリスが植民地アメリカのニュー・イングランド（New England）で作った四つのクィーンズ・コレッジ（Queen's College）の一つとして一七六六年に開校され、一八二五年にラトガース・コレッジに改名された。[15]

ラトガース及びその予備校には、明治初期の日本人留学生が数多く在籍していた。[16] 折田一行も例外ではなかった。フェリスは、かつての横井兄弟の時と同じように、青年たちにまず下宿を斡旋し、そしてグラマー・スクールの校長マッケルヴェイ（Alexander McKelvey）を訪問させ、そこへの入学を求めた。しかし実際には、五人の中の四人はグラマー・スクールへの入学を果したものの、[17] 折田だけが例外だった。彼は、ミルストンという小さい町へ向かっていったからである。

ミルストン入りの理由

では、なぜ折田は他の仲間と離れて一人ミルストン入りとなったのだろうか。先のフェリスの紹介から推定はできるが、その理由は定かではない。ただ、下宿先が限定されていたという現実的な困難や彼自身の英語力の不足に加え、グラマー・スクールの定員の制限などがその一因であったとも考えられる。
日本人留学生の下宿先の確保が難しかったことは、横井兄弟の時からフェリスを悩ませた問題だった。この点について、フェリス自身は一九〇五年に次のように記している。

It was difficult for some years to find homes for Japanese students. Other boarders threatened to leave and Irish servants almost uniformly threatened to leave if they were taken into the house. I once spent two days unsuccessfully, in endeavoring to obtain rooms in a private boarding house for a Japanese prince (Adzuma), a member of the Imperial family, and his three attendants, who were very courteous gentlemen.....(18)

（当時、日本人留学生のために家を探してあげるのは難しかった。他の下宿人たちが出て行けと脅すこともあった。アイリッシュ人のお手伝いさんの場合、彼らをその家に連れていくと殆どいつも決まって出ていくよう脅かしたほどだった。かつて、ある日本の王子様（東）(19)及びその随従三人のために二日間も費やして頑張ったが、叶わなかった。彼たちはとっても礼儀の正しい紳士だったのに……）

一八六〇年代のニュージャージー州において、日本人留学生いわゆる異教徒に対して、部屋の一室を提供してくれる住民は決して多くはなかった、というのは現実だった。このような現状に大きな改善がなされなかった以上、一八七〇年代に入ってから次々とニュー・ブランスウィック入りした多数の日本人留学生に十分な下宿先を確保することは、ますます難しくなっていったと予想される。それに加えて、先述したとおり、一行の中、折田の英語力は必ずしも優れているわけではなかった。この点は、岩倉兄弟と大差ないと考えられるが、グラマー・スクールに定員の制限があった場合、身分の差異により折田は一時ニュー・ブランスウィックで勉学できないことを余儀なくされたと考えられる[20]。

こうした状況においてフェリスは、比較的ニュー・ブランスウィックに近く歴史的につながりの密接なミルストンにいる牧師に助けを求めることとなった。ミルストンは、今日においても住民六〇〇人の小さな町だが、当時はニュー・ブランスウィックを中心とした集落の一つとして、オランダ系植民者の子孫たちが住んでいた。ミルストンやラトガースを含むニューヨーク地域は、アメリカ独立以前からオランダの植民地であり、いわばオランダ改革派教会の縄張りであった。そのため、両者の歴史的なつながりは非常に深かったのである。

そこのミルストンの教会には、エドワード・コーウィン（Edward Tanjore Corwin, 1834-1914）という改革派教会の牧師がいた[21]。彼は、フルベッキやフェリスのように、宣教師でありながら、かつ学者でもあった。実際、彼は改革派教会においても傑出した歴史学者として知られている。数多い著書の中、*A Manual of the Reformed Church in American* は、ラトガースやホープ・コレッジなどオランダ改革派に関係ある学校で学んだ日本人留学生にとっては必読書だったという（神田乃武）。また、一九〇六年に出版された *Digest of Synodical Legislation* は、現在でも改革派の重要な基本文献であるといわれている。

事実、折田のミルストン入りよりも前に、一八五九年頃からコーウィンは日本人留学生を受け入れ始めたという[22]。また、折田も滞在中に一時期、数人の日本人留学生と一緒に暮らしていたと思われる。例えば一八七一年一月に森に随伴して渡米した神田乃武（一八五七〜一九二三、幕末蘭学者神田孝平（一八三〇〜一八九八）の養子）は、コーウィン宅に六ヶ月滞在下宿したとされる[23]。そして、この二人は短期間ながらも共に生活をしていた。神田は一八七一年夏、アーモスト・コレッジ（Amherst College, 一八二一年建校）へ入学（最初はハイスクール）のためにミルストンを離れたが、その後夏休みの時にまたコーウィン先生に会いにミルストンに戻っている[24]。例えば一八七三年七月二三日、プリンストンから帰った折田は神田に会い、二人の青年は一緒に水遊びをして再会を楽しんでいた。また、工藤精一（?〜一九〇六）も、一八七二年六月一〇日にミルストンに到着以来、ラトガースに入学する一八七四年八月一〇日までの二年間あまり、そこに滞在していた（また、工藤はミルストン滞在中、洗礼を受けたことを記しておく）。[25]他には税所長八（開拓使留学生として一八七二年に渡米）も一八七二年五月二日からミルストンで下宿することになったので、[26]ミルストンでは、一八七二年六月頃には日本人留学生が最大で四人も一緒に暮らしていたことになるのである。

上記のように折田は、一八七二年八月三〇日にプリンストン入りまでの約二年間、日本人留学生を数多く収容したミルストンの牧師館で、コーウィン牧師とその家族と共に暮らしていくことになった。次はミルストン滞在中の折田の様子を描いてみたい。

(3)ミルストン滞在と岩倉使節団
ミルストンにおける日常

渡米後、若き折田はいかに西洋文物を見、考え、そしていかなる教育を受け、いかに勉強に励んでいたのだろうか。直接にそれらに触れる史料はほとんどない。以下、『折田日記』によりながら彼の米国経歴の一斑を窺ってみたい。

『折田日記』とは、折田が米国滞在中に英文で書き残した日記のことである。表が革製の小型の手帳で、一八七二年一月一日から一八七六年一二月三一日までのまる五年間、一年一冊で合計五冊となっている。折田が一八七〇年に渡米したため、日記の開始時期は、およそ渡米の一年半後である。また、一八七六年一〇月に日本に帰着したので、帰国後の記録も数ヶ月ほどは入っている。この日記は、おおむね英文で記されているが、日本人の人名の一部や、手帳の最後に収録されている収支状況を記録したメモには若干、日本語で記した個所も見られる。日記の内容は、とりわけ二冊目（一八七三年の部）以後、極めて簡潔で、一日の出来事を中心に淡々と書いてある。

例えば、日付、天気、勉強内容（授業科目）、教会出席記録、手紙の往来、友人との面会などという内容である。一方、彼の喜怒哀楽など個人の感情・思想などについては、さほど詳しく触れていない。

とはいうものの、折田のこの五年間の留学経歴については、この日記からその一斑を窺うことができる。そして何よりも、彼自身の生活・勉強状況だけでなく、一八七〇年代における日米の交流史を知るためにも、この日記は重要な情報を提供してくれる。例えば、一八七二年の岩倉使節団の欧米派遣や、一八七六年の米国独立記念フィラデルフィア博覧会の開催など、日本近代史において重要な意義を持つ歴史的な事件は米国東海岸を舞台としていた。そしてこれらの事件について折田は、実際の経験者の一人として自らの体験を語っているからである。さらに、明治初期から海外留学に出かけた数百人の中で、このように長期間にわたって記されるものは他には見られない(27)。そういう意味で『折田日記』は、日本近代史上の貴重な一次史料として、重要な歴史的意味をもっているといえる(28)。

では、折田はミルストンでいかに勉強し、またどのような日常生活を送っていたのだろうか。先述したとおり、彼が日記を記し始めたのは一八七二年の元旦だったため、渡米直後からその日までの状況は確認できない。そこでここでは、一八七二年六月にプリンストン入りを果たすまでのおよそ半年間の記録に基づいて、その大要を摑んでみることにとどまる。

まずこの時期の折田は、ほとんど同じような生活リズムを保ちながら平穏な毎日を送っていた、ということが印象的である。平日は午前中に勉強して午後は散歩をすること、それに郵便局へ行くこと、それが日課のようになっている。例えば一八七二年一月三日（水）には、彼は次のように書いている。

Go to the post [office] after mail as usual.

Recited the lessons as usual.

Take a short walk this afternoon.

（通常どおり郵便局へ行く。通常どおり勉強する。午後はちょっと散歩する）

通常、朝の一一時に郵便局へ行くことは、彼には日課のようなものだった。それは、故郷や友人からの手紙を期待していたことも意味している。一方、午後四時頃の散歩は、健康を保つために行なった運動として考えられる。[29] なぜなら彼は時々、腹痛を訴えており、その健康状況は必ずしも好ましいものとはいえないと思われるからである。彼はまた、時々運動の代わりに土掘り（Digging the ground）もしていたようである。と同時に、彼は殆ど毎日、コーウィンから授業を受けていた。

ここで確認しておきたいのは、コーウィンは、単に折田に宿を提供するだけでなく、勉強や生活についても指導を与えたことである。例えば、一八七二年一月八日付の折田日記によれば、「一八七一年一二月二日より一八七二年二月一〇日までの一〇週間分の下宿料（board）と授業料（tuition）を一二〇ドル、コーウィン先生に支払う」と記してある。支払分には、下宿料とともに授業料も含んでいたことは、折田がコーウィンに個人授業を受けていた事実を物語っている。この時点では彼はまだ正式な学校教育を受けておらず、個人レッスンを受けていたと思われる。[30] したがって、コーウィンがニューヨークへ向かう時には、授業も休みとなるのである。

一方、日曜日はその内容が変わっていく。例えば同一月一四日（日）に折田は次のように綴っている。

Go to the church on the morning service as usual.

Recite the Harmony of Gospels on the afternoon.

Go to the room in the evening for a prayer meeting.
（通常どおり朝は教会の礼拝に参加、午後は『福音書の調和』（*The Harmony of Gospels*）を勉強、夜は祈禱会のため［牧師］室に行く）

すなわち日曜日の朝、午後、晩にそれぞれ教会の礼拝、聖書の勉強、祈禱会に参加していた。時には日曜学校にも通っていたが、この日の行動は一般的だった。このような折田の教会生活は、ミルストンに限らずのちプリンストンに行ってからも続いた。彼の留学体験における教会生活の意味については後述する。

ところで、ミルストン滞在中に、明治国家の建設に大きな影響を与えた出来事が起こった。それはやがて、折田の米国経歴にも大きな転換をもたらした。その出来事とは、岩倉使節団の訪米である。

岩倉使節団と森と新島

岩倉使節団の派遣は、先述した明治政府の顧問だったフルベッキの建言によるところが大きい、という事実が明らかになっている。すなわち一八六九年六月一一日、フルベッキは長崎時代の生徒である大隈重信会計官副知事にブリーフ・スケッチ（Brief Sketch）を提示し、欧米諸国へ使節団を派遣するよう建言したのである[31]。

さて、岩倉使節団は一八七一年一二月二三日に横浜を出発し、翌一八七二年一月一五日にサンフランシスコに上陸、アメリカ大陸を横断した後二月二九日にワシントンに到着した[32]。早速三月三日には大統領グラント（Ulysses Simpson Grant, 1822-1885／米国第一八代大統領、一八六九～一八七七年在任。任期終了後、彼は一八七九年六月に日本を訪れ、明治天皇にも会見した）に面会し、そして三月一六日には国務長官フィッシュ（Hamilton Fish, 1808-1893）と条約改正希望条項に関する会談を行なった。

一方、駐米公使の森有礼（少弁務使）は、使節団の到来を前に積極的に動き出した。とりわけ教育事務については、林竹二が明らかにしたように、森の最も大きな関心事の一つだった[33]。もっとも、森は外交官でありながら、日本人留学生に関する事務も担当していた。そのため、彼は米国滞在中の公私留学生に関する情報も収集し始めていた。この点については、森は渡米直後の一八七一年三月一五日にボストンで新島襄（一八四三〜一八九〇）に会った事実から、その一斑を窺うことができる。一八六四年に米国に密航した新島は、森の尽力によりパスポートを正式に取得し、さらに官費留学生の身分を森に約束させた[34]。新島もまた森の要請に応じ、岩倉使節団のために協力することを受諾した。

一八七二年三月八日、新島襄をはじめ一三人の留学生が、森の招集を受けて、ワシントンで、田中不二麿（一八四五〜一九〇九）文部理事官に会っている。とりわけ新島は田中に好印象を与え、富田鉄之助（一八三五〜一九一六）と共に田中の通訳を務めることになった[35]。ちなみに富田は森の要請により留学先のニュージャージー州のニューアーク（Newark）商業学校を退学し、同年二月二日をもってニューヨーク在留領事心得に身分を変えた[36]。

では、この一連の動きの中で、折田はいかにかかわっていたのか。ここでもまた彼の日記によりながら、その動向を探ってみたい。

まず確認しておきたいのは、ミルストンという小さい町にいながら、折田は本国、ワシントン公使館、そして滞米中の他の留学生と常に情報交換を行なっていたという事実である。彼の主な情報源は、書簡と新聞であった。彼は、滞米中の留学生や本国にいる友人たちとの間で、書簡の往来を頻繁に行なっている。例えば彼は、一八七二年の二月一四日及び三月九日にワシントン公使館より書簡を受け取ったと記している。新聞については、ワシントン公使館を通じて本国の新聞（Our Newspaper）や太政官日誌などを入手している（一八七二年一月二七日）。また、英字新聞の中、彼はトリビューン（Tribune）紙を購読していたようである[37]。このトリビューン紙によって、折田は岩倉使節団の到着を知った（一八七二年一月一六日刊）。すなわち、「我々の使節団は昨日サンフランシスコに到着、正使は岩倉公、副使は大久保、木戸、次は伊藤、山口」といった内容が読み取られている。

このようにして、岩倉の到来を知った折田は、とうとう三月一九日にミルストンを離れ、ワシントンへと向かった。ここで、二六日にミルストンに戻るまでの彼の動向を辿ってみたい。

ワシントン駅に到着後、彼は早速使節団が滞在していたホテルへ向かい、そこで岩倉具視に会う。彼には緊急に岩倉具視に報告しないといけないことがあったからである。それは、具定が病気に苦しんでいるため帰国を希望しているということである。折田はそれを伝え、許可されたという。その日、彼は大久保利通及び他の多くの人々にも会った。それから後に公使館へ行き、そこに集まっていた多数の留学生にも会う。翌二〇日以降、彼は松村淳蔵（一八四二〜一九一九）などの友人たちと国会議事堂を訪ねるなど、ワシントンにて合わせて三日間滞在した。二二日には、ワシントンを発ち、途中フィラデルフィアに立ち寄っている。そこで彼は手島精一(38)（一八四九〜一九一八）と共に独立記念館（Independent Hall）、図書館、博物館等を見物し、市内観光を楽しんだ。三日後の二五日に折田はフィラデルフィアを発ち、途中ニュー・ブランスウィックに少し立ち寄ってからミルストンに帰宅した。一週間の長い旅で彼はひどく疲れたようだった。(39)

この間の折田の行動から読み取れるように、彼がワシントンへ向かったのは、公務よりも単に岩倉具視個人に対して岩倉兄弟の状況を報告する類のものだった。実際に岩倉具視と会ったのもただ一日だけにとどまっており、他に使節団との関連も確認されていない。つまり、この間の折田の行動はまったく個人的なものと見られる。ではなぜ彼は岩倉使節団に直接貢献しえなかったのか。その理由は定かではないが、岩倉兄弟の付添人という立場は変わらない限り、彼の行動は一定の制限を受けていたからだと推測される。しかし、一八七二年五月以降、岩倉兄弟の米国出国により折田の状況は一変する。

先述したように、岩倉具定は三月初めから体調不良を訴えて日本への帰国を希望していた。折田が代わりに岩倉具視に事情説明をし、その許可を得た。それを受けて具定は、早くも一八七二年四月にニュー・ブランスウィックを離れ、五月に帰国の途に着いた。一方、弟の具経は、「父と共にヨーロッパへ行くことを希望」している。彼は遅くとも同年五月二一日に「間もなく父と共に欧州に出かけ、来る九月戻ってくる予定」と告げた。[40] ところで、山本重輔は六月一九日、「英国之儀ハ鉄道建築方尤モ精巧ニテ当国（米国——引用者）トハ大ニ其方法異ニ致候儀ニ付」ということを森公使や使節団に依願した。[41] それが許可され、山本は使節団に随従して英国に渡って、鉄道について勉強することになった。このように、一八七二年七月の時点では、折田と一緒に渡米した五人のうち、米国に残っているのは服部と折田二人のみとなった。とりわけ岩倉兄弟の離米は、折田に一つの転機をもたらした。これにより、折田はあらためて自分の留学生活について考える機会を得たと思われる。

一八七二年六月末、折田はコレッジ・オブ・ニュージャージー（以下、「ニュージャージー・コレッジ」と略す）を受験し、合格した。ニュージャージー・コレッジは、ミルストンから南へ二〇キロ離れたプリンストンという小さな町にある。ミルストンで二年間も仲間と離れて生活をしてきた折田は、またも大勢の日本人留学生が在学しているラトガースを選ばず、プリンストンへ向かうことになる。彼はいかなる経緯でプリンストン入りを果たしたのだろうか。次はその経緯を探ってみたい。

第二節　プリンストンでの経歴

(1)プリンストン入りの経緯

渡米後、折田は仲間と離れて、ミルストンで二年間の生活を送ってきたことは先述した。[42] やがて一八七二年八月三〇日に、彼はミルストンを離れて、ニュージャージー・コレッジへ入学することになった。

ニュージャージー・コレッジ（College of New Jersey）は、アメリカがイギリスの植民地として未だ独立していなかった時代に、一七四六年に創立された。一六三六年のハーバード（Harvard, 清教徒系 Puritan）、一六九三年のウィリアムス・メリー（William and Mary, 英国国教会系 Anglican）、一七〇一年のイェール（Yale, 清教徒系・組合［会衆］派 Congregational）に次いで、アメリカで四番目にできた「コロニアル・コレッジ」である。[43] アメリカ独立前に成立した他の「コロニアル・コレッジ」と同じく、このキリスト教長老派系の学校は当初、「事実上神学校の機能を果たしており、聖職指導者からなる教養階級の形成を期待されていた」という。[44] したがって、古典・法学・哲学のような伝統的教科が重視され、宗教の重要性が強調されていた。この学校はまた、ハーバードに比べて、「内部的な凝集力が強く、周囲のアメリカ社会から明確に孤立している、同質性の高い」コレッジの典型的な代表とみなされていた。[45] しかし、独立戦争後の世俗化により聖職者の養成機能は神学校に移り、プリンストンは教会の支配下より離れ、優秀な学生にリベラル・アーツ（Liberal Arts）を教育するためのコレッジとなっていった。

実際、折田が留学していた一八七〇年代は、アメリカ高等教育史においても一つの変動期であった。すなわち、一九世紀後半、とりわけ南北戦争後のアメリカでは、教育機関の多様化に伴なって高等教育は一つの拡張期を迎えていた。[46] この時期、従来の伝統的リベラル・アーツ・コレッジに代わって、州立大学や多様なタイプのプロフェッショナル・スクール（職業訓練学校）、慈善家たちによる私立高等教育機関などが増設された。新しい高等教育機関の増設により、より多くの学生、より多様な学生が高等教育機関で学ぶ状況が生じていた。[47] その結果、アメリカにおける高等教育の学生数は、他の西洋諸国よりも爆発的な増加を見せていった。

このような状況の中で折田はプリンストンへの入学を試みた。それは、コーウィンの勧めによるものといわれている。[48] しかし、滞米中の日本人留学生のネットワークの存在や、駐米公使森有礼の働きも、折田の選択に少なからず影響を与えていたと推測される。

事実、折田が入学する前に、プリンストンには以下の三人の日本人が二年生クラス（一八七〇年入学）に在籍していた。Rioge Koe, Yokichi Yamada, Girota Yamaoka の三人がそれである（*Catalogue of the College of the New Jersey for the Academical Year 1871-'72*, 1871）。そのうち山岡次郎太（Girota Yamaoka, 福井藩、一八五〇～一九〇五）は政治学を学ぶために一八七二年九月、政治学専門学校（Polite chic Institute）のあるトロイへ向かった。山田要吉（Yokichi Yamada, 徳島藩、一八五一～一八九二）も折田の入学を前にプリンストンを離れることになった。一方、高良二（Rioge Koe, 徳島藩）は、一八七三年六月に退学するまでの一年間、折田の面倒をみた。以下、折田と高との交際を中心に、折田のプリンストン入りの経緯を探ってみたい。

　高は、一八七〇年七月に大学南校の学生として藩費をもって米国に派遣された。フルベッキの建言によって官・公費留学生の派遣は実現したと言われている。おそらくその時も、フェリスの斡旋によって日本人学生はそれぞれの大学に受け入れられたと考えられる。その中、高はプリンストンに受け入れられることになった。折田が初めてプリンストンに関する情報を収集しに出かけたのは、以下のとおり、一八七二年四月二日のことだった。

I went to Princeton, starting here half past '7 A.M. to see my friends there to inquire about the college, & saw them（高、山岡――漢字にて書き込み、引用者）there in the seminary building. After that I called on Dr. McCosh, with Koe, but unfortunately he was absent from there, so asking Koe to inquire him sometime……

（午前七時半に出発してプリンストンへ向かう。そこにいる友人に会いに、またコレッジのことについて尋ねるためである。セミナリー（The Theological Seminary at Princeton, コレッジに隣接していたプリンストン神学校のこと。当時、高は山岡と一緒に神学校の寄宿舎に下宿していた――引用者）の建物（寄宿舎のことか）の内に高と山岡に会う。その後、高に連れられてマコッシュ博士（プリンストン第一一代目学長、後述）を訪ねたが、あいにく留守だった。代わりに、また

いつか彼を尋ねるように高に頼んだ）

この日に折田が高を訪ねたのは、プリンストンに関する情報を収集するためだったことが確認できる。遅くともこの頃から、折田はプリンストンについて関心を持ち始めたといえる。具体的に折田は学長に会って何を求めようとしたのかは、ここでは明記されていなかった。一週間後の四月九日、マコッシュに依頼されてニュージャージー・コレッジのカレンダー（Calendar）を高が送ってきた。この場合のカレンダーとは何であるのかは定かではないが、毎年作成しているコレッジのカタログであった可能性が高い。この頃より折田はプリンストン入りを考え始め、カタログにより試験の期日・科目など詳しい情報を確実に入手しておいたのであろう。その後、同月一六日に高は来訪し、ミルストンで一泊したという。プリンストンの話も含めて二人は様々なことを語り合っただろう。さらに、五月七日には「私のためにコーウィン先生がマコッシュ博士に手紙を書いてくれた」と折田が言う。この頃、プリンストンに入らせるために、コーウィンは直接マコッシュ学長に連絡していたことが分かる。のちに述べるように、プリンストンに入学するためには、希望者の「品行」に関する証明書が必要だった。そのことを考えれば、このような書簡連絡は非常に重要だったと考えられる。先の学長訪問は、あるいは人物を直接見てもらうためのものだったのかもしれない。

以上見てきたように、一八七二年五～六月頃に折田はニュージャージー・コレッジに関する入学情報を入手し、やがてそこへの受験を決めた。例えば六月一七日、彼は松方蘇介（使節団随従、ラトガース・コレッジ入学、在米中死去）の病篤を聞いてフィラデルフィアへ向かい、夜を通して看病した。その翌日にも彼は「試験が近づいている」（My examination is approaching）ことを理由に、早急の帰宅を求めた。この叙述から、遅くともこの時点で既にニュージャージー・コレッジへの受験が決まり、その準備で忙しかったことが読み取れる。

さて、いよいよ折田にとって重大な一日が到来した。一八七二年六月二七日、彼はプリンストンへの入学試験に臨む。日記は次のように記されている。

I went to Princeton to be examined in my studies for entrance to the college. I called on Koe & saw Yamada there. Being accompanied by them, I called on Dr. McCosh & handed him Mr. Corwin's letter & certificate. He gave me some note & directed me to the college to there to be examined. I went in the college & was examined through Prof. Hart and some tutor on English & mathematics, & passed all of them nicely. I left Princeton 3 P.M. I dropped at New Bru.（Brunswick ——引用者） & have taken my likeness! & bout（bought ——引用者） a set of croquet. I came home 6 P.M. Mr. & Mrs. Corwin were very glad that I got through the examination……

（コレッジの入学試験に臨むためにプリンストンへ向かった。高を訪ね、山田に会う。彼らに付き添われ、マコッシュ博士を訪ね、コーウィン先生の手紙と証明書を手渡す。彼から何冊かのノートをもらい、また試験を受けるコレッジまでの行き方を教えていただいた。コレッジに入り、ハート教授と他のチューターのもと英語と数学の試験を受け、全部見事に合格した。午後三時にプリンストンを発ち、ニュー・ブランスウィックに立ち寄り、写真を撮った！　またクロッケーのセットを買う。夕方六時帰宅。先生夫婦は私の合格を大変喜んでくれた……）

『折田日記』の記述は、おおむね簡潔で文章が短かったと先述した。その中でこの日は例外的に長文であり、彼が記した五年間の日記の中では最も長いものである。プリンストンへの入学試験を受け、そしてそれに合格することが、彼の米国経験の中ではいかに重大な意味を持っていたかということがわかる。では、これらの記録から折田のプリンストン入学について、どのような事実を読み取ることができるだろうか。

まずは受験日のことである。ニュージャージー・コレッジの規則では、一八七二年度の入学試験日は六月二五日と定められていた（*Catalogue of the College of the New Jersey for the Academical Year 1872-'73, 1872*）。それに対して折田が受けたのは二七日だった。これは、記述ミスではなく、折田が特別な試験を受けたことを意味している。事実、試験の前に彼はマコッシュ学長に会い、その時に折田がコーウィン先生の「証明書」を手渡したとされる。一八七二年当時の規則によれば、入学希望者には、道徳の状況を証明するいわゆる「品行状」（Testimonials of moral character）の提出が求められている。コーウィン先生の「証明書」がこれに当たると思われる。また、英語の場合は、文法や小論文だけでなく古代・近代の地理など自然科学の内容も含まれていた。そして、ラテン語やギリシア語のような古典語には詳しい教科書の名前も挙げられており、試験の参考に付されている。

ところが、折田の受けた試験科目には、「英語と数学」だけが挙げられ、ラテン語やギリシア語など必須の古典語科目が含まれていなかった。このことには注意が必要である。プリンストンに限らず、当時のアメリカのコレッジでは、学位の取得にはこれらの古典語の履修が不可欠であったからである。このようにして入学許可を得た事実から、ただ一人の外国人受験者として、折田には一定の便宜が与えられたと推測される。事実、正式入学の前日の九月一〇日に彼はマコッシュ学長を訪ね、ラテン語の試験を通過することの大変さを伝えた。学長はその事情を説明し、ラテン語講師の了解を得ていたという。そのためか、折田は入学を果たしたものの、学位の取得のできる全科目（Full Course）を履修する正式な学生としては扱われなかった。実際、彼の身分は高など他の日本人と同様、「全科目を履修せず」（Not pursuing the full course）と示されていた。それは、すべての科目を履修することが求められておらず、いわゆる「選科生」という扱いであったと理解される。

さらにもう一点、合格後に彼はニュー・ブランスウィックで写真を撮り、また「クロッケーのセットを買う」と記した点に着目したい。記念すべき日の写真撮影は、彼には大変感激をもたらしたことだろう。一方、クロッケーのセットを買ったことは、自分に対する一種のご褒美とも読み取れる。この一八五〇年代からイギリスで流行りはじめたクロッケーは、ちょうど一八七〇年頃にアメリカへ伝わったという。折田はいち早くそれに興味を示したようである（滞米中におけるスポーツに対する関心については、後述する）。のちの三高にもクロッケー場がグラウンドの一角に設けられたことにも、あらかじめ注意されたい(49)。

いずれにしても、「選科生」でありながらも折田は試験に合格してプリンストン入りを果たした。八月三〇日に折田はコーウィンの馬車にてミルストンを離れ、プリンストンに向かった。そこで、マコッシュ学長に森有礼からの親書を手渡された。そのことから、折田の入学前に森はマコッシュ学長に手紙を送り、その中に折田宛の手紙も同封したと考えられる。事実、一八七二年に森が日本の教育のあり方について意見を尋ねた米国有識者一三人の中に、マコッシュの名も含まれていた。その解答を含めて森が一八七三年一月に『日本の教育』という冊子をニューヨークで出版したことは、すでに周知の事実である。したがって、紹介状を記した時点で、森はすでにマコッシュとの交流があったものと思われる。

さらに、プリンストン入学の際、森が折田の「保証人」を務めていたことも注目に値する。すなわち、折田が入学する時に記された「登録簿」（Registration, 一八七二年九月一二日付）において、「推薦者」（By Whom Recommend）欄には「コーウィン」と記されたのに対して「親または保護者」（Parent or Guardian）欄には、森有礼の親筆と思われる「A. Mori」のサインが記されている。森は少なくとも一度、折田の入学手続きのためにプリンストン入りしたのである。折田と森の間には単なる「公務」だけで説明できないほど親密な交際があったと推定できる。

このように折田は、ニュージャージー・コレッジ在学中の他の日本人留学生の協力をもとに、コーウィンの証明書、さらに駐米公使森有礼の推薦などにより、一八七二年九月、ニュージャージー・コレッジのフレッシュマン・クラス（Freshman class）の一員に仲間入りするに至った。プリンストンにおける折田の体験を以下、勉強内容、交友関係を中心に、逐次探っていきたい。

(2)カリキュラムと勉強生活

折田は入学後早速、宿舎を確保するために動き出した。セミナリーの寄宿舎に住んでいる高は、九月二日、折田のためエイケン(Aiken)教授に同じセミナリーに空室がないかと聞いたが、今学年は学生が非常に多数であるため、空室なしとの返事を得たという[50]。失望した折田は、ヘゲマン(Hegeman)夫人に下宿を願ったところ、許可された。

さて、先述のとおり、折田は入学手続きを終え、いよいよ始業式を迎え、正式に四年間のコレッジ生活を始めた。彼は九月一二日、三つに分けられた新入生クラスの二班(Division)に入り、早速ラテン語講師ファネスタック(Fahnestuck)について、四時よりラテン語の学習を始める。折田はどのような学習を行なっていたのか。ここでは、教科カリキュラムを中心に、プリンストンの勉強内容を窺ってみよう。

まず確認しておきたいのは、プリンストンでは、必修科目(Required Studies/Courses)とともに選択科目(Elective Studies/Courses)が設けられていたことである。一年生と二年生に課される科目は、すべて必修科目となっている。一方、三年生になってからは、選択科目が実施される。このようにカリキュラムが必修科目と選択科目に分けられていることは、プリンストンにおける教育の特質の一つでもあった。例えば、折田彦市が入学していた一八七二年の時点では、一年生の履修科目は次のようになっている。

第一学期:Latin ラテン語、Greek ギリシア語、Mathematics 数学、English 英語
第二・三学期:Latin ラテン語、Greek ギリシア語、Mathematics 数学、English 英語、French フランス語

英語以外に、ラテン語やギリシア語など古典語の学習が重視されていることが印象的である。先述した通り、アメリカ独立前に成立した「コロニアル・コレッジ」は聖職者を養成する学校であった。教養ある聖職者になるためには、古典語の修得は必須条件の一つとなるだろう。例えば一八三二年にニュージャージー・コレッジを卒業した宣教師のヘボンは、当時の学習について以下のように証言している。

当時、大学の必修科目のほとんどは、古典だった。私はラテン語やギリシア語に費やす時間を化学の実験に当てることを決心した。私の判断は他の学生をかなり刺激する結果となり、大学当局からは反抗者（キッカー）と見なされてしまった。考えてみると、今日の選択科目制度の草分けは私だったのかもしれない。(51)

選択科目制度を導入したのはヘボンではなく、プリンストン一一代目のマコッシュ学長であることは後述する。しかし、ヘボンの証言には、一九世紀までの米国のコレッジでは、リベラル・アーツ学習の一環として古典語がいかに重視されていたが如実に反映されている。(52) それに数学や現代語（Modern Language）としてのフランス語が含まれる。当時の折田にとっては、英語や数学は若干、入学前に履修したことがあるものの、その他の科目は、それについていくだけで精一杯だった。彼は入学後、特にラテン語とギリシア語の勉強で四苦八苦し、個人レッスンも受けるなど大いに努力した。「選科生」の身分に満足せず、卒業に必要な古典語をクリアして学位取得を目指していた様子が窺われる。続いて二年目の履修科目は以下のようであった。

第一学期：Latin ラテン語、Greek ギリシア語、Mathematics 数学、English 英語、Modern Languages-French（German）現代語・フランス語（ドイツ語）、Natural History 自然史

第二・三学期：Latin ラテン語、Greek ギリシア語、Mathematics 数学、English 英語、Modern Languages-French（German）現代語・フランス語（ドイツ語）、Natural History 自然史

二年目からは、新たに自然史や現代語としてのドイツ語が加えられ、勉強の中心は依然として、言葉の習得にあったと見られる。プリンストンでは、最初の二年間に課される授業科目は、すべて必修科目であったことを先述した。それが三年生になると、新たに選択科目が加えられる。その一覧を確認しておこう。

第　一　学　期：Logic 論理学、Psychology 心理学、Mechanics 力学、Natural Philosophy 自然哲学、Natural Religion 自然宗教、History 歴史、Physical Geography 自然地理学、English Literature 英文学（以上、必修科目）並びに
Latin ラテン語、Greek ギリシア語、Mathematics 数学、Modern Language-French and German 現代語・フランス語とドイツ語（以上、選択科目）

第二・三学期：Psychology 心理学、Logic and Metaphysics 論理学と形而上学、Mechanics 力学、Natural Philosophy 自然哲学、Physical Geography 自然地理学（or Geology 地質学）、History 歴史、Christian Evidences キリスト教証験論、English Literature 英文学（以上、必修科目）並びに
Latin ラテン語、Greek ギリシア語、Mathematics 数学、Modern Language-French and German 現代語・フランス語とドイツ語（以上、選択科目）

この履修科目からみられるように、選択科目は一年と二年の時に履修済みの科目が中心となっていたことが確

認できる。一方、必修科目として、論理学、心理学、自然哲学、英文学など哲学や文学に関する科目や、力学、自然地理学など自然科学に関する科目が新たに課されることになった。さらに四年目になると、次のような科目編成に変わっていく。

第一学期：Natural Philosophy and Astronomy 自然哲学と天文学、Moral Philosophy 道徳哲学、Geology 地質学（or Physical Geography 自然地理学）、Chemistry 化学、American Literature 米文学、Science and Religion 科学と宗教（以上、必修科目）並びに
Latin and the Science of Language ラテン語と言語科学、Greek ギリシア語、Natural Philosophy and Astronomy 自然哲学と天文学、History 歴史、Chemistry 化学、History of Philosophy 哲学史、Two Modern Language 現代語二種類、Political Science 政治学（以上、選択科目）

第二・三学期：Natural Philosophy and Astronomy 自然哲学と天文学、Political Economy 政治経済学、Geology 地質学（or Physical Geography 自然地理学）、Chemistry 化学、American Literature 米文学、Science and Religion 科学と宗教（以上、必修科目）並びに
Latin and the Science of Language ラテン語と言語科学、Greek ギリシア語、Natural Philosophy and Astronomy 自然哲学と天文学、Chemistry 化学、History of Philosophy 哲学史、History 歴史、Two Modern Languages 現代語二種、Political Science 政治学（以上、選択科目）

以上のプリンストンにおける折田彦市の履修科目をまとめてみると、以下の表1のようになる。

表1　プリンストンにおける折田彦市の履修科目（1872～1876）

学年	学期	必修科目	選択科目
1年	1	ラテン語、ギリシア語、数学、英語	なし
	2	ラテン語、ギリシア語、数学、英語、フランス語	なし
	3	ラテン語、ギリシア語、数学、英語、フランス語	なし
2年	1	ラテン語、ギリシア語、数学、英語、現代語・フランス語(ドイツ語)、自然史	なし
	2	ラテン語、ギリシア語、数学、英語、現代語・フランス語(ドイツ語)、自然史	なし
	3	ラテン語、ギリシア語、数学、英語、現代語・フランス語(ドイツ語)、自然史	なし
3年	1	論理学、心理学、力学、自然哲学、自然宗教、歴史、自然地理学、英文学	ラテン語、ギリシア語、数学、現代語・フランス語とドイツ語
	2	心理学、論理学と形而上学、力学、自然哲学、自然地理学(地質学)、歴史、キリスト教証験論、英文学	ラテン語、ギリシア語、数学、現代語・フランス語とドイツ語
	3	心理学、論理学と形而上学、力学、自然哲学、自然地理学(地質学)、歴史、キリスト教証験論、英文学	ラテン語、ギリシア語、数学、現代語・フランス語とドイツ語
4年	1	自然哲学と天文学、道徳哲学、地質学(自然地理学)、化学、米文学、科学と宗教	ラテン語と言語科学、ギリシア語、自然哲学と天文学、歴史、化学、哲学史、現代語2種類、政治学
	2	自然哲学と天文学、政治経済学、地質学(自然地理学)、化学、米文学、科学と宗教	ラテン語と言語科学、ギリシア語、自然哲学と天文学、化学、哲学史、歴史、現代語2種類、政治学
	3	自然哲学と天文学、政治経済学、地質学(自然地理学)、化学、米文学、科学と宗教	ラテン語と言語科学、ギリシア語、自然哲学と天文学、化学、哲学史、歴史、現代語2種類、政治学

注：*Catalogue of the College of the New Jersey for the Academical Year 1872-'73*, 1872 より筆者作成。

プリンストンにおける履修科目の詳細を踏まえた上、折田が入学した一八七二年当時の「講義と授業時間表」(Schedule of Lecture and Recitation) を以下の表2のように確認しておこう。

まず確認しておきたいのは、当時の授業形式である。上記の時間表から見えるように、主な授業形式は、「講義」(Lecture) と「レサイテーション」(Recitation) となっている。講義については、今日の授業形式と大差はないと見られる。一方、レサイテーションは、中世以来ヨーロッパにおける伝統的な教授法であった。それは、学習内容を学生に暗誦させ、教師が授業中に当てるという方法である。この教授法に対して知的刺激は乏しいという批判もあるが、一九世紀のアメリカのコレッジでは一般的に行なわれていた。この講義とレサイテーション時間表から、二班に属する一年目の折田は、ラテン語、ギリシア語、数学を中心に、聖書や雄弁術などを兼ねて学習していたことが確認できる。月曜日から金曜日までの授業は午前八時半から始まり、三時間の授業を受けることになっていた。土曜日は雄弁術や演説法に関する話術の学習が課されている。また、二年生を経て三年生以降は、履修科目の増加により、一日の授業時間も増えていく傾向が見られる。

以上、プリンストンにおける折田の勉強内容について、教科カリキュラムの編成を中心にその概要を確認しておいた。実際に彼はどこまで学習内容を習得したのか、またそれがクラスではどのような位置にランクしていたのかは、成績表を見れば一目瞭然である。例えば一八七四年度の成績表では、彼はクラス一〇八人の中、六七位の成績をマークしていた。入学にいたるまでの状況のハンディを考えるならば、この成績は決して恥ずかしいものではなかった。それよりも、折田が当時のアメリカの大学で実施されていたリベラル・アーツの学習を、身をもって経験したことは、きわめて重要な意味を持っているといってよい。そして、彼の努力はプリンストンにおいても一定の評価を得られた。前述したとおり、入学当時に折田の身分は「選科生」であった。プリンストンでの四年間、折田は三年生までこの身分を保っていたが、やがて四年生になると彼は普通の学生へ転じることに成

表2　1872年度講義と授業時間表(ニュージャージー・コレッジ)

学年		時間帯	月曜日	火曜日	水曜日	木曜日	金曜日	土曜日
4年		8時半か	ギリシア語テスト	倫理学と政治学		自然地理、歴史	化学	
		10時			歴史哲学			ギ語と文学
		11時	聖書	倫理学と政治学	英語言語と文学	科学と宗教	自然・天文	化学
		3時	自然・天文				現代語	
		4時	ラテン語	政治化学	自然・天文	自然地理か現代語	化学	
3年		8時半か	聖書	力学、自然・天文	論・心・形	ギリシア語	自然地理か	
		10時		数学		現代語	現代語	
		11時	力学、自然・天文	ラテン語	論・心・形	ギリシア語	歴史	自然宗教
		3時	ラテン語				ギリシア語	
		4時	数学	力学、自然・天文	論・心・形	英文学	自然地理学	
2年		8時半か	ギリシア語テスト	ギリシア語	数学	自然史	ラテン語	
		11時	ギリシア語	ギリシア語	数学	ラテン語	聖書	現代語
		4時	ギリシア語	数学	数学	ラテン語	雄弁術	
1年	3班	8時半	ギリシア語テスト	ラテン語(Hor.)	数学	ラテン語	ラテン語	雄弁術か演説法
		11時	ギリシア語	ギリシア語	数学	ラテン語	数学	
		4時	ギリシア語	ギリシア語(Dem.)	数学	ラテン語	聖書	
	2班	8時半	ギリシア語テスト	ラテン語	ラテン語(Hor.)	数学	数学	雄弁術か演説法
		11時	ラテン語	ラテン語	ギリシア語	数学	ギリシア語	
		4時	ラテン語	ギリシア語(Dem.)	ギリシア語	数学	聖書	
	1班	8時半	ギリシア語テスト	数学	ラテン語	ラテン語(Hor.)	ギリシア語	雄弁術か演説法
		11時	数学	数学	ラテン語	ギリシア語	ラテン語	
		4時	数学	ギリシア語(Dem.)	ラテン語	ギリシア語	聖書	

注：*Catalogue of the College of the New Jersey for the Academical Year 1872-'73*, 1872 より筆者作成。「8時半か」は「8時半か9時」、「自然・天文」は「自然哲学と天文学」、「論・心・形」は「論理学、心理学、形而上学」、「ギ語と文学」は「ギリシア語と文学」、「Hor.」は「Horace」(ローマ時代の著名なラテン詩人)、「Dem.」は「Demosthenes」(有名な紀元前4世紀のギリシア雄弁家)、それぞれの略。なお、網かけは選択科目を意味する。

功した。三年間の努力で、とりわけラテン語とギリシア語の猛勉強により、彼の学力が一般的に認められるようになったと考えられる。

そして、折田は一八七六年六月に学位請求の試験に合格し、学位取得に成功した。卒業時に文学士[53]（Bachelor of Arts）、のち一八八二年七月に修士号（Master）が授与される。[54]さらに、折田には卒業の際、式辞（Commencement Oration）を述べる名誉が与えられた。この代表は、学位を取得した卒業生の中、またはクラスの中で成績上位（Stand high in the Class）、または特別に優れた（Indicative of general or special excellence）学生に、教員の投票によって決められるものである。この事実は、評価すべきことであろう。

最後に、折田の死後、同窓会の会報において彼についての追悼文が載せられた。[55]これによると、折田はクラスの中で常に特別な存在だったという。それは、折田はクラスでは常に人気ものだったことを意味すると思われる。「Hiki」や「Hiko」というニックネームで呼ばれていた彼の周りには、どのような友人がいて、そしてどのような交友関係を持っていたのか。次はプリンストンの友人たちについて簡単に触れておきたい。

(3)プリンストンの友人たち

折田のプリンストン入りに、高良二の存在が大きな意味を持っていたことは先述した。折田にとって高は単なる案内人だけではなくコレッジ生活の先輩であり、また紹介者でもあった。例えば折田がウィッグ・ホール（American Literary Whig Society, 1769-1941）へ入会したのも、高の紹介によるのである。

ウィッグ・ホールは、政治、弁論、文学活動を中心とした団体で、ニュージャージー・コレッジでもっとも会員の多い学生団体の一つである。一七六九年に団体を創った発起人の中に、のちに米国大統領になったジェームズ・マディソン（James Madison, 1751-1836／第四代米国大統領、一八〇九～一八一七在任。一七六九～一七七三年にプリンストンに在学した）がいた。文学活動から始まったこの団体は、のちにディベートを取り入れ、政治に関する話題も盛んであった。基本的には、ある種の「弁論部」に近い団体と理解することができる。活動は、ウィッグ・ホールというキャンパス内に建てられた建物の中で行なわれていた。メンバーたちが毎週の木曜日の夜にウィッグ・ホールに集まり、そこで演説をしたり、ディベートしたりして各自の主張を訴えたのであった。また、時々演説コンテスト（Speaking Contest）を行い、優秀者に賞品と賞金が与えられる。折田もこのウィッグ・ホールに参加し、一度ではあるが弁論大会にも出場していた。

入学直後の一八七二年一〇月一一日、折田は「今夕、American Literary Whig Society に加わる」と述べ、ウィッグ・ホールの一員になったことを認めている。また、ウィッグ・ホールの記録によって、折田の入会が同じく会員の高の紹介によるという事実が確認できる(56)。

ところが高は新しい勉学先が決まったため、一八七三年初にプリンストンを離れることになる。六月二八日、マコッシュ学長は高と折田および来訪中の山田要吉を自宅に招待し、餞別の言葉を送った。六月三〇日に、折田は次のように記している。

Koe left Princeton, this afternoon, expecting Fen beck on next Wednesday from New York sail for England. Yamada left here too for his peace/leace? I was left alone & felt quite lonely……

（高は午後、プリンストンを発った。来週水曜日ニューヨークより英国に向けて出帆する予定。山田も帰路に着いた。私は一人取り残されて、大変淋しく感じる）

このようにして高は卒業を待たずして六月三〇日にプリンストンを発ち、ニューヨーク経由でヨーロッパへ向かうことになった(57)。折田の一年目が終わった頃の出来事だった。彼との離別は、これからの生活はすべて折田一人で処理していかなければならないことを意味する。ウィッグ・ホールでの活動も、折田一人でやっていかなければならなかった。折田にとっては、これ以上に淋しいことはなかったであろう。

その時折田に助けの手を伸ばしてくれたのは、彼の同級生たちだった。中でもスチュワートは、特に折田との交流が深かったようである。

ジョージ・スチュワート（George Black Stewart, 1854-1932）は、一八五四年にオハイオ州のコロンバス（Columbus）で生まれ、コロンバスの公立高校を卒業後、一八七二年にプリンストンに入学した(58)。折田がプリンストンに入学以来、彼らはずっと親しく付き合ってきたのである。一八七二年一二月一日、二人は聖書研究会を結成し、毎週日曜日の午後に勉強することになっていた。聖書や勉強だけでなく生活においても、彼は折田の大きな助けとなっていた。例えば、一八七四年九月二九日に、折田が頭痛や熱などで気分が悪いと訴えた際、スチュワートは早速ワイカフ（Wycuff）医師を呼んできてくれた。一〇月九日になってようやく回復するまでの間、多数の先生や友人たちが見舞いに訪れた。その中でもスチュワートは、もう一人の同級生プラムレイ（William Plamley）と共に、数日間にわたって特に親切（particularly took care of me kindly）だったと折田はいう。ワイカフ医師も、七度も訪れて彼の治療に当たっており、さらに彼の治療代を断った。孤独な折田青年はきっと、これらの好意に感動したに違いない。

ここで、滞米中の折田の健康状況について若干触れておきたい。一言で言えば、体調を崩すことがしばしばあったということである。例えば、日記の中で体調不良を訴えた記録は、実に一八七二年だけで一〇数回も上っている。彼はまた、意識的に運動して健康管理に取り組んでいたようである。例えばミルストン滞在中、よく散歩したり、運動の代わりに土を掘ったりしていたことは先述した。一方、また別に触れるが、プリンストン時代には彼は体育会（Gymnasium）のメンバーであり、より積極的にさまざまなスポーツにも触れたと思われる。しかし、一八七〇年代当時、折田に限らず多くの日本人留学生は病気で喘いでいた。事実、数人もの日本人留学生は故郷の地を踏めずに異国において逝っていったのである。『折田日記』を見るだけでも、帰国途中になくなった畠山義成（一八四三～一八七六）を含めて、実に松方蘇介、名和道一（一八三八～一八七三）など数人の日本人留学生の死亡が確認できる。ラトガースにある日本人留学生及びその家族の墓地は、今でもニュー・ブランスウィック郊外のウィルロー・グローブ墓地（Willow Grove Cemetery）の一角を占めている(59)。

さて、先述した高の離去により、ウィッグ・ホールにおける折田の活動も淋しくなった。実は、ウィッグ・ホールでの活動は、結果的にはチャペル・ステージとも関連しているように思われる。プリンストンでは、四年生が卒業する前にチャペルでステージに立ち、公衆の前でスピーチをするという行事がある。それはチャペル・ステージ（Chapel Stage）と呼ばれていた。この四年生のチャペル・ステージは、四年生だけではなく一年生から各学年の生徒にとっても非常に魅力的な舞台だった(60)。

折田も、四年生になった直後からその準備を始めた。一八七五年八月に折田はスピーチの原稿を書き、それを親友のスチュワートに修正してもらっている。それから九月に入って、チャペル・ステージの組分けが決まり、折田は第一組に属することになった。そのため折田は九月二四日から、ピーバディーのもとで雄弁術のレッスンを始める。以降一ヶ月にわたって、個人レッスンを一〇回も受けている。またその間、いろいろな友人や先生に、発音やパフォーマンスなどを矯正してもらっている。一〇月の猛練習を経て、その月の二三日、折田はチャペルのステージで「日本――その過去と現在」（Japan, Past and Present）という演題で演説を披露した。さらにチャペル・ステージの勢いに乗って折田は、ウィッグ・ホールで一一月一二日に開催された四年生の演説コンテストに出場した（Noble と Johnson が入賞）。演題は同じく「日本――その過去と現在」だった。

スチュワートとの交流は、折田の帰国後も絶ったものではなかった。スチュワートは卒業後、ノースウエスト神学校（Seminary of the Northwest, 1876-1877）及びオーバーン神学校に進み、長老教会の牧師となっている。[61]その後、彼は長老教会所属のオーバーン神学校の校長を長年務め、アメリカのキリスト教界の指導者の一人となった。校長引退後の一九一九年に彼は日本を訪問し、四〇余年ぶりに折田と再会した。この経緯について、のちに第三高等学校を卒業した牧野虎次（一八七一～一九六四）は次のように述べている。

大正七年（一九一八）夏、私は欧州第一次大戦に参戦せる米国の社会状態を視察中、偶ま紐育州オーボルン神学校を訪ふた。当時幾名かの若き日本牧師が在学せられて居たのを訪れたかったのだ。同校長スチュラード博士と面談中に「自分がプリンストン大学在学時代に、オリタと云ふ同級生が居た、たしか今尚ほ日本教育界に健在だと聞くが、知って居られるか」との質問を受けた。私は、「その通り、折田彦市と云へば日本教育界で、誰れ知らぬものなき有名な存在で、私もその門下生の一人だ」と答へた。[62]「自分は次年度の休暇を利用し、世界漫遊の予定をして居るから、貴国に立寄らば旧交を舒ぶることが出来よふ」との同博士に対して、私は「大体の予定が立たば、前以て折田第三高等学校長と連絡し、日本滞在中の日程作成を同校長に一任あらば、屹度御満足を得らるゝに相違なからん、早速私は同校長に通信し、この旨を御伝へ申し、同校長の喜びを博せん」と答へたことであった。たしかその翌年、同博士の来朝に際し、我が折田先生には、懇切周到なる日程を作られたるのみならず、その主なる処では、自ら東道主人となられた。殊に昔時に在りて、外客の最も光栄とする、我天皇陛下拝謁の取り計ひまでせられたことは、博士の驚喜措かざりし処、「持つべきものは良友なり」の感を深ふせられたこと、察する。分けても博士が最も驚かれたことは、陛下が「貴校では往年来、我留学生が続々御世話になって有難い」との主旨の御挨拶があったとかで「陛下が基督教牧師の身上にインテレストを有った居らる、ことは、洵に意を強ふする次第だ」と博士は頗る感動せられたと開く。畢竟我が折田校長の蔭に廻つけての貢献の結果と云ふべきでないか。(63)

折田も存命中に一度母校を訪問したいと願っていたが、それは叶わずに没した。しかし、親友スチュワートは彼を訪ね、また彼の死後の一九二九年にも墓地を訪れ、その写真を同窓会誌に掲載させ、同窓生に報告した。(64)

ここまでは、プリンストンにおける折田の勉強生活及び交友関係について触れてきた。大学四年間の中、最初の一年は高良二に支えられ、また同級生で親友であるスチュワートに助けられながら、無事に卒業することができた。しかし、プリンストンにおける折田の勉強生活は決して楽なものではなかった。クラスで唯一の外国人として、過酷な勉強生活についていくのが精一杯だった。この点について、例えば一八七五年元日に彼が次のように記している。

A fine peaceful day. Happy new year! We greeted each other. This is my fifth new year in this land. Quietly but lonely I spent the day in my room".

(良き平和な日。新年おめでとう、とお互いに挨拶を交わす。この土地で迎えた五回目の新年である。自分の部屋で静かに、淋しく過ごした)

若き折田は、異国で迎えた五回目の新年を、「自分の部屋で静かに、淋しく」過ごした。彼にとっては元旦のように人びとが集まる時こそ、むしろいつも以上に淋しかったに違いない。

さて、ミルストン時代を含む六年間の米国滞在は、折田にとってどのような意味をもったのだろうか。この点について節をあらためて検討してみたい。

第三節　折田の米国経歴の意義

(1)スポーツの流行と体験

ミルストンやプリンストンの滞在中、折田は時々ニュー・ブランスウィックで他の日本人留学生と会ったり、また旅行しに行ったりしたことを日記で記している。しかし、彼の米国経歴の中、ほとんどの歳月は過酷な勉強に追われていたように感じられる。いったい、米国経歴は折田にとって何を意味するのか。その中で長期間にわたって、彼の心の支えになったものは何か。この問題は、帰国後における彼の活動とりわけ教育構想を理解する上で重要なヒントを与えるに違いない。

まず、米国滞在中、スポーツに関する折田の経験を確認しておきたい。ちなみに、米国における近代スポーツは、とくに南北戦争（一八六一～一八六五）以降公衆の関心を集めたという[65]。とりわけ新島襄や神田乃武が留学したアーモスト・コレッジはスポーツの先進校として知られている。このアーモスト・コレッジでは、ウィリアムズ・コレッジ（Williams College，一七九三年建校）との間で一八五九年、アメリカで初めての大学間の野球対抗試合(Intercollegiate Baseball) が行なわれた。

ニュージャージー・コレッジにおいても、各種のスポーツが盛んに行なわれていた。そもそもスポーツを行なう伝統のあるコレッジであったが、一八六〇年代以降は一層それに力を入れていくことになる。『折田日記』にもしばしば登場しているように、夏季休暇中には、野球やフットボールの大学間対抗試合が頻繁に行なわれていた。例えば、一八六九年一一月六日にプリンストンとラトガースの間で行なわれたフットボール試合は、米国史上初の大学間対抗試合（Intercollegiate Football）だったという[66]。一方、イギリスでは、オックスフォード（Oxford）

とケンブリッジ（Cambridge）の間で開催されたフットボール試合が一八七二年だったため、プリンストン・ラトガースの方が三年ほど早かった。また、一八七六年一一月、プリンストンの主導で、コロンビア、ハーバード、プリンストンとイェールと四つの大学は「大学対抗フットボール連合」を組織し、フットボールのユニフォームやルールに関する規定が統一された[67]。

ニュージャージー・コレッジにおけるスポーツの流行は、プレスブレイ（Frank Presbrey）とモファット（James Moffatt）の研究によれば、教職員たちも積極的にスポーツに関心を示し始めたことによるところが大きかったという。とりわけ第一一代の学長ジェームズ・マコッシュをスコットランドから迎えることにより、スポーツに関して新しい局面が開かれることとなった[68]。一八六八年に就任当初、新しい体育館を建設する方針を打ち出すなど、彼は学生の身体教育に極めて注意を払っていた。スポーツに関する彼の施策などに関する詳細は後述に譲るが、ここでは折田が経験したスポーツについて、その概要を述べておきたい。

まずクロッケーを筆頭にあげることができる。折田が、プリンストンの合格発表を受けた後、自分へのご褒美にクロッケーのセットを買ったことは先述した。クロッケーは特に人気であり、大学だけでなく社会一般に浸透していたようである。例えば、折田は夏休み中下宿先のヘゲマン夫人や他の若い女性たちとクロッケーを楽しんでいたようである。コレッジ在学中にも彼はよくクロッケーで遊んでいたことが確認できる。例えば、一八七五年五月から八月にかけて、彼の日記の中で登場したクロッケーの遊び相手は実に一〇人に上っている。バッフォード（五月五日、五月一九日）、ファニーとケートのレアード姉妹、リギーディキンズ（六月一日）、ハドナット夫人（七月九日）、同じくファニー、ケートの両姉妹、プラムレイ（七月一三日）、トッドとプラムレイ（七月一五日）、ジェンキンスその他の人達（八月一三日）、ジェンキンス（八月一四日）、プラムレイ（八月二七日）などの人々である。その中でも同級生のプラムレイはかなりの運動家で、一八七六年卒クラスの野球チームのメンバーでもあった。

折田のクロッケーに対する愛着は、彼の帰国後も続いている。例えば一八七六年一一月一日に、彼は「□夫人その他の人達が来たのでクロッケーをする」と記し、また同月二六日には「大山、市来らと午後クロッケーをする」と書いている。それだけではなく、三高においてはグラウンドの一角にクロッケー場が設けられていた、と数人の同窓生は証言している（『三高八十年回顧』）。米国時代の個人趣味としてではなく、帰国後の折田は、教育の一環として教育現場にクロッケーを採り入れたと思われる。

その他に、折田が経験したスポーツとして、体育館での活動や体操コンテスト、野球試合の観戦などが挙げられる。彼は、一八七〇年に建築された体育館の会員であり、そこへ頻繁に足を運んでいたのである。ついでに、体育館の開放時間を以下のように紹介しておく。基本的には、日曜日や学校行事の使用などを除いて、毎日の朝、昼、晩に開放し、学生の需要に応じているという(69)。一方、体操競技会（Gymnasium Contest）の開催は、この時から毎年の慣例行事となりはじめている。

スポーツの流行は、プリンストンに限らず、当時アメリカのコレッジ文化に大きな変化をもたらした。ワーテンベイカー（Thomas Jefferson Wertenbaker）の研究によれば、従来のような最も優秀な雄弁者（Orator）や文学または科学のリーダーがクラスのヒーローとされた時代は、もはや過去のこととなった。むしろ最も優れたキッカーやピッチャーの方が、キャンパスで一番人気を得るように変わっていったという(70)。

この点は、明治初期に欧米のコレッジで留学体験をしていた日本人留学生にも確実に大きな影響を与えた。事実、スポーツに対する関心は、折田に限らず森有礼や伊沢修二（一八五一〜一九一七）など、明治初期の留学経験者の中に共通している。各種のスポーツに参加したり、また観戦したりすることを通じて、若き留学生には大勢の仲間が増えることになっただろう。また、言語の壁を越えた絶好のコミュニケーションの場となっていたに違いない。やがて森や伊沢が帰国後体育に対して並々ならぬ情熱を注いだことは、すでに周知の事実である。折田もまた、プリンストンでのスポーツ体験を教育現場に取り入れようとしていた。この点については、次章で詳しく論じていきたい。

（2）教会生活と洗礼

すでに触れたように、折田が在学していたニュージャージー・コレッジは、キリスト教長老派のコレッジであった。カリキュラムの中に、聖書やキリスト教に関する教科も含まれていたことも先述したとおりである。さらにミルストンにおける彼の滞在先は、教会そのものであった。すなわち、キリスト教が常に身近な存在だったことが、折田の米国経歴の特徴の一つである。滞在中における彼の宗教体験を確認しておこう。

まず、折田の知り合いの他の日本人留学生の信仰について触れておく。一八七三年二月二五日に彼は、「工藤が三週間前にミルストンで洗礼を受けた」（Kudo was baptized about 3 weeks ago in Millstone.）ことを知った。一八七二年六月にミルストン入りした工藤精一は、早くも一八七三年二月にコーウィン牧師から洗礼を受けることとなった。また、同年四月三日、「高が自分の宗教観を話してくれるので、夜半近くまで話し込む」（Koe told me about his religion view. I talked with him till about midnight.）と、信頼する先輩たる高良二と宗教について語り合ったことを述べている。高の宗教観とは何か定かではないが、当時の日本人留学生の中で宗教観は必ずしも一致していなかったのは確かである。この点について、薩摩藩留学生が渡米後、ハリスの新生社で激論し分裂した結果を招いた事件は、このことを象徴的に表わしている(71)。

さて、すでに記したようにミルストンで折田は毎日のように教会へ通ったり、祈禱会に参加したりして過ごした。さらに日曜日は、多い時には一日に四回も教会に通っていた。数多い教会体験の中で、折田の思想に「神」

（God）という存在は着実に成長していったようである。彼自身が記した日記の中で、「神」に関する言及をしぼり出し、その変化過程の一端を描き出してみたい。

初めて「神」が登場したのは、一八七二年三月一四日の日記であった。病気のため早期の帰国を余儀なくされた岩倉具経に対して、折田は、「誠に残念なことで言葉なし、ただ彼の回復を神に祈るのみ」（It is very sorry matter. I can hardly express, but only I pray God that he will recover.）と述べ、友の病気の回復を祈る文脈で「神に祈る」という表現が初めて見られる。さらにニュージャージー・コレッジでは、以前にも増して彼はキリスト教について勉強する機会が増えていった。

まず、コレッジ・チャペル（the College Chapel）へは、ほとんど毎日のように出席していた。そして日曜日には、昼間はたいてい第二長老教会（the Second Presbyterian Church）に、夜はクラスの祈禱会（prayer meetings）に出席している。他には、先述のとおり、一八七二年一二月に折田はスチュワートと聖書勉強会を結成している。翌一八七三年七月六日、教会での集まりに出席した彼は「大変嬉しく思った」（I pleased it very much.）と述べており、昨年三月の「神に祈る」に続き「大変嬉しく思った」という表現を初めて使っている。プロテスタントだけでなくカトリック教会についても、彼はその儀式を経験している。一八七四年八月一六日に彼はカトリック教会に出席し、その儀式を見た後、「仏教の儀式に非常に類似」（It was very much alike that of Budhism [Buddhism].）と感想を述べている。一方、洗礼（Baptism）について彼は初めて言及したのは、一八七五年二月二八日であった。折田にとって、「[バプテスト派の] 洗礼は奇異なもの」（The baptism was peculiar.）だったという。なぜなら、「彼らは水にどっぷりと浸された」（They were immersed in the water.）からである(72)。

ところで、四年生になって、とりわけ一八七六年に入ってから、折田が先生や同級生との間で宗教をめぐり議論することが頻繁になっていく。議論の回数とともに、その激しさも増している。例えば一八七六年二月四日、折田は来訪の親友スチュワートと「真剣に宗教を論じ」（discussed on the relig. [religion] seriously.）ている。また翌日に彼は、「現在の心境を語る」（I spoke my present standard.）と述べている。この時期の彼は、まだ自分の信仰を決めることについては積極的でなかったと思われる。しかし、宗教に関する議論が活発化していくうちに、若き折田の葛藤がこの時期から始まる。例えば、二月八日に彼は「宗教的関心が続く」（A religion interest continuing.）と述べ、自分から宗教に対する関心が高揚していることを認めている。そして二日後の一〇日、折田青年は初めて、「今夜、私の宗教観をキリスト教に改めた」（I changed the relig. [religion] view tonight to Christianity.）と宣言した。一八七六年の初めに、彼が自分の信仰をキリスト教に定めたことは、誠に記念すべきことだった。とはいうものの、正式にバプティズムを受けるまでは、なお遥かに長い道のりが待っていた。

二月一一日の祈禱会で折田は、「イエスを私の救世主と信ずる」（Jesus as my savior）と告白した。それを知ったスチュワートは、自分のところで祈り会を開いたという。折田の入信を聞いた親友たちは大変喜んでいたに違いない。さらに、三月五日に折田は神学生の求めに応じ、日本における宣教活動を話したという（I spoke on Missionary work in Japan before the Seminary students by their require.）。

しかし、折田はキリスト教に対して理解を深めたとはいえ、その時点ではまだ洗礼を受けることは考えていなかったようである。三月二八日、デュフィールド（Duffield）博士に呼ばれ、宗教問題、教会加入の問題等を話した末、折田は「教会加入問題は断った」という。事実、この頃になってキリスト教への入信問題が本格的に取り上げられ始めている。その結果は、五月になって徐々に明確になっていく。五月七日の夕方、彼はチャペルで開かれたクラスの祈禱会で初めて「司会を務める」（I led the class prayer meeting in the chapel this evening.）ことにした。クラス祈禱会の司会を務めたということは、この頃、彼はキリスト教への入信をほぼ決意したといえる。さらに、五月二五日に折田はマコッシュ学長を訪問し、「宗教問題について話し合う」（I called on Dr. McCosh and talked about the religion subject.）と記し、洗礼を受けることを告げたと思われる。それを受けて三日後の二八日、彼の洗礼は下記のように、チャペルで行なう次第となった。

After the morning chapel the ceremony of baptism was done by Dr. McCosh. Profs [Stephen] Alexander, [Lyman] Atwater, [William] Packard and my classmates present. I felt very……（解読不能） Partook Lord's Supper in the chapel……（解読不能）

（朝のチャペル後、マコッシュ博士により私の洗礼が行なわれた。アレクサンダー、アットウォーター、パッカードの諸教授、それにクラスメートの人達が出席してくれて、大変□な想いに満たされた。チャペルで聖餐をいただく……）

このように折田は、晴れやかな日よりの中で、卒業直前に同級生や先生たちに見守られる中、学長の手によって洗礼を受けたわけである。学長はもとより、同級生たちも、はるか「極東」の島国からやってきて真摯に学び続ける青年が洗礼を受けたことを祝福したものと推定される。

さて、キリスト教信仰にかかわる折田の経験はいかに捉えるべきなのか。教育者としての活動にどのように結びついたのかという点では、新島襄の軌跡とはむしろ対照的である。一八六四年にアメリカに密航出国した新島は、一八六七年にアーモスト・コレッジに入学、卒業後一八七〇年にアンドーバー（Anndover）神学校に入って、キリスト教を伝導するという使命を背負って一八七五年に日本に戻った。以来、同志社英学校の創立など、生涯にわたって教育者としてキリスト教を青年に広めることに努めた。

一方、折田は、帰国後、三高など官立の教育機関で勤め続けたことから、教育者としてキリスト教の布教を行なおうとすることも、自らの信仰に言及することも、ほとんどなかった。しかし、日本の帰国後に自ら信仰について語っていないだけに、キリスト教主義のコレッジで四年間を過ごした末に洗礼を受けている事実は、興味深い。そこには、明治日本における官立学校の校長という社会的地位に由来する抑制の原理が働いていたと考えられるからである。また、折田のキリスト教受容に関わって、卒業直前に洗礼は受けたものの、プリンストンの長老派教会に所属しないという形で、既存の教会とは一定の距離を保っていたことも着目される。[73] この問題について、キリスト教の信仰を受容することと、特定の教会に所属することの関係を折田がどのように考えていたのか、ということを明確に窺うことのできる資料は現時点では存在しない。今後の課題としたい。

(3) マコッシュ学長の教育理念

滞米中、スポーツの体験や教会生活などは、折田に友人や愛情をもたらし、孤独な彼にとっては心の支えとなったことを述べてきた。プリンストンにおける折田の経験の中でも、その後の人生に決定的な影響を与えたと思われるのは、マコッシュ学長の存在である。

ジェームズ・マコッシュ（James McCosh, 1811-1894）は、スコットランド（Scotland）のエアシャー（Ayrshire, スコットランド南西部の旧州、現在はグラスゴー（Glasgow）を県都とするストラスクライド（Strathclyde）県の一部）に生まれ、グラスゴー大学（Glasgow University）、さらにエディンバラ大学（University of Edinburgh）に入った。エディンバラ大学の神学部に在学中、恩師トーマス・チャルマーズ（Thomas Chalmers, 1780-1847）に刺激され、彼は他の学生と一緒にエディンバラの貧しい地域へ宣教活動を行なった。[74] 神学部卒業後の一八三三年に牧師となり、以来布教活動を続け、一八五〇年に北アイルランドのベルファスト（Belfast）にあるクィーンズ・コレッジで職を得た。そこで一六年間滞在したマコッシュは、この間にアングロ・アメリカ世界（the Anglo-American world）において最も影響力のある思想家の一人となった。[75] なお彼は、部分的ではあるが進化論を受け入れた少数の神職の一人でもあり、

「創造の過程における不思議さと神秘性を理解するためには有益である」と進化論を教えている。[76]

一八六六年の夏、マコッシュはアメリカに渡り、いくつかの大学を訪れた。彼の知識、人格・人柄は、いたるところで人に「もっとも好意的な印象」(most favorable impression)を与えたという。[77] 同年四月二九日、彼はジョン・マクレーンに代わってプリンストンの一一代目の学長に選ばれた。

マコッシュが選ばれた第一の理由は、従来の大学に関して豊富な知識を持っていたことである(wide acquaintance with the universities of the Old World.)。先述したとおり、彼は、二つのスコットランドの大学の卒業生であり、英国のオックスフォード及びケンブリッジを訪問し、そこにいるもっとも有名で優秀な者と友情を結び、さらに主なドイツの大学及びいくつかのスイスとオランダの大学を視察した経歴を持っていた。[78] そういう意味で、プリンストンを成長と繁栄の新しい時代へ導いていく人選として、彼は大変期待されていたのである。プリンストンを含む一八六〇年代後半のアメリカのコレッジが、全体として南北戦争の打撃で不振に陥っていた中で、マコッシュ学長はコレッジの再建という課題に直面することになった。

では、マコッシュ学長はいかなる理念をもって、プリンストンを再建の道へと導いていったのだろうか。一八六八年に行なわれた就任式において、彼はプリンストンで実現しようとする理念を表明している。そこでマコッシュは、コレッジにおいて実現すべき最高の理想を「教育」(educate)にあると主張している。彼にとって「教育」とは、学生の持っている固有の能力を引き出し、さらにそれを伸ばすことにほかならない。そしてもう一つの副次的な目標として挙げられたのは、知識を伝達することである。この場合の知識とは、将来の人生には有用な(useful)ものでなければならない、と彼はいう。したがって、ただ知的訓練のためといって、「退屈で難解な課業」(dull and crabbed work)を学生に強要するような教育法に対して彼は批判的である。なぜならそのようなやり方は学生の学習意欲を損ないかねないからだ、と彼は警告している。一方、専門的な知識の教授もコレッジにおいては必要なことである、と彼は認めている[79]。

このような考え方は、カリキュラムの編成に関する彼の意見にも反映している。プリンストンでは従来、ラテン語、ギリシア語、現代語、数学、自然科学、精神科学、社会科学などの教科は、必修科目として設けられている。伝統的なカリキュラム編成に対して、マコッシュは批判的である[80]。彼は次のように述べている。

もし新しい教科科目にも古典を排除しないことを容認するなら、少なくともそれは強制的ではなく、履修するか否かを選ぶ権利を学生に与えるべきである。われわれの時間は限られているため、すべての学生に全てのことを教えることは不可能である。それを四年間のコースで全部の教科を学ばせようとするのは、彼たちはみな真の知識を何も得られず、生かじりの知識しか覚えられない結果を招致する[81]。

先述したとおり、コレッジにおいて古典語の学習はきわめて重要な一部分を占めている。この伝統に対してマコッシュは当然充分に理解していたはずである。そこでマコッシュが打ち出した解決策は、必修科目を土台に特別な領域を訓練するための選択科目を加えるカリキュラム編成である。選択科目の導入は、古典語の学習をすべての学生に強制的に強いるのではなく、学生に選択の自由を与えることを意味する。例えば、神学生はギリシア語と哲学、医学生は化学と生理学、また法学生は政治経済学などに専念すればよい、とマコッシュは語っている。ただし、すべてを選択に任せるのではなく、あくまでも必修科目を中心としつつ、そこに選択制を加味するのがマコッシュの方針であった。

宮澤康人が明らかにしたとおり、従来の古典中心かつ画一的なカリキュラムに対する選択科目の導入は、一八六〇年代後半以降のアメリカのコレッジにおいて、新しい潮流となっていた[82]。その最先端に走っていたのは、若きエリオット（Charles W. Eliot, 1834-1926, ハーバード学長として一八六九～一九〇九在任）学長が率いたハーバードであった。彼は伝統的なコレッジのあり方に根本的な変革を加え、従来の必修科目制を廃し、自由選択制を徹底させた。エリオットは、従来の古典たるギリシア語などは必修科目から除外した。ラテン語もギリシア語も一年生に課される科目の中から姿を消したのである。(83) ところが、エリオットの改革は従来の古典重視の伝統を破壊したものと問題視され、彼のやり方に対する批判・反動を契機として、コレッジのあり方をめぐる対立・論争が生じた。その中でエリオットは、「今世紀最大の教育上の犯罪をおかした」と厳しく批判されていた。(84) その急先鋒はニュージャージー・コレッジ学長マコッシュであった。

一八八五年二月二〇日、ニューヨーク市の「十九世紀クラブ」はエリオットとマコッシュ両学長を招き、討論会を設けた。その席で、マコッシュはエリオットの改革を批判した。例えば科目選択の自由について、彼は次のように述べている。

私は自由の賛成者である。しかし、その自由はあくまでも注意深く限定された範囲のものでなければならない。まず、一人の青年が大学に入るか否かは、自由である。そして、大学に入るとしたらどの学部に入るか、法律か医学か、そしてどこまで修得するのか、学士か修士かを選ぶのも学生の自由である。しかし、いったん選択を決定したら、そのあとも彼はまた完全に自由でなければならないだろうか。この点について、最も徹底した自由の擁護者でさえ、ここで学生にこういわなければならないはずである。〝我々はいまや君に若干の制限を与えなければならない〟と。そしてこの青年も、ここで自分の自由が終わったことに気づかなければならない。すなわち、彼は特定の教科、例えばハーバードモデルでいえば四つのトピックスを選び、そしてその学習に確かな時間を費やさなければならない。（中略）もしここに蒸気エンジンを組み立てるか運転してみたいと思う青年があり、エンジニアリングの学科に入ったとしよう。ところがその彼が数学も機械学も製図も測地学も学ばず、科目選択の自由があるからといって、天気の良い日には絵画と野外実習を選んだり、それにわれわれのコレッジで教えられているボクシングとレスリングという体育の二教科を選んだりするほうを望んだとする。私に言わせれば、この青年が作った鉄道で旅行するなんて思いもしない(85)。

マコッシュにとって、自由とはあくまでも注意深く制限されたものでなければならない。コレッジに入ること、専攻を決めること、コースを選択することなどは、すべて自由でなければならない。しかし一旦コレッジに入学し、専攻やコースを決めてから目標を達成するためにはそれなりの努力が必要だ、というのが彼の理論である。先述したとおり、マコッシュはカリキュラム改革の一環としてプリンストンに選択科目を導入した。とはいうものの、選択科目の導入は慎重に行わねばならない。彼のいう科目の選択とは、あくまでも必修科目の履修を前提としていたのである。したがって、選択科目の導入は三年生以降になって始めて実施され、一年と二年は依然として必修科目の学科編成が中心となっていた。実は、学長就任の初期段階にマコッシュは、選択科目を導入したことを理由に、プリンストンの同窓生から批判されていた。ところが、のちになると彼はもっとそれを徹底させなかったことで、またも批判されるに至った。ハーバードですでに実施されているように、それと同じようにもっと選択科目の拡大を図るべきだ、と問いつめられていたのである(86)。しかし、マコッシュは、自由は注意深く限定されねばならないという原則を重視した。

完全な自由選択制の危険性について、将来のハーバード出の牧師、医師、弁護士はみな生半可な専門家（dilettante）になるに違いない、とマコッシュは警告している。なぜなら、彼たちはフランスの小説を読んだり（ボーシェのフランス語八）、水彩画に手を出したり（ムーアの美術一）、イギリス演劇の講義を聞いたり（チャイルドのシェークスピア論)、そしてピアノを弾いたりすることで卒業できるから、とマコッシュは揶揄している。[87] 進路選択における自由は認めるにしても、それはいわばどのような拘束を受けるかを自ら決断する「自由」である、とマコッシュは考えていた。

では、マコッシュは自分の理念・目標を具体的に実現させるために、プリンストンでどのような教育を行なおうとしたのだろうか。就任式において彼は次のように説いた。

The friends of Princeton must come forward at this time to uphold her, and make her worthy of he ancient reputation and enable her to advance with the times:
On whom God has blessed, increasing the salaries of our hard-working and underpaid professors, who should be set free from drudgery and worldly anxieties to give a portion of their energy to the furtherance of learning and science;
a second, by providing further accommodation for our students, that we may receive and house comfortably all who apply;
a third, by erecting a gymnasium for the bracing of the bodily frame;
a fourth, by enlarging our library or scientific apparatus;
a fifth, by founding a scholarship, or junior fellowship, for the encouragement of letters and high merit among students;
and a sixth, by founding a new chair required by the progress of knowledge; we have scope here for every man's tastes and predilections.

（プリンストンを愛する人々はこの学校を声援し、その古来の名声にふさわしい学校として、時代とともに前進させるよう努力しなければならない。

［第一、］神のご加護で、安い給料で一所懸命に働いている教授の給料を増やし、彼たちを苦役と不安から解放させ、彼たちに学習や研究を推進させるエネルギーを少しでも与えるように努力すること。

第二、われわれに受け入れられる学生により多くの宿舎を提供し、希望者には全員快適に下宿させること。

第三、学生の体格を強めるために体育館を建設すること。

第四、図書館または科学［研究］装置を充実させること。

第五、学生たちの学問や賞賛すべき功績を奨励するために奨学金またはフェローシップを設立すること。

そして第六、学問の進歩によりあらゆる人の好みや偏愛に応じて、新しいイス（教授職）を用意すること）

さしあたって、マコッシュ学長がここで打ち出した具体策を「再建六ヶ条」と呼んでおく。これはマコッシュ学長の所信表明とも読み取ることができる。彼は、何よりも教員陣の安定を図り、給料の増額を訴えている（第一条）。実際、彼が学長になった時、ニュージャージー・コレッジの教授には無料の住居（house rent）のほか、年間二、一〇〇ドルの年俸が与えられていた。その後、この額は三、〇〇〇～三、四〇〇ドルまで増加していった。さらに一八八三年に至ると、ニュージャージー・コレッジでの教授への年俸支出は総額六三、七〇〇ドルとなっていた。[88] カーナハン（James Carnahan, 1775-1859, 第九代目学長として一八二三～一八五四在任）学長の時だけでなく、前任のマクレーン（John Maclean, 1800-1886, 第一〇代目学長として一八五四～一八六八在任）学長時代においても、この支出は奇想天外な額に近かったといわれている。[89]

給料の増加だけでなく、教授陣の充実についてもマコッシュ学長は力を入れている。例えば一八六八年一二月、理事会宛に提出された初めての年次レポートにおいて彼は、新たに有能な教授を招聘する必要性を力説している。さもなくば、プリンストンは他のコレッジに追い越される恐れがある、と彼は警告している。[90]『プリンストン一五〇年史』の著者ワーテンベイカーが指摘した如く、「寄宿舎や体育館を造るには一五ヶ月か一八ヶ月があれば十分にできる。しかし教職員を育てるには数年ないし十数年も必要だ」[91]という。事実、マコッシュの推進によりプリンストンの教授陣は、質的にも数的にも急激に増加していった。例えば一八七五年の時点で、マコッシュ自身も確信しているように、プリンストンには「この国（アメリカ――引用者）にある他のあらゆるコレッジよりも有能な教員をそろえている」[92]という。また、彼がプリンストンに赴任した一八六八年当時の教授陣は、一〇人の教授と七人の準教授とチューター（Tutor, 主としてレサイテーションの指導に当たる教職）で構成していた。それが二〇年後、彼が退職した一八八八年には、その数が三倍にも上った。[93]

次にここで注目したいのは、学生に対して彼が唱えた振興策である。すなわち、希望者全員に寄宿舎を与えること（第二条）、健康促進のために体育館を新設すること（第三条）である。当時のアメリカのコレッジでは、学生たちは寄宿舎に住み込むことが一般的であった。[94]マコッシュは、将来的に学生の増加を見込み、すべての希望者には充分な寄宿スペースを提供することが必要であると判断した。しかし、ここで強調しておきたいのは、マコッシュが「希望者には」という限定をつけていることである。[95]寄宿舎生活を選択する自由を認めるという点については、先に述べたカリキュラムの選択制におけるマコッシュの「自由」観にもつながっている。もちろん、それは寄宿舎での生活そのものが自由だというわけではない。寄宿舎での生活はさまざまな拘束に満ちているからこそ、寄宿舎生活をするか否かは「希望者」のみなのである。早くも一八六九年に、寄宿舎として「リユニオン・ホール」（Reunion Hall）が建設された。このホールは、やがて同窓生が再会する場所として長く愛されている。さらに一八七七年には、五階建てのウィザースプーン・ホール（Witherspoon Hall）が新しい寄宿舎として竣工した。一方、身体の鍛錬についてマコッシュは、知識の摂取とともに教育上重要な一環であると考えている。それに基づき、彼は体育館を建設することを宣言した。一八六九年に竣工した体育館（the Bonner-Marquand Gymnasium）は、アメリカのコレッジでは初めての本格的なものであったという(96)。

さらにマコッシュは、天文台（the Observatory, 1869）とグリーン図書館(97)（Chancellor Green Library, 1873）の新築（第四条）、フェローシップ（一八六九年）の創設(98)（第五条）、サイエンス・スクール（the School of Science, 1872）の設置(99)（第六条）などを通じて、「再建六ヶ条」で示された諸計画を次々と現実化させていった。

いうまでもなく、マコッシュの改革を実施するためには、より多くの財政的な支出が必要とされていた。幸運にも、彼の改革には莫大な経済的な支援を得られた。マコッシュが学長を務めていた二〇年間、プリンストンは総額三〇〇万ドルの寄付を受け、大学建設に必要な資金を得ることに成功した(100)。それを背景に、先述したように、彼のコレッジ再建策は一八六八年の学長就任以降次々と実現されていった。

このようにマコッシュは、プリンストンに凄まじい変化をもたらしてきた。これらの変化により、実質的にはカレッジを大学へと変身させた結果となった。もっとも、マコッシュはプリンストンに着任した当時、ニュージャージー・コレッジを大学へ改造させるつもりがなかった（had no intention of converting it into a university）。というよりも、アメリカにおいてコレッジと大学との違いについても、彼には必ずしも明白なものではなかった(101)。彼が目標としていた、「アメリカの、そして最終的にはヨーロッパのあらゆる大学にも遜色しないコレッジ」を作ることは、見事に成功したといえる(102)。その結果、就任時に比べて彼の退職時（一八八八年）にプリンストンの学生数は二八一人から六〇三人へ、そして教員数は一七人から三倍もふくれ上った(103)。

ここまではマコッシュ学長の教育理念、及びそれに基づいた彼のコレッジ再建策を概観してきた。若き折田がプリンストンに入った頃、ちょうどプリンストンはマコッシュのもとに再建の道を歩み始めたばかりだった。そして、マコッシュの教育理念に感銘を受けた折田は、帰国後、今度は自ら校長となって学校作りを行なうことになるのである。この問題については、次章から逐次に検討していきたい。

小結

本章では、一八七〇年から一八七六年にかけて折田の米国留学に関する事実を明らかにすることができた。明治維新前後に岩倉具視と交流していた折田は、フルベッキの斡旋により一八七〇年、岩倉兄弟の随従としてアメリカ留学に出かけた。同行した他の留学生とは別に、彼はニュージャージー州のミルストンで二年間を過ごしたのち、同州プリンストンにあるニュージャージー・コレッジに入学した。一八七六年に折田はプリンストンを卒業し、同校から卒業を果たした初めての東アジア留学生となった。

一方、マコッシュ学長は、プリンストンをコレッジから大学へと変身させ、数多くの業績を残した学長であった。彼にとっての「教育」とは、「将来の人生に有用な」知識を伝達する目標を持ちながらも、「教育」の主な目的が学生の持っている固有の能力を引き出し、さらにそれを伸ばすことにある。そのためにマコッシュは、知識の教授を学生に強要するのではなく、学生に選択の自由を与えていた。同じくカリキュラム編成においても彼は、従来の古典中心かつ画一的な科目必修制に対して、選択科目の導入を試みた。この場合もマコッシュは、古典語の学習をすべての学生に強制するのではなく、選択の自由を学生に与えたのである。とはいえ、完全な選択の自由を認めていたハーバードのような制度に対しても、彼はまた距離を置いていた。いわば「秩序ある自由」ということである。彼の教育観・人間観の根底には、こういった「自由」に対する考えがあることを強調しておきたい。

また、こうしたマコッシュの「自由」観は、彼が一八六八年に提出したコレッジ「再建六ヶ条」の中にも見られる。すなわち第二条において彼は寄宿舎の増設を力説した。この場合の寄宿舎への入居も、彼は「希望者には」という条件をつけ加えている。この点は、本書の第二章で検討するように、大阪中学校の寄宿舎制度における折田が打ち出した「生徒ノ便」に応じるという理念にもつながっている。「生徒ノ便」という意味では、折田の寄宿舎理念はマコッシュのそれと通底していたといってよい。この事実は、注目に値する。

若き折田彦市は、プリンストンで四年間の青年時代を過ごした。そこで彼はスポーツを経験し、教会での礼拝に出席して洗礼を受け、さらにギリシア語・ラテン語などの古典語をも熱心に学び学位を取得した。マコッシュという個性的な指導者のもとでの学校生活は、これらの出来事が全体として独特な人間形成のシステムを形成していたことを感じさせたことであろう。

それでは、この米国の留学経歴は、果たして帰国後の彼の行動にどのように活かされていったのだろうか。それについては次章以降に詳述するが、さしあたって仮説的な見通しを示しておこう。

帰国後、折田はエリート文部官僚として督学局、文部省学監事務所、体操伝習所主幹などを歴任し、一八八〇年四月に大阪専門学校に赴任した。以来、一九一〇年までわずかな期間を除いて三〇年間近く、大阪中学校・大学分校・第三高等中学校・第三高等学校の校長を歴任していた。彼の生涯は、近代日本の中等・高等教育の模索と発展の歴史そのものとみることができる。

とりわけ注目されるのは、一八八〇年末に大阪中学校長就任後に折田が、「将来ノ要務」として、学校建設の計画を初めて提起したことである。六ヶ条で構成されたこの計画は、先述したマコッシュ学長によるプリンストンの「再建六ヶ条」のそれと酷似している。中でも体操科の振起や寄宿舎の増築などが着目される。大阪中学校の寄宿舎制度において、折田は入舎の基準を「生徒ノ便」に応じるという理念を打ち出す一方、寄宿舎生活そのものには厳しい規則を設けた。そこには、マコッシュのそれと通底する「自由」観が働いていたと考えられる。

一方、キリスト教については、官立学校長という立場もあって、キリスト教の信仰や教育について語ることがなかった。しかし、帰国後、築地の教会へ出かけたことが確認できるし、「三高基督教青年会」というキリスト教組織が三高で活動していた事実もまた、無視することができない。加えて一八八七年に石井十次が「基督教を以て本院の主義」とした岡山孤児院を設立した際には、折田はその協議員を務めていた。以上の諸点を考えれば、帰国後においても折田はキリスト教との関わりを個人として否定したわけではないと考えられる。

帰国後も折田は定期的に近況報告を同窓生に送り続け、プリンストンとの連絡を絶つことがなかった。その中で一九〇六年五月二七日付の近況報告において、彼は次のように述べている。

The most important work to promote the welfare and standing of our country is to produce useful men in every direction. Toward such an aim I believe I am doing good.(104)

(我が国の繁栄と地位を高めるために最も重要な仕事は、あらゆる方面に有用な人間を養成することである。この目的において、私はうまくやっていると確信している)

折田は自ら、教育目標を「あらゆる方面に有用な人間を養成する」ことに据えていた。しかも、この目標に向けて、彼は満足できる結果を残せていると述べている。この言葉は、関西の地で三〇年間も中等・高等教育に携わり続けた折田が、自身による活動を総括したものとして捉えることが出来る。ここで「有用な人間」とはいかなる意味で語られているのか、その点は、折田が詳しく説明しなかったため断言できない。しかし、その内実を理解するための手がかりは、折田のプリンストンでの経験、とりわけ教育の目標を「有用な知識」の伝達に求めたマコッシュ学長の考えにあると思われる。

（1）折田彦市遺族所蔵「折田氏系図」による。「系図」は、折田本人が一八八五年一月に誌したものである。以下、特に断らない限り、渡米まで折田の経歴はこれによる。

（2）この人事は西郷隆盛の推薦によるのではないか、と『神陵史』では推測されている（神陵史編集委員会編、一九八〇年）。折田は西郷の従弟大山巌（一八四二～一九一六）とも親交していたことから、西郷家との交流は深厚なものだったと思われる。一方、大久保利謙の祖父利武（利通の子）が折田から聞いたことを書き残した文面によれば、「維新の頃のある日、折田は大久保から呼ばれて岩倉公付きのお役目を申し付けられた。長州藩からも一人（服部一三か、引用者）同様の役目を岩倉公からの希望で承った」ということで、大久保利通の推薦によるものだと示されている（慶応義塾大学の高橋信一氏のご教示による）。

（3）なお、この間のことについて「折田氏系図」では次のように記している。すなわち、「明治元年戊辰正月従公（島津茂久公）在京師被簡為輔相岩倉具視卿、御附役、日夜近侍左右、卿曾承内勅、行于大阪、当時兵馬倥偬、人心洶々、会有流言、匪徒窺卿、卿頗戒心、乃與彦市相易佩刀、微服而帰京、其見親信如此、既而舍卿、密命出視察東北諸州之戦況、或厠士卒、而力戦格闘、抜堅砍鋭、或乗肩輿而昼夜兼行、報捷京師、伝令北越、功労頗多」云々。

（4）後にも触れるが、明治政府の顧問として岩倉使節団の派遣を建言するなど、フルベッキは教育に限らず近代国家の建設に重要な役割を果たした。なお、フルベッキに関する研究としては、杉井六郎「宣教師の明治維新――オランダ改革派教会宣教師フルベッキの活動――」（坂田吉雄・吉田光邦編『世界史のなかの明治維新――外国人の視角から』所収、京都大学人文科学研究所、一九七三年）、大橋昭夫・平野日出雄『明治維新とあるお雇い外国人――フルベッキの生涯』（新人物来社、一九八八年）、高谷道男編訳『フルベッキ書簡集』（新教出版社、一九七八年）、William Elliot Griffis, *Verbeck of Japan : a citizen of no country : a life story of foundation work inaugurated by Guido Fridolin Verbeck*, Fleming H. Revell, c1900. などが挙げられる。

（5）ちなみに長老派は、牧師と、信徒代表として選ばれた長老とが対等の立場に立ち、教会会議によって全体教会に関する事項の決定がなされる仕組みをとっている。監督教会と会衆派教会との中間に位置する教会組織のひとつの形式である。詳しくは、高橋昌郎『明治のキリスト教』（吉川弘文館、二〇〇三年、一五頁）を参照。

（6）五月七日、フルベッキは、サープライズ号で日本に向けてニューヨークを出港した。同じく宣教師のS・R・ブラウンとドクトル・シモンズが同船した。香港、上海を経て一一月一日にブラウンとシモンズは神奈川に、一一月七日にフルベッキは長崎に到着した（高谷道男『S・R・ブラウン書簡集』、日本基督教団出版部、一九六五年、三六四頁）。一方、ヘボンは四月二四日にサンチョ・パンザ号に乗って八月二九日に上海到着、一〇月一八日に神奈川に上陸した（William Elliot Griffis, *Hepburn of Japan : and his wife and helpmates : a life story of toil for Christ.* 佐々木晃訳／高谷道男監修『ヘボン――同時代人の見た――』、教文館、一九九一年、一三三頁）。

（7）石附の研究によれば、一八七〇年頃から、各省の留学生派遣とともに、華族の洋行・留学も奨励された。岩倉兄弟及びその同行者の派遣は、この流れの中にあったという（石附実『近代日本の海外留学史』、ミネルヴァ書房、一九七二年、一四八頁）。本書も、特にこの部分において、資料の紹介・提供を含む、石附氏から多大な示唆・助言を受けた。

（8）フルベッキ以降、彼の後任にあたるスタウト（Henry Stout, 1838-1912）にしたがって、三人はしばらく勉学を継続した。スタウトは、一八三八年にニュージャージー州ラリタンに生まれ、一八六五年ラトガースを卒業後、ニュー・ブランスウィック神学校に入学。一八六八年に卒業後、アメリカ改革派の牧師になる。翌一八六九年五月に長崎に到着した（Gordon D. Laman, *Henry Stout, Pioneer Missionary: His Life, His Mission, His World*, 1983. 峠口新訳『ヘンリー・スタウトの生涯』、新教出版社、一九八六年、一七五～一七七頁）。

（9）岩倉兄弟の留学は、一八六九年一二月二五日付大久保発岩倉宛の書簡に、長崎遊学よりも実地を踏むべきだという旨が伝えられていることから、大久保が外国留学を建議したことで実現したと見られる（日本史籍協会編『大久保利通文書』第四巻、東京大学出版会、一九六七年、二一二頁）。

（10）フェリスは、ニューヨーク生まれ、一八四三年にニューヨーク大学、一八四九年にニュー・ブランスウィック神学校を卒業。一八六五年から一八八三年まで伝道局総主事の任にあたり、グリフィスなど大学南校教師などお雇い教師の招聘斡旋に尽力した。また、フルベッキを通して日本人留学生を多数、米国に受け入れて世話した。その功績に対し、岩倉使節団一行渡米の際に一八七二年八月五日、岩倉具視正使・大久保利通副使が署名した感謝状（*Official Acknowledgement of the Mikado's Ambassadors, Iwakura and Okubo, Secretary's Office of the Japanese Embassy, Boston, August 5, 1872*）を送られている。また、一八七〇年横浜で開校したフェリス・セミナリー（Ferris Seminary, 現在のフェリス女学院大学）の学校名も、キッダー（Mary Kidder）校長は、フェリス父子から多大な資金援助を受けたため、フェリスと名づけたという。

(11)　オリファント商会の親会社は、ニューヨークに本部をおくOlyphant, Talbot & Co.であり、一九世紀中頃において中国貿易を従事する最も重要な三、四の会社の一つとして知られている。また、その子会社オリファント商会は、アヘン貿易を行なわない少数の商会の一つとしても知られている。

(12)　服部一三は、長州藩出身で、一八六七年に長崎で英語を学んだ。岩倉兄弟よりも勉強歴が長かったことなどから、英語力を持っていたと思われる。その中で、渡米の志を持った服部はやがて岩倉兄弟の留学に随従させたと推測できる。一方、山本重輔も長州藩出身。

(13)　石附前掲『近代日本の海外留学史』所収「幕末の海外留学者リスト」による。

(14)　同右、一五八頁。

(15)　一九五六年以降にニュージャージー州立大学（Rutgers the State University of New Jersey）へ改称。

(16)　ラトガースと明治初期の教育との関連については、少なくとも以下の事実が注目される。一つは、福井藩の招聘を受け一八七〇年に来日し、後に東京開成学校の教師になったグリフィス（William Elliot Griffis, 1843-1928）はラトガース一八六九年の卒業生であること。もう一つは、やはり明治政府に招聘され、文部省学監などを務めたデヴィッド・マレー（David Murray, 1830-1905）は、一八六五年から一八七三年までラトガースで教授したこと。ついでに、英国から米国へ渡った森有礼など薩摩藩留学生の中、ハリスの新生社で過ごした後、畠山義成、松村淳蔵などハリスと決別した数人の新しい受け入れ先は、このラトガースだった。ここで畠山義成はマレーに教わった。

(17)　岩倉具定は、やはりグラマー・スクールに在籍していた。病気で喘いでいた。弟の具経は、二年間の勉強後、父親に同伴して渡英、オックスフォードで学ぶ。一方、山本は最初、ラトガースの予備校に入学したのち、ニューヨークのレンセラー工学校（Rensselaer Polytechnic Institute at Troy）に入学、またのちに英国に渡り鉄道について勉強した。一八八五年に帰国した山本は四月、工務省に勤め、以降鉄道に関する仕事に携わっていった。対して服部は、ラトガース予備校で勉強し、それから一八七一年に理学部に入学した。一八七五年六月に卒業、同年八月に帰国後、文部省に入った。一八七九年四月、大阪英語学校が大阪専門学校に変わった。高良二校長に代わって、東京大学予備門主幹兼東京大学法理文学部綜理たる服部は、改組後の大阪専門学校の「綜理」になった。その一年後、体操伝習所主幹たる折田が、服部の後任として「校長」に就いた。

(18) John Mason Ferris, *How the Japanese Came to New Brunswick*, see William Elliot Griffis, *The Rutgers Graduates in Japan*. 1st edition of 1885, 2nd edition of 1916, New Jersey, pp.33-34. ちなみにこの文章は、グリフィスの要請に応じて、フェリスが一九〇五年に書いたものである。

(19) 東こと東隆彦(一八五一〜一八七六)、華頂宮博経親王、伏見宮邦家親王の子。海軍軍人を志して一八七〇年米国留学、一八七二年練習艦で負傷、一八七三年帰国、一八七六年二六歳で死去。

(20) 一方、後に触れるように、一八七二年一月からの『折田日記』によれば、彼は頻繁に他の日本人留学生のためにニューヨークの本屋などへ書籍の注文を行なっていた。この点から、彼は留学生の世話役も一部、引き受けていたのではないかと推測される。上沼八郎は、『新修森有礼全集』別巻二(文泉堂書店、二〇〇三年)においてもこのような見解を示しているが、根拠が明示されていない。

(21) コーウィンは一八三四年にニューヨーク市で生まれ、父親はニュー・イングランドに渡ったイギリス系の清教徒の祖先を持つニュー・イングランド出身、母親はニュー・ネーデルランド(新オランダ、すなわちオランダ植民者がニューヨーク地方をこのように呼んでいた)の植民者を父とした女性であった。ニューヨーク大学を卒業後、ニュー・ブランスウィック神学校に学んだ。前述のように、オランダ系植民者の宗教はプロテスタントの改革派が圧倒的に多く、おそらく母親の影響で、コーウィンも改革派に属した。また、父の関係か、彼は清教徒の長老派にも所属していた、とプリンストン大学東アジア研究所のジャンセン(Marius B. Jansen)教授が断言している(*Princeton Alumni Weekly*, January 25, 1995, p.64)。この点は、彼が折田を長老派のプリンストンへ推薦した理由の一つとして考えられるため、ここに断っておく。同神学校を一八五六年に卒業と同時に牧師となり、ニュージャージー州のミルストンの教会の牧師に就任したのが一八六三年であった。コーウィン氏はここで一八八八年まで二五年間も牧師として住んでいた。その後、前述のニュー・ブランスウィック神学校の学生指導教官の職に迎えられたが、七年後にはふたたび教会の牧師としてニューヨーク州北部に移った。一九一四年に死去。

(22) 同じく改革派教会の牧師となった、コーウィンの息子チャールズ・コーウィン(Charles Corwin)は、父親の日本人留学生を受け入れについて証言している(*Reunion Book*)。

(23)　同行者に名和道一、外山正一、矢田部良吉、あらいつねのしん、内藤誠太郎がいた（Kanda Memorial Committee, *Memorial of Naibu Kanda*, Toko-Shoin, 1927. p.10）。

(24)　神田は新島襄の後にアーモスト・コレッジに入学し、語学の勉強をしていた。一八七九年に帰国してから英語辞書の編纂など、英学者として多大な業績を残した。また、一八八〇年に東京において基督教青年会（ＹＭＣＡ）の創設に尽力するなど、キリスト教に関することにも携わり続けた。一方、先輩たる新島襄は、京都において同志社英学校を起こしながら宣教活動を行ない、さらに大学の建設に努力したことも周知の事実である。

(25)　この日の日記において折田は、「工藤は今朝ニュー・ブランスウィックに移るので、彼に同伴してミルストンを発った」と記し、二人は一緒にニュー・ブランスウィックに向かったことを記録している。工藤は一八七八年にラトガースを卒業した。以下、滞米期間中の折田に関する行動の記述は、特に断わらない限り、すべて『折田日記』による。

(26)　一八七二年五月三日の『折田日記』には次のように記している。すなわち、「税所はこちらに滞在希望が、コーウィン先生の許可を求め、得る」と述べている。

(27)　他には神田乃武も滞米中、折田の指導のもとで英文日記を記し始めたという。しかし、その所在は現在確認できていない。

(28)　折田の米国滞在について、板倉創造による研究が先駆的である。本書も特にこの部分においては、多くの示唆を得ている。詳しくは、板倉創造『一枚の肖像画』（三高同窓会、一九九三年）を参照。

(29)　散歩は当時では運動として流行っていたようである。例えば、同じくニュージャージー・コレッジを一八三二年に卒業した、宣教師のヘボンは、当時の学生生活について次のように証言している。「大部分の学生の運動は散歩だった。クリケットはあったが、今アメリカで人気のある野球はまだ普及していなかった。大学どうしの対抗スポーツもまだない時代だった。だから、私たちは運動のためによく散歩したものである」（前掲佐々木晃訳／高谷道男監修『ヘボン――同時代人の見た――』、一三三頁）。

(30)　官費留学生でありながら正式な学校に入らずひたすら個人授業をうけたことは、今日からみれば少し理解しにくいが、制度の未整備な時代には、これは折田だけにあてはまることではなかった。例えば、一八七二年から二年間、工藤も同じくコーウィン牧師宅に下宿したのである。

(31) ブリーフ・スケッチには、使節団の組織・旅程・人員・目的・調査方法など示されている。スケッチと岩倉・大隈については、梅溪昇『お雇い外国人』⑪政治・法制(鹿島出版会、一九七一年、二五二～二五四頁)を参照。

(32) 岩倉使節団の派遣全般に関する研究は、田中彰・高田誠二編著『『米欧回覧実記』の学際的研究』(北海道大学図書刊行会、一九九三年)、田中彰『岩倉使節団『米欧回覧実記』』(岩波書店、一九九四年)、田中彰『岩倉使節団の歴史的研究』(岩波書店、二〇〇二年)などを参照されたい。また、教育事項については、小林哲也「『理事功程』(文部大丞田中不二麿の海外教育調査報告書)研究ノート」(『京都大学教育学部紀要』第二〇集、一九七四年)、また国別の記述に関しては、岩倉翔子編著『岩倉使節団とイタリア』(京都大学学術出版会、一九九七年)、富田仁『岩倉使節団のパリ――山田顕義と木戸孝允その点と線の軌跡――』(翰林書房、一九九七年)、及び Martin Collcutt, *The Iwakura Embassy in the United States: An Inner History*, Princeton Press, 2003. また、海外からみた岩倉使節団については、イアン・ニッシュ編／麻田貞雄他訳『欧米から見た岩倉使節団』(ミネルヴァ書房、二〇〇二年)などが挙げられる。

(33) 森は着任後、米国の教育について調査を行い、また日本の教育について米国の有識者に意見を伺った上、一八七三年一月に『日本の教育』をニューヨークで出版させたことは周知のとおりである。ちなみに折田は一八七二年一月四日、森より『アメリカにおける生活と資源』(*Life and Resources in America*)という本を受け取る、と記している。

(34) ただし、それまで新島の留学費用を官費でもって支給していた森は、さらに官途に就かないかと新島を勧誘した。それに対して新島は、「自由なる日本市民」(a free Japanese citizen)でいたいということで日本政府に縛られることを危惧視し、森の要請を拒否した(新島襄全集編集委員会編『新島襄全集』、同朋舎、一九八七年、第六巻、八二頁、同第八巻、七八頁。また、上沼八郎・犬塚孝明編／大久保利謙監修『新修森有礼全集』第二巻、文泉堂書店、一九九八年、八四二頁)。

(35) のち四月一一日に、新島は田中文部理事官に随従して使節団と分かれ、二人でジャージーシティを出港してヨーロッパへ出発した。以降、ヨーロッパの教育調査を終え、田中は一八七三年一月にベルリンから帰国した。一方、新島は病気のためにヨーロッパに残り、視察報告書『理事公程』の作成に取り組んだ。

(36) 吉野俊彦『忘れられた日銀総裁――富田鉄之助――』(東京経済新報社、一九七四年)二六頁。

(37) Tribune とは New York Tribune を指すと思われる。のちに引用する Thomas Jefferson Wertenbaker 著『プリンストン

一五〇年史』（*Princeton 1746-1896*, Princeton University Press, 1946）においても、一九世紀末期に発行されたNew York Tribune の記事をよく引用している。Tribune 紙は、当時のアメリカ東部で広く読まれていたと思われる。ちなみにNew York Tribune は、一八四一年にHorace Greeley（一八一一～一八七二）によって創刊され、一九二一年にNew York Herald を買収しNew York Herald Tribune に名称を変える。さらに、一九六七年にNew York Times とWashington Post の出資によりInternational Herald Tribune グループの一員になり、今日まで発行し続けている。

（38）沼津藩出身、一八七〇年華頂宮博経親王のお附として渡米、のち使節団の通訳として英国へ向かった。

（39）博物館では、鷹、獅子、シマウマ、象、あしか他多くの種類の動物や鳥類を見たという。鳥獣類の名前を詳しく書き写した折田は、博物館に対して深い印象をもったのではないかと推測できる。

（40）しかし、実際には岩倉具経は使節団に随行して英国に渡り、のちにオックスフォード大学に入学したため、再びアメリカに戻ることはなかった。

（41）「留学生処分の儀に付報告の件」、上沼八郎・犬塚孝明編／大久保利謙監修前掲『新修森有礼全集』第二巻、九七頁。

（42）いうまでもなく、それは折田が仲間との交流を絶ったことを意味するわけではない。彼は、留学生などとの間で、頻繁に書簡の往来を続けていた。受信や送信の手紙は、それぞれ毎年一〇〇通以上にも上っている。また、ラトガースには、岩倉兄弟が在学していたこともあり、彼は時々彼たちに会いにニュー・ブランスウィックへ出かけていたことが確認できる。

（43）ちなみに、プリンストンの創立者はイェール卒で、またイェールの創立者はハーバード卒であった。

（44）橋本伸也等訳『高等教育の変貌一八六〇～一九三〇――拡張・多様化・機会開放・専門職化――』（昭和堂、二〇〇〇年）三四六頁。

（45）Laurence R. Veysey, *The Emergence of the American University*, University of Chicago Press, 1965, p.283.

（46）一方、一九世紀後半のヨーロッパ・アメリカでは、中等・高等教育の発展過程にいかなる特徴が見られたのだろうか。ヤーラオシュ（Konrad H. Jarausch）らの研究では、規模（就学者数の絶対的・相対的拡張）、制度構造（制度的多様化）、社会的構成（高等教育機会の開放）、専門職志向（専門化）といった四つの視点から各国の共通点を見出すことを試みた（橋本等前掲訳書を参照）。

（47）同右、一二頁・一九二頁・二六〇頁。

（48）先にジャンセン教授が指摘しているように、コーウィンは、アメリカ改革派教会で仕える一方、父親の関係で長老派教会にも所属していたのである。こういった関係から、コーウィンは折田に長老派のプリンストンを推薦したと想定できる（*Princeton Alumni Weekly*, January 25, 1995, p.64）。

（49）日本におけるクロッケーは、一八七八年頃から体操伝習所でリーランドによって紹介されたという。それが、一九四〇年代以降に今日のようなゲートボールに変わってきた。

（50）ちなみにセミナリー（Seminary）とは、The Theological Seminary at Princeton のこと。プリンストンに隣接している神学校で、現在も存在している。高は当時、山岡と一緒にそこの五号室に住んでいた。後、折田が彼に代わって一八七三年にその部屋に移った。

（51）William Elliot Griffis, *Hepburn of Japan : and his wife and helpmates : a life story of toil for Christ*。佐々木晃訳／高谷道男監修前掲書、二四頁。

（52）そのため、コレッジに入学する前にはこれらの古典について、かなりの年数を費やして勉強することが求められている。例えば一九〇〇年までに、ハーバードの合格者がギリシア語、ラテン語、数学を勉強した平均年数は、それぞれ四年、六年、一〇年だったという（Sumuel Eliot Morison, *Three Century of Harvard 1636-1936*, Harvard University Press, 1936, p.389）。

（53）当時のアメリカのコレッジでは、Bachelor of Arts の学位を取得するためには古典語の修得は必要であった。これにクリアした折田に対して、新島襄が卒業時与えられた学位は、Bachelor of Science であった。それは、必要なギリシア語、ラテン語などの古典語を学ぶことができなかったからと思われる。

（54）ニュージャージー・コレッジの規則によれば、学士号の所有者が三年を経た後、Clerk 書記宛に手紙を送り、教育従事など一定の条件が満たされている場合、修士学位を請求することができると定められている（*Catalogue of the College of the New Jersey for the Academical Year 1872-'73, 1872.*）。帰国後、文部省や体操伝習所で勤務していた折田がおそらく学位を請求し、許可されたのではないかと思われる。なお、*Reunion Book* の中で、申請により Doctor 号を授与することになるだろうと記されている。ちなみに一八七〇年にアーモストを出た新島襄は、一八八九年七月二日付でアーモスト大学理事会から新島へ名誉法学博士（LL.D）が贈られた。この時の同大学学長は新島の恩師、シーリーだった（「名誉学位贈与に関する通知（アーモスト大学理事会）」同志社大学、「同志社社史資料センター」所蔵史料）。

（55）*Princeton Alumni Weekly*, May 16, 1920.

（56）*Last Minute, Record of America Whig Society*, 1872, MUDD Library, Princeton University.

（57）ちなみに高は、英国に半年間ほど滞在の末、同一八七三年一二月に米国に戻り、日本に帰国した。また、彼が去ったことにより、折田は二年生からセミナリーの寄宿舎に住むことができた。彼は、七月二日に Hageman 宅を離れ、「かつて高が住んでいた、古いセミナリー寄宿舎の五号室」に移ってきたわけである。

（58）*General Biographical Catalogue*, Princeton University, 1932.

（59）ウィルロー・グローブ墓地にある日本人墓地には、一八七〇年から一八八六年までに異国で亡くなった、赤ん坊一人を含む八人の日本人が眠っている。墓地の正面入り口のところに据えられた「IN MEMORY」と刻まれた石碑には、以下のように日下部太郎（一八四五～一八七〇）をはじめ大人七人の姓名、出身地、没年が記されていた。① TARO KUSAKABE, FUKUI APR.13, 1870. ② KIJIRO HASEGAWA（長谷川雉郎、一八四九～一八七一）, HYOGO NOV.18, 1871. ③ KOSUKE MATSUKATA（松方蘇介、一八五一～一八七二）, KAGOSHIMA AUG.13, 1872. ④ JINZABURO OBATA（小幡甚三郎、一八四五～一八七三）, FUKUOKA JAN.20, 1873. ⑤ OTOJIRO IRIE（入江音次郎）, YAMAGUCHI MAR.20, 1874. ⑥ SHINJIRO KAWASAKI（河崎新次郎）, KAGOSHIMA MAR.24, 1885. ⑦ TATSUZO SAKATANI（阪谷辰蔵？-）, OKAYAMA APR.14, 1886（番号及び漢字名、生没年は注釈者による）。

（60）このことは、折田の同級生が、自分たちが入学時からシニア・ステージ（Senior Stage）の切符を完全に保存している事実から窺われる。

（61）*General Biographical Catalogue*, Princeton University, 1932.

（62）牧野虎次は、一八八五年九月に大学分校に入学し、のち一八九一年に第三高等中学校を卒業後、東京帝国大学に進学した。三高の同窓には浜口雄幸、幣原喜重郎、姉崎正治等、世間に「明治二十八年組」（東京帝国大学卒）と呼ばれるほど、後に名を成した人々がいた。牧野は、一九〇二年に米国イェール大学神学科卒業、のち一九四一年に同志社大学第一一代総長に就任。

（63）牧野虎次「大阪時代の思ひ出で」大浦八郎編（『三高八十年回顧』、関書院、一九五〇年）二九～三〇頁。

（64）George Black Stewart's Report: "Paley" visited Japan in 1929, in *Class Reunion Book XIII, Record of Class of 1876 of Princeton College*, 1931, p.34. MUDD Library, Princeton University.

（65）C. Howard Hopkins, *History of the Y.M.C.A. in North America*, 1951.

（66）ラトガースの選手には、のちに福井藩に招聘されたグリフィスの名も含まれていた。この試合では、まだラグビーに近いルールで、各チーム二五人ずつでプレーしていた。ちなみに試合結果は、六対四でラトガースが勝った（C.E. Lovejoy, *Jersey Clergy Man is Father of Intercollegiate Football*, in *The World on Sunday, Nov.23, 1924*, file on Chester Hartranft in the RCA (The Reformed Church in America) Archives)。

（67）Thomas Jefferson Wertenbaker, *Princeton 1746-1896*, Princeton University Press, 1946, p.327.

（68）また、ゴルディエ（George Goldie）が体操の教員として迎えられたことも、特記すべき事実である。彼は、プリンストンの身体文化およびアウトドア・スポーツに、新しい時代を開いたといわれている（Frank Presbrey, James Moffatt, *Athletics at Princeton: a history*, New York: Frank Presbrey Company, 1901, p.15)。

（69）*Catalogue of the College of the New Jersey for the Academical Year 1872-'73*, 1872.

（70）Thomas Jefferson Wertenbaker, *op. cit.*, p.328.

（71）詳しくは、林竹二「幕末海外留学生の記録」（『林竹二著作集　第Ⅵ巻　明治的人間』、筑摩書房、一九八四年）を参照。

（72）キリスト教のバプティズムには、一般的に洗礼と浸礼の二種類がある。洗礼は一滴の水を頭上に注ぐだけに対して、浸礼は全身を水中に沈める。バプテスト派を除いた大部分の教派は洗礼という形式を採っているのであったが、バプテスト派の彼らの Baptism は「浸礼」という形式をとったのであろう。

（73）*The Nassau Herald 1876, No.12*, Published by the Class of 1876, 1876. MUDD Library, Princeton University.

（74）一八四三年「大分裂」（The Disruption）によって国教会としてのスコットランド教会から独立し、長老派の原則により忠実なスコットランド自由教会を起こした指導者である。

（75）Richard Hofstadter and Wilson Smith, *American higher education: a documentary history*, University of Chicago Press, 1961, p.715.

(76) 進化論に関する彼の講義内容は、一八八八年に出版された『進化論にみた宗教的な一面』(*The Religious Aspect of Evolution*)という本にまとめられている。

(77) Thomas Jefferson Wertenbaker, *op. cit.*, p.290.

(78) Ibid., pp.290-291.

(79) *Inauguration of James McCosh*, p.45, in Thomas Jefferson Wertenbaker, *op. cit.*, p.292.

(80) 従来の古典中心のカリキュラム編成に対して、当時のアメリカで他のコレッジからも批判の声が上げられていた。例えば同じく一八六八年に、イェールのシェフィールド科学校の運営委員会は、次のように主張した。「一時期、すぐれたラテン語学者、ギリシア語学者だけが、教養ある人間と見なされる時代があった。しかし今日においては、このような人間は、たんなる一人のスペシャリストにすぎない。もしこの彼は数学または化学、あるいは生物学に関してはまったく無知だったら、恐らく視野の狭い学者ぶる人(Pedant)といわれるだろう」と、従来の古典中心の教育に加えて近代的な自然科学の科目を取り入れる必要性を訴えていた(*The Governing Board of the Sheffield Scientific School Calls for New Principle in Education*, 1868, in Hofstadter and Smith, *op. cit.*, p.586)。

(81) *Inauguration of James McCosh*, p.70, in Thomas Jefferson Wertenbaker, *op. cit.*, p.293.

(82) 宮澤康人の研究によれば、アメリカ高等教育史におけるカリキュラムの選択制は、一八二五年にハーバードの学則改正をもって「最初の山」を迎えたと見做されているという(宮澤康人「ハーバード学則改正(一八二五)とイェールリポート(一八二八)——アメリカにおける選択科目制度をめぐる論争の端緒——」、『東京大学教育学部紀要』第一六巻、一九七七年、二頁)。そして一八六九年にハーバードの学長に就任したエリオットの精力な推進により「選択制を定着させ」、さらに他の大学へ広く普及させることを通じて、アメリカ高等教育史における「選択制の歴史の決定的な局面」を迎えたと宮澤は指摘している(宮澤前掲論文、三〜四頁)。いうまでもなく、マコッシュがプリンストンの学長に選ばれた頃は、まさにカリキュラムの選択制が新たな躍進を遂げ始めようとする時期でもあった。

(83) Sumuel Eliot Morison, *Three Centuries of Harvard 1636-1936*, Harvard University Press, 1963, pp.389-390.

(84) Ibid., p.390.

(85) James McCosh, *The New Departure in College Education, Being a Reply to President Eliot's Defense of It in New York*, New

York, 1885, pp.5-6.

（86）Thomas Jefferson Wertenbaker, *op. cit.*, p.305.

（87）James McCosh, *The New Departure in College Education*, p.7.

（88）James McCosh, *Reports to Board of Trustees, Feb.8, 1883.* MUDD Library, Princeton University. ちなみにプリンストンのアーカイブに保存されているマコッシュ学長の理事会宛「レポート」は、一八七六年六月までは彼の親筆手稿によるものであった。それが一八七六年九月以降、一八八八年二月まではルーズ・シーツ（Loose Sheets）に印刷されている。

（89）Thomas Jefferson Wertenbaker, *op. cit.*, p.300.

（90）James McCosh, *Reports to Board of Trustees, Dec.16, 1868.* MUDD Library, Princeton University.

（91）Thomas Jefferson Wertenbaker, *op. cit.*, p.298.

（92）James McCosh, *Reports to Board of Trustees, Jun.28, 1875.* MUDD Library, Princeton University.

（93）Thomas Jefferson Wertenbaker, *op. cit.*, p.300.

（94）潮木守一『アメリカの大学』（講談社、一九九三年）二四〜二五頁。なお、同書は『大学と社会』というタイトルで、全三五巻から構成する「教育学大全集」の第六巻として一九八二年に第一法規で出版されている。

（95）いうまでもなく、当時のプリンストンでは、すべての学生に寄宿舎を提供する条件が整っていなかったのも事実であった。数年後の一八七二年に折田も当初、ヘゲマン夫人の家に下宿することが余儀なくされた。しかし、寄宿舎への入居はあくまでも学生の希望によるものであり、マコッシュがそれを強要していなかった事実は、注目に値する。

（96）ちなみにこの体育館（the Bonner-Marquand Gymnasium）は、マコッシュ学長の呼びかけに応じて一〇、〇〇〇ドルずつの寄付金を貢献したロバート・ボンナー（Robert Bonner）とマーカンド（H. G. Marquand）の名前で命名された（*Princeton College, Princeton Alumni Association of Philadelphia*, p.12, in Thomas Jefferson Wertenbaker, *op. cit.*, p.295）。

（97）一方、図書館の蔵書数も年々増加していった。マコッシュが学長を就任した一八六八年には一四、〇〇〇冊だったが、それが一八七三年の二五、〇〇〇冊、一八八三年の六〇、〇〇〇冊、一八八四年の八一、〇〇〇冊を経て、一八八八年には全米のコレッジ図書館の中で二位の蔵書量を有しているようになっていった（Thomas Jefferson Wertenbaker, *op. cit.*, p.311）。

(98) 優秀な研究者を養成するために、マコッシュ学長はフェローシップを取り入れることに挑戦した。一八六九年には三人（それぞれ数学、古典文学、精神科学の専門）のフェローが初めて選ばれた。さらに翌一八七〇年に選ばれた五人のフェローは、三人もヨーロッパの大学へ留学させたのである（うち二人はベルリン大学、一人はエディンバラ大学、残りの二人の中一人はコロンビア大学のマインス・スクール（the School of Mines）、もう一人はプリンストン神学校へそれぞれ入学させた）（Thomas Jefferson Wertenbaker, *op. cit.*, pp.301-302）。プリンストンのフェローシップは、四年生クラスの中でさらに研究を進めていく学生を対象に、競争試験によって奨学金を与える制度であった。ある意味でプリンストンにおける大学院コースの最初の試みとみることもできる。

(99) サイエンス・スクールについて、マコッシュ着任以前の一八六四年からその設立をめぐってコレッジの中で議論されていたが、財政上の理由などでその実現はマコッシュの到来を待たねばならなかった。一八七一年一二月に彼はあらためて、他の名門コレッジについていくためにサイエンス・スクールの開校が必要だと訴えた（James McCosh, *Reports to Board of Trustees, Dec.20, 1871.*）。事実、イェールはすでに一八四六年、のちに「シェフィールド科学校」と呼ばれるサイエンス・スクールを建設した。ハーバードも翌一八四七年にやはりサイエンス・スクール（のちにローレンス校と呼ばれる）の建設を着手した。いうまでもなく、サイエンス・スクールは、伝統的カリキュラムの枠からの脱却を試みるという特徴をもっている。その背景には、自然科学・技術を中心とした新たな科目の増設需要があった。例えば、「ハーバードのスクールはマサチュセッツの新興工業を背景として出現したのに対して、イェールのスクールはむしろコネティカットの農業を背景として登場した」（潮木前掲書、九五頁）。一方、プリンストンの場合は、他のコレッジに対する競争力を保つためにいわば競争の原理で導入されたのである。ちなみにプリンストンのサイエンス・スクールは、一八七二年に建築され、同年に教員の雇用も着手され、初回に一三人の学生を迎えて開校した（Thomas Jefferson Wertenbaker, *op. cit.*, pp.307-308）。

(100) James McCosh, *Twenty Years of Princeton*, pp.9-14, in Thomas Jefferson Wertenbaker, *op. cit.*, p.294.

(101) Thomas Jefferson Wertenbaker, *op. cit.*, p.303. なお、アメリカのコレッジとヨーロッパの大学との区別について潮木守一は、学校の規模と教育機能の面から以下のように指摘している。まず後者に比べて当時のアメリカのコレッジは、その大部分は規模が小さく、教育水準は低かったという。例えば一八八〇年当時、アメリカには三六四校のカレッジか大学名のつく学校があったとされている。しかしその大半は、学生数一〇〇人にも満たさないものであった。五〇〇人以上の学生を有している学校は、ハーバード（八九七人）、イェール（八三一人）、コロンビア（五三四人）の三校に過ぎなかった。対して同じ頃のベルリン大学では、教師数だけで二三三人（ハーバードは五六人）が数えられ、学生数はさらに四、一〇七人にも上った。一方、「ドイツは早くも十九世紀の初頭に、ギムナジウムを制度的に確立させ、『子どもの教育』はギムナジウムにまかせ、大学は「大人の学校」として成立した。これに対して、アメリカのカレッジは、子どもを一人前のジェントルマンにしあげる学校として出発した」というように、両者の性格は根本的に異なっていたのである（潮木前掲書、二二一〜二二四頁）。

（102）Thomas Jefferson Wertenbaker, *op. cit.*, p.303, p.394. なお、マコッシュ自身も一八八七年に、「大学院生の受け入れ、文学と哲学の上級者コース、より高いレベルの学位の設置、サイエンス・スクール及びアーツ・スクールの新設などを通じて、プリンストンは自ら大学であることを宣言できるだろう」と報告し、「大学」への変貌を認めている（James McCosh, *Reports to Board of Trustees, Feb. 10, 1887*. MUDD Library, Princeton University）。

（103）Thomas Jefferson Wertenbaker, *op. cit.*, p.315, p.300.

（104）*Class Reunion Book VIII*, Record of Class of 1876 of Princeton College, 1906. MUDD Library, Princeton University.

第二章　模範中学校としての大阪中学校

第一節　大阪中学校教則と「英語中学科」の処置

(1)大阪中学校の発足

帰国後の折田と大阪への赴任

明治維新以降、近代教育の開始を宣言したという意味で、一八七二年「学制」の発布が日本教育史上画期的な出来事の一つだったことは周知のとおりである。しかし、その前に、西日本においては近代教育に関して少なくとも二つ特筆すべき事実がある。一つは京都に六四の「番組小学校」が設立されたことであり、そしてもう一つは大阪における舎密局の開校である。ともに一八六九年の出来事であった。前者は、民衆の情熱による自発的な教育振興運動として、教育史上重要な意味を有している。福沢諭吉もこれに注目し、自ら京都を訪問し視察した。その詳細を彼は『京都学校記』に記しており、比較的によく知られている。

それに対して、舎密局の方は必ずしも注目されてこなかった。舎密局は、明治以降、西日本における理学・化学の洋学教育機関として設立された。しかしこの学校は、「学制」以降短期間に幾度もの改組が繰り返されることを余儀なくされた。このことが、舎密局に関心を持ちにくくさせたといえよう。とはいえ、この学校の目まぐるしい変遷は、まさに明治前期の文部省の教育政策の不安定さを、如実に反映しているものと思われる。

事実、一八六九年に開校した舎密局は、同年八月に同じく大阪に創設された洋学校と合併して大阪開成所となり、一八七二年の「学制」では第四大学区第一番中学と改称され、さらに大学区の変更により第三大学区第一番中学となり、翌年には開明学校と改称され、そして一八七四年に大阪外国語学校から大阪英語学校とされた。いわゆる「官立英語学校体制」の一角を担っていた。大阪英語学校は、「大学小学ノ中間ニシテ年弱生徒ヲ教育シ所謂下学上達ノ階梯」としての目標を掲げていた。(1) 実際、全国で七つあるこの英語学校は、大学が設けられなかった中、当時では最高レベルの教育機関であった。

しかし、一八七七年二月、宮城・愛知・新潟・広島・長崎の五校が廃止され、次いで四月、東京開成学校と東京医学校が合併して東京大学が発足したことを受け、東京英語学校が開成学校普通科（予科）を併せて東京大学予備門となった。唯一つ残された大阪英語学校も、やがて一八七九年四月に大阪専門学校に代えられ、西日本の教育中心地における高等教育機関として再出発した。当分、理学、医学の二科を本科、普通科を予科とし、修業年限四年ずつとなっている。校長を綜理、本科教員を教授・助教、予科教員を訓導・助訓などと称していた。これは、東京大学や大学予備門の職制に倣ったものである。綜理の職には、折田彦市が米国留学の時に同行した、大学予備門主幹兼東京大学法・理・文三学部綜理補であった服部一三が充てられていた。いずれも、大学に準ずる高度の専門教育への期待を示すものといえよう。ところが翌一八八〇年四月、服部一三に代わって折田が大阪専門学校に赴任してきたことにより、この学校の性格は一変した。

折田は、前章で述べたとおり、米国留学を終え一八七六年一〇月に帰国した。彼はしばらく督学局や文部省学監事務所で勤務することになった。文部省学監事務所では、学監デヴィッド・マレーの通訳として東京府の学校巡視に同行した。当時学監の通訳を務めた者が三、四人もいた中、折田はほとんど毎回のようにマレーに同行させられ、マレーの絶大な信頼を得ていたようである。(2) と同時に、この同行を通じて、折田もまた東京府の教育現状を自ら広く把握する機会を得ることができた。その時の経験も、それまでにアメリカで体験したこととともに、やがて以降大阪で教育行政を担う時に生かされていったと思われる。

一八七九年一〇月に彼は体操伝習所主幹に任命され、半年後の一八八〇年四月に服部一三大阪専門学校綜理（一八七九年四月〜一八八〇年四月まで在任）に代わって、同校の校長として赴任することになった。実際、米国から帰国後、折田は外交官の途を断り、東京で土地を購入し家を建てた。この事実から、折田がしばらくは東京で教育事業に従事しようと決めていたように思われる。大阪赴任という発令は、折田にとっていかなる意味を有していたのだろうか。結果として、折田は一八八〇年五月に大阪に着任し、同年一二月に大阪中学校長に任命以後一九一〇年一一月まで、短期間を除いて長期間「三高校長」として日本近代教育史に大きな業績を残した。[3]そういう意味で、大阪専門学校長の任命は、いわば折田の校長としての教育生涯の始まりと見ることもできる。折田はここで、どのような教育構想を展開しようとしたのだろうか。ここではまずこの時期における彼の行動を確認しておこう。

着任後まもなく、学校将来の「目途稟議」のために折田は五月二一日に上京し、同月二七日に一八七九年度（一八七九年九月〜一八八〇年八月）文部省補助金の八〇〇〇円増額を要求し、学校運営に積極的な働きを見せた。六月に大阪専門学校の理学・医学の専門科の中で理学が廃止され、当面医学専門の教育機関として方向を固めた。この時のお雇い外国人教師は、生理学および解剖学担当の英国人フレーザー（Frederick W. D. Fraser）だったため、英語による医学教育がなされることになった。[4]したがって、大阪専門学校の医学は東京大学のドイツ系のそれと異なっており、英国系のものであった。医学専門の決定を受けて大阪専門学校は早速八月に「医学科教則」を作り、九月に「事務分掌規則」を定め、一一日に授業を開始した。ついで一八八〇年一〇月に折田は、医学教場と病院を新設するために京都の府立病院及び医学校を視察した。一〇月二五日予科教則が認定され、一一月九日、折田は堺県庁へ出向かい医学科解剖用の屍体を請求し、一三日屍体の解剖の実地授業を行なった。これまでの折田の行動から明らかなように、学校の運営に際して精力的な動きをみせていたのである。

しかし、財政の問題などで一一月、文部省は大阪専門学校の改組を示唆した。それを受けて折田は二〇日から上京、三週間後の一二月一一日に大阪専門学校の中学校への改組が決まった。先述したとおり、一八八〇年五月に大阪専門学校に着任した折田校長は、医学の専門学校を目指して着々と教学体制を整えていった。専門教育の整備充実にそれまでに積極的に奔走していた折田にとって、大阪中学校への改組によって今までの苦労はすべて水の泡になった。上京中の三週間の間、折田と文部省との間にどのようなやりとりがあったのかは不詳だが、「文部省の説得に折田が容易に応ずることなく、調整が難航した」のではないかと四方一瀾は推測している。(5)また、その交渉によって文部省に対して折田が強い不信感を持つことになっても不思議ではない。(6)

大阪中学校への改組経緯

さて、文部省はこの新しい中学校に対してどのような学校像を求めていたのか。その改組の経緯について文部省は次のように述べている。

大阪専門学校之儀、理学、医学ヲ教授致居候処、先般経裁之上英語、医学ニ改メ、従来之外外国教師三名之外新ニ一名ヲ雇入漸次拡張之見込ヲ以テ夫々着手中ニ候処、来十四年度以降外国ニ関スル費用ヲ節減セラレ候ニ付、此際非常之方法ヲ設クルニ非サレハ支弁ノ目途難相立、依テ本省一般ノ節減方法ニ於テハ諸学校ヲ始メ学コト上ノ取捨得失等彼此篤ト商量、即今取調中ニ有之候ヘトモ、差向キ本校ノ儀ハ此儘維持スヘキ目途無之場合ニ立到候ニ付、不得止該校ノ範囲ヲ縮小シテ従来所用ノ機械書籍等ヲ転用シ、外国教師ノ雇ヲ解キ我邦人ヲ以テ之レニ代ヘ、更ニ邦語ヲ本トシテ交ユルニ英語ヲ以テ中学校並ニ大学予備ノ学科ノミヲ教授シ、大学予備生徒ノ欠ヲ補ヒ又ハ各地方中学校ノ模範ト致シ候ハ、現今ノ急務ニ適シ可申ト存候、本省一般ノ節減方法ハ不日取調具申可仕候得共、本校ノ儀ハ従前雇外国教師ノ費用モ不少且新ニ可雇入教師モ即今英国ニ於テ談判中ニ有之、加之生徒ノ方向ニモ関係致シ、到底一日ヲ緩ニスレハ一日ノ損ヲ来タシ片時モ難擱儀ニ付、先以本校改正処分ノ儀、至急仰高裁候也。(7)

そもそも大阪専門学校は、外国教師を「新ニ一名ヲ雇入漸次拡張之見込ヲ以テ夫々着手中」と事業拡大への道を辿っている途中であった。すなわち、「新ニ可雇入教師モ即今英国ニ於テ談判中」という状況だった。実際折田校長は、医学の教員を招聘するために、英国駐在留学生監督正木退蔵に人選を頼んでいた。一八八〇年一一月にロンドン大学医学部の「ボーイド氏」と仮契約を結ぶことに成功したところだったという。(8) しかし一二月三日に突然、契約中止の連絡が届いた。大阪専門学校は、翌一八八一年度「外国ニ関スル費用ヲ節減」する明治政府の政策の修正を前に、「不得止該校ノ範囲ヲ縮小」することを余儀なくされたからである。

事実、一八八〇年一一月五日に太政官は、財政改革のために一八八一年度の文部省経費を二〇万円削減する方針を通達した。(9) 周知のように、明治初期の専門教育は外国語によるため、お雇いの外国人教師に頼らざるを得なかった。そのため、文部省の支出の中、特に外国人教師の俸給支出は多大な負担を要するのであった。三人も外国人教師がいる大阪専門学校では、彼らの給料だけで学校総支出の二五%を占めていた。したがって、経費の削減はしばしば外国人教師の解雇から始まったわけである。大阪専門学校も、一八八一年一月から六月にかけて、三人の外国人教師フレジール（S. R. Frazier）、フレーザーとウォルフ（C. H. Wolf）と次々と解約した。(10) フレジールとフレーザーとはまだ契約途中のため、解約するにあたってさらに多額の解約費が発生した。一方、ウォルフは年俸一、八〇〇円で、地理学兼英語を教授し、六月三〇日の契約満了にともない学校を去った。(11)

外国人教師の解約に替わって、日本語を教授用語の基本とした学校へと改正する方針を打ち出された。この趣旨からは、新たに発足する「中学校」に二つの目的が期待されていたことが窺える。一つは「大学予備生徒ノ欠ヲ補」うことであり、もう一つは「各地方中学校ノ模範」となることである。前者について、東京大学への入学条件は「予備門卒業ノ者、若クハ然ラサルモ該門ニ於テ試業ヲ施シ之ニ等シキ学力アリト認ムル者ニ限ルヘシ」[12]とされており、大阪中学校の生徒は将来的に予備門に進学するか、またはそれと同等な学力を修得して東京大学へ進学することを求められていた。また後者について、大阪中学校はその中学校のモデル校としての役割が求められていたと言える。この二重の目的を背負って、近代日本において初めての官立中学校が大阪で誕生した。[13]

(2)「大阪中学校仮校則」

「大阪中学校仮校則」の提出

このように大阪中学校は、地方中学校の模範校と期待されて一八八〇年一二月に発足した。しかし、新たな使命を背負わされた大阪中学校には、依拠すべき中学校教則さえなかった。例えば一八七九年九月の「教育令」には、中学校に関する規定は、わずか「中学校ハ高等ナル普通学科ヲ授クル所トス」（第四条）と、「大学校ハ法学理学医学文学等ノ専門諸科ヲ授クル所トス」（第五条）とした簡単な規定のみだった。その点、翌一八八〇年一二月の「教育令改正」も同様であった。そこで、大阪中学校において折田彦市校長は、まず中学校教則の制定から出発した。

周知のように、「学制」の発布後、明治国家の指導者を養成する大学、それに国民教育を担う師範学校や国民教育の場である小学校の建設が先行し、その中間にある中学校の建設は遅れていたのである。それ故、東京大学と小学校の間に位置する「中間的な教育機関は名実ともに弱体であり不明確」な状況が続いた。[14]すなわち、これらの「中間的な教育機関」は、東京大学予備門をはじめ、府県立中学校、町村立中学校、私立中学校、私立予備校（共立学校、東京英語学校等）など千差万別であった。また同じく「中学校」範疇でも、その実態はさまざまであった。[15]

こうした中で大阪中学校は、折田校長の指導下で早速、新しい教則の作成に向けて動き出した。発足の翌月の一八八一年一月に折田は、京都府及び滋賀県へ出かけ、近隣府県の中学校実態の把握に努めた。(16)その上で折田は、同年二月一一日に「大阪中学校仮校則」ほか諸規則（「大阪中学校寄宿規則」、「大阪中学校書籍室並器械室規則」、「大阪中学校事務掛名称」、「大阪中学校事務分掌」）について文部省に伺を提出した。(17)「大阪中学校仮校則」は通則、学年並休業、経費、生徒心得、試業及卒業証書（ここまでの規則は合計四一条）、それに英語中学予科課程、英語中学科課程、邦語中学科課程と八つの部分によって構成されている。その中、通則の内容は以下の通りである。

第一条　本校ハ文部省ノ所轄ニシテ中学科ヲ教授スル為ニ設クル所ナリ。
第二条　本校教科ヲ大別シテ英語中学及邦語中学ノ二本科トス。
　但当分英語中学ニ入ルベキモノノ為メニ其予備科ヲ置ク之ヲ予科トス。
第三条　英語中学ハ専ラ英語ヲ以テ中学科ヲ授ク。
　但本科第三年ヲ卒ユレハ東京大学三学部其他英語専用ノ専門学校ニ入ルヲ得ベシ。
第四条　邦語中学ハ専ラ邦語ヲ用ヒ中学科ヲ授ク。
　但他日邦語大学興ルニ至テハ直ニ此ニ入ルヲ得セシム。
第五条　中学本科ノ課程ヲ共ニ四周年トシ、英語予科ノ課程ヲ二周年トス。
第六条　生徒募集ノ期ハ毎年一回九月ニ於テス。
　但欠員アルトキハ臨時生徒ヲ募集スルコトモアルベシ。
第七条　英語中学予科最下級ニ入ルノ生徒ハ其年齢大約十三年以上、種痘

或ハ天然痘ヲ歴タルモノニシテ、左ノ試験ニ合格スルモノニ限ル。（以下略）

第八条　邦語中学科最下級ニ入ルノ生徒ハ年齢歴等前条同様ニシテ、左ノ試験ニ合格スルモノトス。

但上等小学科ノ卒業状ヲ有スルモノハ別ニ試験ヲ要セズ。（以下略）

第九条　試験ヲ合格シ新ニ入学ヲ許スモノニハ、左ノ書式ヲ出サシムベシ。（以下略）

この通則から、折田が描こうとした中学校像を探ってみよう。まず中学に対する理解については、「中学科ヲ教授スル」（第一条）教育機関と位置づけていたことを確認できる。次に規定される「英語中学及邦語中学ノ二本科」を設け、さらに英語中学に予科を置いていた（第二条）ことが注目される。中学の教授用語は、日本語によるものと外国語によるものとの二種類に分けることになっているからである。さらに、学校制度上の中学の位置づけについて、「英語中学ハ専ラ英語ヲ以テ中学科ヲ授ク」、本科第三年の卒業生は「東京大学三学部其他英語専用ノ専門学校ニ入ルヲ得ベシ」（第三条）と定められている。それは、東京大学に予備門が設けられている事実とは無関係に、大阪中学校の英語本科生は三年修了で（直ちに）東京大学へ進学するような規定である。大学への直接進学という点については、英語中学科に限らず、邦語中学科にも同様な規定が見られる。すなわち、邦語中学は「他日邦語大学興ルニ至テハ直ニ此ニ入ルヲ得セシム」（第四条）と記されている。当時、東京大学においてほとんどの授業は英語など外国語によって行われていたことから、東京大学が「英語（によって授業を行なう）大学」として認識されていたことが興味深い。また、いずれ将来的には「邦語（によって授業を行なう）大学」の設置も念頭におかれていたことも注目される。

この「仮校則」にみる限り折田は、大阪中学校を東京大学あるいは将来的に設立されるはずの「邦語大学」に直接接続する教育機関として認識していたのである。とりわけ英語中学科第三年卒業生の東京大学進学に関する規定は、予備門と対等ないしそれを凌駕する関係を構築しようという野心さえ見られる。この時点で、大学へ直接に接続する教育機関である、という折田が考えた中学校像が浮かび上がってくる。

とはいうものの、ここに示されている校則は、あくまでも短期間で作られた一時的なものである。地方中学校の模範をなすためには、さらに学科課程の決定や授業方法の選定など具体的な作業を進める必要がある。そのためにさらなる調査が必要であると折田は意識していた。そこで、彼は同年五月の定期上京の際、沿道府県学校の実地調査を行なうよう文部省に求めた[18]。三月三〇日付の「本年定期上京之節沿道諸県下学校巡観之義ニ付伺」がそれである。この伺から、さらに詳細な折田の中学校像が見て取れる。

折田の府県学校巡視

まず折田は、「一般諸府県之模範トモ可被成御趣旨厚ク体任」と述べているように、大阪中学校を府県中学校の模範となる学校にする意欲を表明している。この観点から、適切な校則を作るためには「地方教育之情況ヲ実験センコトヲ希望ス」る次第であると述べた上、次のように訴えている。

当年定期（五月）上京之期ハ幸校勢閑隙（春夏両試ノ中間ニ属シ、且新設中学科諸規則整頓全ク実施ノ期ハ九月学年ノ始ニ可相成ニ付）之時ニ際シ候ニ付、凡ソ日数二週間ノ見積ヲ以テ、沿道諸県、即滋賀、三重、岐阜、愛知、静岡等ノ諸学校（師範学校、中学校及一二ノ首立タル小学校）ヲ巡観致シ、地方教育ノ一端ヲ窺ヲ得ハ、中学教則御撰定之際大ニ裨益ヲ得候儀モ可有之、且自今中学校実際教授上ニ於テモ亦暁ル所可有之ト愚考仕候条、事情篤ト御洞察之上右沿道諸県下学校巡観之義御允可相成度、此段至急仰高裁候也（カッコは原文のまま――引用者）[19]。

すでに見学した京都、滋賀に加えて、さらに三重、岐阜、愛知、静岡などの師範学校、中学校などを巡視することを求めている。折田の伺に対して、文部省は四月九日に「伺之趣聞届候事」と許可を下した。それを受けて折田は、四月二五日以降沿途府県の知事宛に依頼文を送り、自分の意図を伝えた上で協力を求めた[20]。事実、折田は四月二七日に東京に向けて大阪を発し、来る五月一〇日の着京までに沿道の滋賀、三重、愛知、岐阜、静岡など六県の中学校、師範学校や小学校などを見学し、さまざまな教育情報を集めることに努めた[21]。

文部省の対応と意義

さて、折田が先に提出していた大阪中学校の仮校則に対して文部省は、折田校長が到着後の六月一一日に次のように回答している。

伺之趣其校則及寄宿舎規則ハ遂テ中学校規則ニ係リ相達スヘキ儀有之候条、其旨ニ基キ更ニ取調可伺出、其他諸規則ハ伺之通。但朱書之通訂正可致事。

ここに言及している「中学校規則ニ係リ相達スヘキ儀」とは具体的に何を指しているかは定かではない。ただ、この文言は、文部省が中学校に関して何らかの形で規則を作っており、それを通達する準備を進めているように匂わせる。後述するように、六月二九日に文部省は「大阪中学校学科課程」を太政官に提出する。したがって、その時点ですでに中学校に関する課程などについては、文部省が独自に作成しているところだったと思われる(四方一瀰)。一方、「朱筆」の部分については、英語中学予科最下級の試験科目に「英学初歩」を入れたほか、とりわけ「体操科」授業時間数の削除が目立っている(また、寄宿舎規則をめぐって、やがて文部省と大阪中学校との間に大きな議論を起こすに至った。詳細は後述する)。それは、体操教育に対して文部省に確たる指導方針がなかったことを意味すると思われる。

仮校則に対する文部省の対応の中で注目したいのは、英語中学科に関する規定に対して修正を加えられなかったことである。[22] それは、果たして英語中学科の設置を文部省が容認したと捉えられるだろうか。事実、当時英語中学科を取り入れた中学校は、大阪以外にも、例えば折田校長が視察したと思われる岐阜県立第一中学校、愛知県立第一中学校[23]の他、和歌山県立中学、東京府立第一中学校、宮城県立中学などが挙げられる。[24] 文部省の措置は、大学進学のための予備教育への期待が文部省にあったと理解できるだろうか。もう少し英語中学科について検討してみよう。

（3）英語科教則の伺出

大阪中学校の仮校則について文部省は「中学校規則ニ係リ相違スヘキ儀」を折田に提示し、「其旨ニ基キ更ニ取調可伺出」ことを求めた。二日後の六月一三日に折田は早速、英語科教則を次のように記して提出した。

英語科教則の伺出

一　英語科ハ専ラ英語ヲ以テ之ヲ授ケ、英語専用ノ専門学校ニ入ルノ階梯トス。
　但本科卒業ノモノハ試業ノ上大学予備門第一級ヘ入ルヲ得ヘシ。
一　本科卒業ノモノニハ卒業証書ヲ附与スヘシ。
一　本科課程ヲ五学年トシ、又毎学年ヲ分テ三学期トス。[25]

折田は帰阪したのは六月一七日だったため、この教則は、折田が滞在中に自ら即時に作成し提出したものと思われる。それは、二月に提出された規則案とかなりの隔たりが見られる。まずは、卒業後に卒業証書の授与という点が新たに付け加えられた。それに本科課程も、従来の四年から五年に延長された。そしてもっとも注目に値する変化は、英語中学科の位置づけに関する規定である。英語中学科卒業生の進路については、「本科卒業ノモノハ試業ノ上大学予備門第一級ヘ入ルヲ得ヘシ」と変えられることになった。つまり、従来の「本科第三年ヲ卒ユレハ東京大学三学部」に進学することから、本科五年を卒業した後試験を受けて始めて予備門第一級進学することへと、実に大きな変化が見られる。東京大学への進学という最終目的から考えれば、この規定は大幅な退歩といえよう。(26) 文部省は、あくまでも予備門への進学機関として大阪中学校を捉えていたように思われる。

では、二月案を許可してからわずか二日間で、なぜ突然にこのような波瀾が起こったのか。その理由についてここでは確定できない。ただし、二日前に文部省が提示したと思われる「中学校規則ニ係リ相達スヘキ儀」と関係性を持っていると思われる。英語中学科に関する文部省の考え方を、さらに考察する必要があるだろう。

文部省の「大阪中学校学科課程」

さて、英語中学科の設置そのものに対して文部省は即答を避けた。折田が帰阪後の六月二八日に、文部省は以下のような通達を送った。

過般御上伺相成候貴校英語科教則之儀ハ、御在京中御申議之次第モ有之候儀ニ付、一先及御返付候也。(27)

「御在京中御申議之次第」の詳細については不明だが、英語科教則に関する議論が行なわれたことは間違いない。文部省はそれに基づき、英語中学科教則についてその可否の即答を避け、「一先及御返付候」として実質的には却下したのである。かわって翌二九日、文部省は「大阪中学校学科課程」と題する次のような伺文を太政官宛に提出した。

文部省直轄大阪中学校学科課程ノ儀、別紙之通相定メ、次学年ノ始ヨリ施行致度、此段至急相伺候也。

大阪中学校学科課程
一　中学科ヲ分テ初等、高等ノ二等トス。
一　初等中学科ハ修業年限ヲ四個年ト定メ、左ノ学科ヲ授クルモノトス。
修身、和漢文、英語、算術、代数、幾何、地理、歴史、生理、動物、植物、物理、化学、経済、記簿、習字、図画、唱歌、体操。
一　高等中学科ハ修業年限ヲ二個年ト定メ、左ノ学科ヲ授クルモノトス。
修身、和漢文、英語、三角法、金石、物理、化学、記簿、本邦法令、図画、唱歌、体操。

この「大阪中学校学科課程」は七月二〇日に許可された。その内容を、数日後に発布された「中学校教則大綱」（以下、「大綱」と略す）のそれと比較しておきたい。中学科を初等・高等に分けること、その修業年限はそれぞれ四年・二年であること、それに具体的な学科項目に関する規定など、両者はほとんど一致している。つまり、「大綱」はこの「大阪中学校学科課程」に基づいて作成されたと推定できる（四方一瀰）。

しかし、この「大阪中学校学科課程」は、果たして折田の大阪中学校が提出した規則に基づくものだったのだろうか。大阪中学校規則二月案から「大綱」が発布されるまでの流れを再度、確認しておこう。先に分析してきたように、二月案において折田は英語中学科規則の許可を求め、文部省は六月に「中学校規則ニ係リ相達スヘキ儀有之候条、其旨ニ基キ更ニ取調可伺出」とその修正を求めている。折田は早速、本科のレベルを大幅に下げながらも英語中学科の設置を前提にそれに答えた。しかし文部省は、「英語科教則之儀ハ御在京中御申議之次第」を理由にそれを却下した。代わって文部省が提出したのは「大阪中学校学科課程」だった。その結果、「大阪中学校学科課程」には、英語科に関する規定はまったく言及されていなかった。すなわち、文部省は英語中学科を否定した上でこの課程規定を決めたということになる。この事実から、「大阪中学校学科課程」と名づけるこの伺文を、折田の大阪中学校の側から出されたものと考えるのは無理がある。

まとめてみると、大阪中学校規則をめぐって大阪中学校が英語・邦語中学科の設置を求めたのに対して、文部省は英語中学科の設置に難色を見せた。それを受けて折田は早速英語中学科のレベルを下げて対応したものの、文部省はそれも認めず、代わって高等・初等中学科のみの中学校規則案を提出し許可を得た。この過程の中で、英語中学科設置の可否は、両者の争いの焦点となっていたのである。

「大綱」の発布と大阪中学校の対応

「中学校教則大綱」発布の数日後、文部省は八月二日に大阪中学校宛に「大綱」の内容を下記のように通達した。「今般中学校教則大綱別冊之通相定候条、其校教則之儀モ右大綱ニ基キ、詳細取調可伺出、此旨相達候事」と、大阪中学校に「大綱」準拠の中学規則の再提出を求めた。それを受けて大阪中学校は、新しい教則の制定に向けてまた動き始めた。

ここでまず「大綱」の内容を再確認しておこう。「大綱」では、中学校は修業年限四年の初等中学科と二年の高等中学科に編成し直し、英語科・邦語科の区別を廃止することになった。また、教科目には、「修身科」を筆頭に、和漢文、英語の他、金石、物理、動物、体操など西洋近代の科目も取り入れられた。それをもって中学校の「正格化」を図ろうと文部省が考えていたといわれている。二見剛史が指摘するように、「大綱」の内容は、町村立中学校などを含む「当時の平均的な中学校からすれば相当にきびしい高度の水準」のものだった[28]。ところが、もともと専門学校であった大阪中学校にとっては、むしろ水準の低下を意味した。

事実、専門学校から中学校へ改編することによって、在来の生徒は相次いで退学する道を選んだ。とりわけ英語科生徒の退学は一段と深刻であったようである。上級学校を目指した生徒にとっては、教育水準とりわけ英語教育水準の低下は、彼らを退学に向かわせた大きな要因の一つとなったに違いない。実際に一八八一年中に「退学生徒五十六人ノ中其四十一人ハ皆英語科生徒ナリ」という状態だったからである。[29] 退学者の続出は、折田校長を窮地に追い込んだ。この窮地から脱出するためには、折田校長は次のような対策を考え出し、英語中学科の存置を求めた。

（4）「大阪中学校規則」の制定

「八月伺案」の内容

一八八一年八月二九日、大阪中学校は第七八六号「校則選定之義ニ付伺」、いわば「大綱」準拠の中学校教則をあらためて提出した。その内容は以下のとおりである（以下、「八月伺案」と略す）。[30]

第一条　本校ハ文部省ノ所轄ニシテ中学科ヲ教授スル所ナリ。
第二条　本校教科ハ初等及高等ノ中学科トス。
第三条　中学科ノ課程ハ初等ニ四周年八学期、高等ニ二周年四学期トス。
第四条　生徒募集ノ期ハ毎年一回九月ニ於テス。
但欠員アルトキハ臨時生徒ヲ募集スルコトモアルベシ。
第五条　英語中学予科最下級ニ入ルノ生徒ハ其年齢大約十三年以上、種痘或ハ天然痘ヲ歴タルモノニシテ、左ノ試験ニ合格スルモノニ限ル。（以下略）
第六条　初等中学科ノ生徒ハ其年齢大約十二年以上、種痘或ハ天然痘ヲ歴タルモノニシテ、小学中等科卒業以上学力アルモノトス。
第七条　新ニ入学ヲ許スモノニハ左ノ書式ヲ出サシムベシ。（以下略）

折田は、二月規則案に対する六月文部省の修正案を底本に、以上のような「八月伺案」を提出したわけである。英語中学・邦語中学の区別に言及せず、中学初等科四年と高等科二年の修業年限も「大綱」準拠となった。ただし、第五条には依然として、「英語中学科予科」に関する規定が残っていたことに注目したい。それは、後述する同日に出された第七八五号と関連している内容と考えられる。しかし、これについて文部省は何も指令を下してこなかった。対して折田は一一月二二日、第一〇九二号をもって次のような催促文を送った。

去ル八月廿九日付当校第七八五号ヲ以テ英語学設置之儀及其教則撰定之件、並ニ同日第七八六号ヲ以テ本校校則撰定之儀伺出置候処、于今其御指令ヲ不得候、蓋シ御省議之御都合ニテ万不得止事トハ存候得共、本校実地教学上ニ取リテハ甚タ当惑之至ニテ之ヲ内ニシテハ校中人々企首本校則ノ至ルヲ待テ勢、現在ノ仮規則ニ安セサルノ情有ルヲ免レス、之ヲ外ニシテハ各地方ヨリ頻リニ教則ヲ請求シ来レトモ之ニ応スルノ答ニ苦ム程ニテ、随テ各地入学志願者モ志ヲ抱テ故郷ニ躊躇スル者不尠哉ト伝聞致居候、右等ノ事情御洞察ノ上、何分速ニ御指令有之候様御取計ノ程、此段申陳候也。

教則の不在により教学上困惑をもたらすだけではなく、各地方からの教則請求要求にも応ずることができないこととあわせて、「各地入学志願者モ志ヲ抱テ故郷ニ躊躇スル者不尠」という事態を招致する結果になりかねない、と折田は訴えている。しかし、これも先の八月伺文と同じく、「此二冊ハ伺タル迄ニテ指令ナシ」に終わった。後述するように、文部省はすでに一一月一六日において英語中学科の存置を容認した以上、これに関してはその可否を判断する必要はなかったためであろう。大阪側も一八八二年七月に新しい規則が作られるまではこの仮規則に基づいて教育を行なっていたが、折田校長にとってはこの両者の区別に「大差」がなかったため、学校の運営に支障を与えたことは実際にはなかったという[31]。

「大阪中学校規則」の作成とその意義

さて、中学校の教則について大阪中学校は一八八二年四月一六日に再度「伺元案」を提出し、七月一一日に許可を得た[32]。この大阪中学校の教則は、実に一五〇頁にもわたった大冊である。それまでは仮規則を基に運営したが、この規則の発布により、中学教育を教則にのっとって正規に実施することになった。

ところで、先述した一八八一年二月の「大阪中学校仮校則」の中で授業科目名を決めたものの、具体的な授業内容や方法については詳細に記録されていなかった。従来その意義が高く評価されている「大綱」においても、履修すべき学科課程を定めたにとどまっており、授業の在り方などについては、まったく触れていなかった。そこで文部省は、各教科の授業概要に関する具体案の提出を大阪中学校に再度要請した。一八八二年四月の「伺元案」にみられる「授業要旨」は、こうした文部省の要請に答えて大阪中学校が提出したものである。

この「授業要旨」には、筆頭の「修身」から最後の「体操」まで、合計二〇科目が含まれている。当時における中学校の授業内容を全面的に方向づけた初めての規定であった。したがって、「授業要旨」の規定は、近代日本中等教育史において、きわめて重要な意義を有しているのである。ここで強調しておきたいのは、「授業要旨」を含む大阪中学校の教則が、やがて広く府県中学校教育の指南書となっていった事実である。これは、一八八二年七月に大阪中学校の規則を印刷する際、文部省が大阪中学校宛に送った以下の依頼文から、その一端を窺い知ることができる。

貴校規則之儀ハ、今回授業要旨へ指令相成右ニテ完備致候ニ付、何レ印刷ニ付セラル可クト存候。就テハ該規則之議ハ本テ需要ノ議有之候ニ付、印刷ノ分百部別ニ本局ニ御廻付相成候様致度、此旨及御依頼候也。

「大阪中学校規則」では、とりわけ「授業要旨」に関する部分は「完備」ともいえるため、いずれ印刷する場合、一〇〇部を別に普通学務局に送付し「需要」に応じるという内容であった。実際、一八八二年以降、文部省に対して各府県から中学校のあり方について、さまざまな問い合わせが殺到する。文部省は大阪中学校の規則をもってそれに対応していた様子が窺われる。事実、文部省だけではなく大阪中学校に対しても、各府県から中学校運営に関する問い合わせが届いた。同校一八八二年の（府県の中学校との）『往復文書綴』によれば、少なくとも長崎、三重、和歌山、神戸、秋田などの各県立中学校および学習院中等科から、同校に教則送付の依頼文が出されている。この事実は、文部省だけではなく府県中学校にとっても、大阪中学校が模範的な存在と意識されていたことを、如実に物語っている。

折田が目指した中学校像

ここまでは、「大阪中学校規則」の作成過程とその意義、いわゆる明治初期の中学校制度の成立過程における大阪中学校の位置づけと役割を明らかにした。さて、具体的に大阪中学校において、折田がどのような中学校像を目指していたのか、次は大阪中学校の教育とその特質を検討してみたい。

大阪中学校が一八八一年末に出した初の年報において、折田校長は「将来ノ要務」のうち「最急務ナル者」として、次のような六つの項目を挙げている。

今ヤ本邦新ニ中学ノ大綱ヲ定ムルニ方リ、本校実ニ其正規ヲ履行スルノ嚆矢タリ。地方ノ瞻望焉ニ繋ル、其責重シト云フヘシ、苟モ此責任ヲ遂ケントスレハ、後来ニ期スル処一ニシテ足ラサルナリ。今其最急務ナル者ヲ叙センニ、幼年生徒寄宿舎ヲ開設スル其一ナリ、体操課ヲ振起スル其二ナリ、変通教授法ヲ施ス其三也、教授法ヲ改良スル其四ナリ、植物場ヲ開拓シ及動物、金石等ノ標本ヲ蒐輯スル其五ナリ、適応ノ教科書ヲ採択スル其六ナリ。

「地方」の期待に応えて中学の「正規ヲ履行スルノ嚆矢」という責任の重大さを、折田校長は十分に認識している。その上に彼は、学校運営に当たってもっとも優先的に取り組むべき「六ヶ条」を提起した。さらにこれらに対する具体的な解決方法として、折田は六番目の問題からさかのぼって以下のような言葉を綴る。

最初は第六の翻訳教科書の問題点を指摘した上、「向後実ニ中学適応ノ書籍タルヘキ著訳ノ原稿アルニ遇ハ、其人ニ協議シ、本校ノ費用ヲ以テ之ヲ印行シ、以テ漸ク教科書ノ改良ヲ計ラサル可ラス」と、中学生徒の学力と課程と合わせるように教科書の改良策を考える方針を示している。次に第五の標本について、中学の実況に関する「余弊」をもたらす理由として、「教師学力」の不足や教科書の不適切さを挙げた上、標本の重要性について次のように述べる。例えば「地質ノ書ヲ読ムニ当リ、其標本アルトキハ一目シテ容易ク理会シ得ヘキコトナルモ、若其標本ナキトキハ之ヲ想像ニ索メサル可ラス」と述べ、実物による指導法を中学校の教授法の一つとして強調している。(33)第四の教授法には、授業法について、さしあたって「先日ヲ定メテ教員ヲ会シ交議諮詢スルヨリ着手セント欲スルナリ」と、まず教員の知恵を生かしていく方向を調整した。

そして第三の「変通教授法」とは次のようなものである。折田は、入学生徒の今までの教育状況によって、私塾や漢籍や英語を専修することにより、「生徒中必ス学力偏短偏長ニシテ、未タ全タ普通下等教育ヲ卒ラサル」ものがあると指摘している。そのため、「此等ノ生徒ヲ直ニ中学ノ正規ニ当ントキハ、皆其最短ナル学科ニ就テ等級ヲ定メサル可ラス」と彼は強調し、短所の学科をもとに設定すべきという見解を示している。この場合、「臨機変通法ヲ設ケ、暫ク其短ナル学科ノミヲ専修セシメ」、「後漸ク正規ノ等級ニ編入セシコト」、いわゆる「変通教授法」の採用と訴えている。実際に折田校長は一八八一年一一月三〇日に第一一九〇号をもって、「本校中学生徒学力偏短ノ者ノ為メ当分ノ中本校限リ特別ノ処方法相設置儀伺」という伺文を以下のように文部省に提出した。(34)

本校中学生徒ノ中往々年令較ヤ長シ学力偏短ナル者有之、仮令ハ年令満十六年ニシテ和漢学之力ハ高等中学ニモ駕スヘキモ英語ニ至テハ abc ヲモ不解、又ハ英語和漢学トモ初等中学卒業ノ力ニ敵スヘキモ未タ算数学ヲ卒ラサル等ニシテ、之ヲ中学ノ正規ニ当テ編入センニハ、皆其最短ナル学力ニ就テ定メサル可ラス、然ル時ハ己カ既ニ□□セル学科ヲモ併セ学ハサル可ラサル訳ニシテ為メニ修学時間ヲ従費スルノミナラス、大ニ日後進学ノ歩ヲ遅緩ナラシムルノ弊ナキ能ハス、故ニ当分ノ中本校限リノ処分ヲ以テ特別ノ方ヲ設ケ右等ノ生徒有ルニ遭ハ、暫ク之ヲ予習生ナシ、其長セル者ヲ措キ、其短ナル学科ノミヲ専修セシメ、稍其欠ヲ補綴シテ然後更ニ正規ノ中学等級ニ編入仕度。尤其授業ハ本校教員正科請持ノ余暇ヲ以テ操合負担可為致ニ付、別段其人ヲ要シ候義ニモ無之候、且実際ノ如キ生徒アルハ皆従来各地方教育法ノ不完全ナルヨリ生徒ノ弊ナルカ故ニ、今ヨリ年遂ケテ漸ク減絶ニ帰スヘキハ必然ノ道理ニ付キ、敢テ公ニ其規則等ヲ撰定致候ニハ及間敷乎、上被存候右謹テ仰高裁候也。

「当分ノ中本校限リノ処分」という文句は、当時の文部省は「中学校教則大綱」を基本に、画一的な中学校カリキュラムを要求していた事実を表している。それに対して折田は、生徒の学力の長短を配慮して多様なカリキュラムを用意するよう主張した。この点は、前章で述べたマコッシュ学長の科目選択の自由を認める理念と通底しているように思われる[35]。

つづいて折田がもっとも重視する「急務」が登場する。すなわち彼は、教科書の選択（第六条）、教具の充実（第五条）や教授法の改革（第四条）または変通教授法の実施（第三条）などよりも、「体操課」の振興（第二条）や「幼年生徒寄宿舎」の開設（第一条）を筆頭に立たせているのである。これは極めて注目すべき事実である。

前章で述べたとおり、折田の米国留学時代のマコッシュ学長は就任当初、ニュージャージー・コレッジにおいて「再建六ヶ条」を提起した。その中でも、寄宿舎（第二条）や身体教育（第三条）を重視する教育方針が打ち出されていた。折田が留学していた頃は、ちょうどこれらの改革が実施され一定の成果が挙げられた時期であった。未だ身体教育の意義が広く認識されていなかった当時の日本では、折田校長の教育構想はアメリカ留学経験と深い関係があるものかと思われる(36)。では、折田は、寄宿舎や体操の整備を中心として、具体的にどのような中学校教育を行なおうとしたのか。次はこの問題を考察し、折田が求めていた中学校像を探ってみたい。

第二節　大阪中学校の教育とその特質

(1)教科カリキュラムと英語中学科

教員の構成

大阪中学校は一八八〇年一二月開校当初、合計二三名の教職員をもって開校した。校長以下に教員一〇名、雇教員三名、吏員六名、雇吏員二名、医員一名、門衛二名、それに小使八名という構成だった。それは、旧専門学校時代のスタッフを、ほとんどそのまま引き継いだものだった。教授陣の中には優れた人材が実に多く含まれている。学校長折田彦市については、先に詳しく述べたように、明治時代においてもっとも早く海外で学位を取得した人の一人である。また、物理・英語担当兼教場監事の田村初太郎は、一八七六年にパシフィック・ユニバーシティ大学（カリフォルニア州）卒業後、オービリン神学校などで学び、一八七八年四月に帰国した。彼はキリスト教に対して熱心だったことが知られている。

田村のほか、化学・金石・英語担当の教諭高橋鉉太郎は、東京大学理学部化学科卒で理学士の称号を有している。このほか、英語担当の山中幸徳はオービリン大学文学科やエール大学医学科などで学んでいた（ただし、一八八四年九月の採用であった。すぐさま英語二一時間（英語一六・読方三・英作文二）を担当するようになった）。いずれも中途退学のため学位は得ていなかったが、米国では九年余り滞在していた。一方、化学担当の教諭団琢磨（一八五八

〜一九三二）は、岩倉使節団の一員として一八七一年渡米し、後マサチューセッツ工科大学鉱山学科を卒業し、一八七八年に帰国した。彼は実力が認められ、早くも一八八一年一〇月に東京大学理学部助教授に転出していった。このように、発足当時の大阪中学校には優れた教授陣が揃っていた様子が窺える。(37)

このような優れた教授陣の中で特に特徴的だったのは、英語教員の充実である。これは、模範中学校として備えるべきものだったともいえる。当時の中学校で英語教育は、もっとも重視される教科科目の一つだったからである。(38)次に大阪中学校のカリキュラムを分析し、とりわけ英語中学科の設置問題を検討してみたい。

英語中学科の設置問題

一八八一年「大綱」の発布を受けて八月二九日、大阪中学校は第七八五号をもって文部省に「英語科生徒存置伺済之件」という伺を出した。英語中学科の設置問題について、大阪中学校は以下のように述べている。

今般中学大綱被定、当校ニ於而モ右ニ準拠教則取調候就而ハ、従来設置候英語科之儀ハ自然可相廃儀ト被存候得共、抑当校中学校ト改称相成候際、邦英両語中学科可相設目的ニ而教則等取調右目的生徒共ニモ略ホ相示シ、旧専門学校予科生ヨリ引続キ在学之者及当春入学之生徒ハ何レモ英語科貫修可致志願ニ而在学致居候ニ付、今日ニ至リ突然相廃候而者又々生徒之方向ヲ誤ラセ候而已ナラス、当校之信用ニモ可相関ト被存候條、現在生徒及現在級補員生ニ限リ英語科ニヨリ教授致度、且中学科創設之際ニ而該生徒ハ一時ニ充分成集致間敷、自然教員ニモ余暇可有之ト被存候間、右時間ヲ以教授為致候ハヽ、之カ為別段増員ヲ要スル儀無之、他日中学生徒追々増加致候ニ従ヒ、英語科生徒ハ卒業之者有之、減級可相成ハ自然之勢ニ而、常ニ其権衡宜ヲ得、到底純然タル中学校ト可相成ト被存候、因テ英語科教則別冊之通撰定、仰高裁候條、右英語科□（原文空白——引用者）置共、併セテ至急御許可相成度、此段相伺候也。(39)

「大綱」には英語中学科に関する規定がないため、大阪中学校もそれに従うべきである。しかし、折田校長は大阪中学校が開校する時に「邦英両語中学科可相設目的」を生徒たちに示したことを理由に、突然の廃止は「当校之信用ニモ可相関ト」学校の信用にかかわる問題だと主張している。この理由から、「現在生徒及現在級補員生ニ限リ英語科ニヨリ教授致度」と述べ、新規募集を行なわないことを条件に英語中学科の存置を訴えている。

文部省は大阪中学校の要求を受け入れ、一〇月一八日に太政官宛にその設置理由を、さらに以下のように付け加えている。

当分ノ内中学科、英語科並存候テモ聊カ差支無之見込ニ付キ、在来ノ生徒ヲ旧キ拠リ英語ヲ以テ東京大学予備門第二級以下ノ学科課程ニ準シテ本邦教員ヲ以テ便宜教授シ、且ツ該科ニハ現級定員補欠ノ外ニ爾後一切ノ新入ヲ止メ候様致度、然レトモ該科ハ数年ナラスシテ自ラ退縮消滅ニ帰シ、而シテ尋常中学科ハ其生徒漸次来集シテ其欠ヲ満タシ、新旧交代ノ際至極平穏ノ処置ヲ得ヘキハ勿論、新定ノ中学科ヨリ完全ノ卒業生ヲ輩出セシメ、兼テ大学生ノ準備ニモ差支ナカラシメンコトハ尚ホ数年ヲ要スヘキ儀ニ付、啻ニ在来生徒ノ由ヲ以テ其素志ヲ全クスルモ得ルノミナラス、兼テ大学予備門生ノ不足ヲ目下ノ補フヲ得、大学ノ為ニモ好都合ノ儀ト存候条、旁以テ右英語科ノ儀ハ同校ノ附属科トシテ当分ノ内存置候様致度、此段相伺候也。

ここでは英語科存置のメリットが強調されている。すなわち将来的に「新定ノ中学科ヨリ完全ノ卒業生ヲ輩出セシメ、兼テ大学生ノ準備ニモ差支ナカラシメンコトハ尚ホ数年ヲ要スヘキ」と予想され、「新旧交代」をスムーズに進めるためにも英語中学科を継続することが必要である。また、それは「在来生徒ノ由ヲ以テ其素志ヲ全クスルモ得ルノミナラス、兼テ大学予備門生ノ不足ヲ目下ノ補フヲ得、大学ノ為ニモ好都合」と学生の救済及び大学予備生の欠員を補う利点を強調した[40]。

英語科の廃止とその意義

しかし文部省は、一一月二日に太政官の裁可を受けてから同月一六日、以下のように大阪中学校へ回答した。

書面伺之趣不得止儀ニ付特別ノ詮議ヲ以テ聞届候条、左之通可相心得事。

一　名称ハ大阪中学校附属英語科ト可相称事。

一　各級ニ通シテ修身ノ科ヲ置キ、其課程等取調更ニ可伺出事。

一　教則第一項但書左之通可相改事。

但本科ハ中学科制定以前ニ入学セシテ生徒ノ為メニ暫ク之ヲ存置スルモノニシテ、自後補欠ト雖モ一切生徒ノ入学ヲ許サス。

一　各学科授業要旨並教科用図書更ニ取調可伺出事。

折田の訴えに対して文部省は、あくまでも英語科を「附属」として、一時的な存在としか認めていなかった。その上、「修身ノ科ヲ置キ」という注文をつけた。この点は、「教育令改正」に示された修身科重視の方針と共通している。いずれにしても大阪中学校は、英語中学科を「附属英語科」という形式で継続させることになった。また、翌一八八二年七月に「大綱」に準拠した「大阪中学校教則」が制定される時も、英語中学科は附属中学科と改称して継続された。ただし、生徒の新規募集停止により、一八八三年七月に附属中学科は廃止された[41]。

「大綱」に基づく英語中学科の廃止は、大阪中学校における大学予備教育機能を弱めるものであった。とはいえ、英語中学科・附属中学科も、大学予備教育の機能を必ずしも十分に果たしていたわけではなかった。そのことを、卒業生の進路によって確認しておきたい。

英語中学科卒業生の進路　一八八一年七月二五日、生駒蕃は「今般御校英語科卒業候ニ付東京大学文学部へ御試験ノ上入学志願ニ付、可然御取計御相成度」と、東京大学への試験入学を求める願書を提出した。[42]しかしこの願い出は聞き届けられず、生駒ほか二名は予備門第一級を志願することになった。また、英語中学科二級修了者五名は予備門二級へ進学することを希望した。同年九月一二日に大阪中学校生徒計八人は東京大学予備門の試験を受けて全員合格、「内三人は第一級、五人ハ第二級ニ入ル」結果となった。[43]この事実は、大阪中学校英語中学科の教育水準の高さを示しているとも言える。とはいえ、折田校長の理想とは裏腹に、英語中学科の卒業生は東京大学を直接受験することができなかった。それだけでなく、予備門への進学に際しても、試験を受けてそれに合格することが求められた。

東京大学やその予備門への進学実績を見た限りでは、学校体系の中における大阪中学校の位置づけは、府県中学校のそれと変わらず、その大学予備教育機能には大きな限界があったことが示されている。それは、先に述べたように、英語中学科は廃止され「大綱」準拠によって、大阪中学校の教育水準が低下したことに由来するとも考えられる。こうした状況下、卒業生がより順調に東京大学へ進学できるように、折田校長は中学規則の改革案を考えるに至った（後述）。

（2）体操教育の振起

体操教育と歩兵操練の導入　先述したとおり、折田彦市は帰国後、大阪着任までに体操伝習所の主幹（一八七九年一〇月〜一八八〇年四月）を務めた。その経験は、大阪中学校でも体操重視の姿勢として継続される。一方、明治国家における体操教育の導入は、一八七八年一〇月に体操伝習所が設立されたことにさかのぼる。それまでには、札幌農学校や同志社英学校などの官私立学校において、各学校が自発的に体育教育を行なっていた。これらの多くは、外国人教師の指導のもとで実施された。一方、体操伝習所の設立は、文部省による体操振興という点において、極めて重要な意味を有している。この体操伝習所は、体操教育を研究するだけでなく、将来各府県において体操教育を担うべき教員の養成も期待されていたからである。後者の教員養成について、その概要を述べておきたい(44)。

周知のとおり体操伝習所は、米国人リーランド（George Adams Leland, 1850-1924）の指導の下で、いわゆる軽体操を伝習することを基本としていた(45)。体操伝習所で体操の伝授を学ぶ学生には、最初の給費生とのちの伝習員とがある。前者に対しては一八七九年四月より教授を開始し、翌一八八〇年一一月に歩兵操練を附設、陸軍士官を招聘、週三回演習した上、一八八一年七月に二一名が卒業した。一方後者は、一八八二年一月より各府県から体操術伝習員一三名が徴募され、歩兵操練術などを一学期ばかり勉強した上で卒業したと見られる(46)。要するに、体操伝習所を通じて文部省は、体操教員の養成をはじめ体育の取り入れを主導していたのである。

先述したとおり、大阪中学校発足直後の一八八一年二月一一日に提出された「大阪中学校仮校則」の中で、既に体操科の教育が登場している。例えば「英語予科課程表」では、綴字・綴文、読方、訳読、和漢学を各々週六時間、習字三時間を設定した他、毎週三時間の体操の時間を設けている。しかし、この伺に対して文部省は六月、体操は科目名のみを残し時間数の部分を削除した(47)。この事実は、当時の文部省が、中学校教育において体操に配当すべき時間数を未だ決定しておらず、体操科教育の詳細を確定していなかったことを意味している。さらに、一八八一年七月に発布された「中学校教則大綱」においても、中学校の学科及び程度、授業時数などの詳細を定めながら、体操の配当時間数は空欄のまま、傍書にて「体操ハ適宜之ヲ課スヘシ」と記すにとどめている。

このように文部省が体操に関する方針を十分に確定していない段階で、折田の大阪中学校は課程に体操を導入すると同時に、その実施に向けた物的・人的な条件整備に着手していた。一八八一年二月一八日提出の「体操場建築之儀ニ付伺」では、体操場の建設について次のように述べている。

体操之科ヲ設ルハ固ヨリ緊要之儀ト存候、就テハ本校所属旧司薬場ハ現今仕用ノ目的無之ニ付、該建家ヲ以体操場ニ模様替修繕致度（以下略）。

「本校所属旧司薬場」とは、旧舎密局の建物が大阪府司薬場となった建築である(48)。つまり、体操場の敷地は、旧舎密局の用地を修繕して体操場に転用する意向であった(49)。文部省はこれを許可し、体操場は同年九月に落成した。それは、「場屋高四十尺広方六十尺中間一ノ支柱ナシ」というように、面積四〇〇平方メートル、高さ一三メートル強を有した立派な建物であった(50)。そして体操に必要な唖鈴、球竿、棍棒、木環などの器械については、「当地方ニテハ買調難」いため、同年一〇月に体操伝習所に注文した(51)。それを受けて一八八一年八月、体操科の教員として、体操伝習所給費生第一期（一八七九年四月～一八八一年七月）の卒業生二一人の中の一人、友野正忠（岡山県士族）を月給二三円で迎えた(52)。

以上述べてきたように、体操科を振起させることは、就任当初から折田校長の最優先課題の一つとして、学校教育において積極的に取り組まれた。体操場の建設や専任教員の採用には、本格的に体操を施そうとする折田の意気込みが感じられる。体操教育の実践は、当時の中等教育においては模範的な存在であった。この点は、東京大学予備門のそれと比較すれば一層明らかになる。予備門への正課としての体操科の学科課程への編入は、一八八四年六月七日に「改正予備門学科課程」の制定をもって始めて実現をみた(53)。それにしても、「未タ体操教場ノ設ケナキ」と報告されるように、予備門には専用の体操場がなかった。したがって予備門の体操教育は、師範学校同様、体操伝習所に通いながら行なっていた[54]。言い換えれば、大阪中学校に対して予備門は、体操科を実施するに必要な物的・人的条件が整っていなかったのである[55]。このような折田の体育教育重視策は、彼がアメリカ留学期間中のスポーツ経験に、少なからず大きな影響を与えられたからだと考えられる。

では、当時における体操教育の実態はいかなるものだったのだろうか。まずその全体像について、折田は「大阪中学校年報」において次のように述べている。

体操課ノ要ナルハ苟モ教育ニ従事スルモノ、必ス異口同音ニ賛成スルコトニシテ、而テ之ヲ各地学校ノ実地ニ就キテ云フトキハ却テ之ヲ度外視セサルコト鮮シ、或ハ往々之ヲ実施スルモノナキニアラサレトモ其方法善良ナサス其器械整備セス、徒ニ生徒ヲ束縛シテ却生徒ヲシテ倦厭ノ気ヲ生シテ体操課ヲ嫌悪セシムルニ至ル。是故ニ幼年生徒ハ専ラ粗暴ニ流レ、長年生徒ハ漸ク柔弱ニ陥リ、随テ学業進歩ノ遅鈍ヲ見ハスノミナラス、往々疾病ヲ醸成シテ廃学スルニ至ルモノアリ、蓋体操課ヲ勉メサルノ致ス所ナリ。本校新ニ体操場ヲ設ク器械ヲ増益シテ、大ニ此課ヲ奨励セント欲スルハ益之カ為ノミ[56]。

ここで折田は、当時における体操科教育の実施状況について批判している。体操教育の重要さについては、他の教育関係者にも充分に認識されていた。しかるにその実施に対して折田は、その方法や器械の整備などについて疑問視している。体操科の奨励を努めるには、「体操場ヲ設ク器械ヲ増益」することは不可欠であると彼はいう。折田が導入しようとした体操は、「大阪中学校規則」にある「授業要旨」の「体操」において、次のように記されている。

体操ノ要ハ体格ヲ端正ニシ肺量ヲ寛ニシ、関節ヲ利シ筋力ヲ強クシ、以テ健康ヲ保全セシムルニ在リ。其之ヲ教フルハ先美容術徒手運動ヨリ始メ、次ニ軽捷体操及器械体操等ヲ授ケ、兼ネテ歩兵操練ノ初歩ヲ演習セシム。而テ毎学期活力統計表ヲ製シテ其成果ヲ証明センコトヲ要ス。(57)

この文面は、「中学校教則大綱」発布を受けて一八八二年四月に折田が提出した「大阪中学校規則」の「伺元案」に収められている。注目すべきは、体操科の一環として「歩兵操練」の実施を予定していたことである。歩兵操練は、文部省の指令に基づき体操伝習所において、一八八〇年一二月より僅か三週間しか実施された経験がなかった。大阪中学校は、それをいち早く本格的に中学校に導入しようとしたわけである。(58)

一方、各府県が歩兵操練を中学校の教則に取り入れるようになったのは、一八八四年以降のことであった。遠藤芳信が指摘したように、一八八三年一二月の改正徴兵令第一二条において、官公立学校の「歩兵操練科卒業証書ヲ所持スル者」に対しては、現役三ヶ年の徴兵期間を短縮し「帰休ヲ命スルコト」もあると定められたことに関連する。(59)すなわち、歩兵操練を履修することによって兵役期間が短縮されるという利点が生じたのである。多くの中学校が導入した歩兵操練は、これを狙ったものであるという。(60)それに対して、徴兵令が改正される前の、一八八二年四月に歩兵操練を導入した大阪中学校は、明らかにこうした動きに先立つ独自の取り組みであった。(61)

歩兵操練の授業計画

さらに文部省は大阪中学校に対し、歩兵操練の詳しい授業方法を明確にするよう催促した。

実際、一八八二年一一月一五日、文部省普通学務局長辻新次が、「貴校体操科ニ於テ歩兵操練ノ初歩実施相成居候所、右ハ授業之方法、即銃器、操法、教員及場所、日時等ニ係ル詳細之実況至急致承知度」と問い合わせている。先述したとおり、文部省は体操教育の詳細について未だ確たる方針を決めていなかった。一方、一八八三年までの予備門においても、「其学校全体ニ渉ル体操実施ノ規程ニ於テ今日未タ一定ノ設ケナキ」

という状況であった。したがって、「其日課ノ程度曁ヒ従業ノ順序方法等恒ニ一斉ノ矩ニ循フコト能ハサルモノ甚タ多シ」というように、予備門にとっても体操の授業法は未知の世界であった(62)。そのため、大阪中学校の授業法が注目されたのである。文部省の問い合わせに対して大阪中学校は、同月二八日に以下のように「歩兵操練授業ノ件」を提出している。

歩兵操練授業ノ法方（ママ）
歩兵操練演習ハ壱階級ヲ一組トナシ、教員壱名ニテ同時ニ全員ヲ教授ス。其生兵操練ヲ授クルニ当テハ、最初ハ生徒中稍熟練シタル者ヲ選抜シテ教導トナシ、遂ニハ漸ク逐次輪換シテ互ニ教導タラシメ、以テ小隊学ノ大概ヲ了フ。而テ其銃器ハ未定、其操法ハ陸軍省出版歩兵操典ニ依リ、其教授ハ当校助教諭（体操伝習所卒業生）之ヲ担当シ、其場所ハ天晴レ地乾キタル時ハ戸外ノ遊歩場ニ於テシ、雨天又ハ地湿フトキハ体操場内ニ於テシ、其日時ハ月水金三曜日ノ体操科授業時刻ニ於テシ、其時間ハ一回三十分宛トス(63)（カッコは原文のまま――引用者）。

これにより、大阪中学校における歩兵操練の授業計画がある程度判明する。各階級ごとに一組となり、一斉授業を行なっていた(64)。また、熟練者を教授した上で生徒同士が、お互いに教授しあう方法も採用しようとしていた。使用する教科書や歩兵操練の程度も明確になっている。教科書は陸軍省編の『歩兵操典』を使用することになっていた。さらに、銃器の使用が授業に取り込まれていたことも注目される。一八七九年三月八日制定の陸軍省編『歩兵操典』によれば、「柔軟体操」に続き「生兵操典」の部では、「銃ノ分解及ヒ結合」（第一部第二章第一教）といった内容が含まれているため、銃器の使用が必要であったのであろう。

銃器の調達

そのため、大阪中学校は陸軍省などの関係部門に働きかけていくことになる。まずは隣接している大阪在駐の砲兵第二方面宛に、銃器の調達に関して打診した。同方面から「現ニスナイドル銃五拾挺不用ニ属シ居候ニ付、文部省ヨリ陸軍省へ御照会済之上ハ相当代価ヲ以テ御譲与不苦」といった回答が得られた(65)。大阪中学校側と第二砲兵側とで「相当代価ヲ以テ御譲与」といった合意(66)を達成した上、一八八三年一二月四日に、校長折田は文部卿福岡孝弟宛に以下のような「体操器械購買之義伺」を提出した。

当校体操科ニ供用スヘキスナイドル銃五十挺、此代価凡金弐百伍拾円ニテ購買仕度、此段伺上候条至急仰御裁可候也(67)。

体操科の器械として、スナイドル銃を使用していたことが、ここで初めて明らかになった。大阪側の「購買」請求を受けて文部省は、同年一二月一七日、陸軍卿大山巌宛にその可否を次のように打診した。

当省所轄大阪中学校ニ於テ歩兵操練実施ノ為メ銃器等実物ヲ為用度候ニ付テハ、貴省砲兵第二方面御貯蔵ノスナイドル銃五十挺附属品共別記之通現今御不要之趣ニ之有候間、右銃器等譲受候様致度差掛候儀モ之有候ニ付、急速何分之御回報相成度候、此段及御照会候也(68)。

三日後、大山から大木へ「御譲渡之儀同方面へ相達置候條夫々御受領有之度」といった回答がなされた。かくして、文部省は同月二六日に大阪中学校に「書面伺之趣聞届候事」と返答し、銃器の購入と使用を認めた。

折田校長は、銃器の使用をひかえ、一八八四年九月一一日に「規則改正之義伺」を提出し、その中で先に引用

表3　大阪中学校各級日課表（体操／1885年2月〜7月）

学　級	人数	月曜日	火曜日	水曜日	木曜日	金曜日	土曜日
高等第2級	3	第1時	第2時	第3時	第4時	第1時	第2時
高等第4級	4	第1時	第2時	第3時	第4時	第1時	第2時
初等第1級	15	第1時	第2時	第3時	第4時	第1時	第2時
初等第2級	19	第1時	第2時	第3時	第4時	第1時	第2時
初等第3級	21	第3時	第4時	第1時	第2時	第3時	第4時
初等第4級	32	第3時	第4時	第1時	第2時	第3時	第4時
初等第5級	34	第4時	第1時	第2時	第3時	第4時	第1時
初等第6級	50	第4時	第1時	第2時	第3時	第4時	第1時
初等第6級		第4時	第1時	第2時	第3時	第4時	第1時
初等第7級	56	第2時	第3時	第4時	第1時	第2時	第3時
初等第7級		第2時	第3時	第4時	第1時	第2時	第3時
初等第8級	60	第2時	第3時	第4時	第1時	第2時	第3時
初等第8級		第2時	第3時	第4時	第1時	第2時	第3時
欄外：「表中体操科ハ一時間中ニ於テ三十分ヲ限リ之ヲ課スルモノトス」							

注：京都大学大学文書館所蔵『明治十八年文部省伺届原稿』所収、「日課時間表進達ノ件」（850018-10）及び「二月末一覧表並現員調進達ノ件」（850018-15）より筆者作成。なお、表中の「人数」欄は1885年2月末当時の統計に基づく。

した規則中第二章（教授規則）第九條第二〇款における「歩兵操練ノ下ノ初歩ノ三字ヲ除」いて、同款を「歩兵操練ヲ演習セシム」と改めたいと伺った(69)。この事実は、銃器の使用は本格的な歩兵操練を行なうために不可欠重要な一部を構成している、といった折田の体操教育理念を如実に物語っている。この伺は同月二〇日に許可された。「初歩」ではない本格的な歩兵操練を行なう条件が整備されつつあったのである。

体操科の授業時間表　一八八五年二月から七月までの「大阪中学校各級日課表」によれば、各級体操科の授業時間は表3の通りであった(70)。

この表から、先の「歩兵操練授業ノ法方」で予定されていた毎週三日、一日三〇分の授業数が、実際には週六日、一日三〇分に増えたことが分かる。一週三時間、通計三六時間であったため、和漢文や英語に続く三番目に多い時間配当である。毎学期末に必ず全校生徒の活力統計表を作成して教育効果を測定したのも、そのことと無関係ではなかろう。また、例えば月曜日の第一時に体操科を課されるのは、高等第二級をはじめ、高等第四級、初等第一級及び初等第二級とあわせて四つの階級となっている。体操科の教員は一人だけだったため、この四つの階級は同じ時間帯で同時に教育を受けることになっていたのである。このことから、先述した「歩兵操練授業ノ法方」で述べられた一階級一組の授業形式は、複数の階級で共同して実施することになったことが判明する。これは、後にも詳述するが、とりわけ高等科などに在籍する生徒が僅少であったため、しばしば中学校教育の効率性・合理性に支障を与えた。これは、やがて折田校長が中学規則を改正し、中等科と高等科の区別を廃止して中学校五年一貫制を打ち出した要因の一つとなった。

以上のように、草創期の大阪中学校は積極的に身体教育を行なった。体操科については、折田校長は体操場を建設し、体操器械を購入し、体操科教員を採用してその実施にこぎつけた。

ただし、大阪中学校における身体教育は、体操科の導入だけではなかった。その他のスポーツもさきがけて盛んに行なわれていた。例えば一八八三年に入学した高安道成は、「「ベースボール」「フットボール」ナド盛ンニ行ハレ、殊ニ寄宿生ハ夕食後二隊ニ分レ球戦ヲ行ッタ。又「クロケー」モ一部学生ノ間ニハ行ハレ。短艇モ大小二隻アリ、校ヲ距ル五六町ノ処ニ纜ガレ自由ニ使用ガ出来タ。（中略）他校ニ類ガナカッタノデ僕等ハ得意ダッタ」と語っている(71)。彼の回想は、大阪中学校のスポーツが、他に類のないほど盛んであったことを如実に物語っているものである。ここでも、折田の米国経歴の影響をあらためて感じさせられる。とりわけクロッケーは当時ほとんど知られていなかった故、米国留学時代にそれに触れた折田がいち早く大阪中学校に取り入れたと思われる。

他方、この時期中等教育の体操科教育に関して文部省は未だ模索中であり、とりわけ歩兵操練の方法に関して明確な方針をもたず、受身の立場で大阪中学校の申し入れを追認したことがわかる。換言すれば、折田は自らの体験に基づき、体操をはじめとする身体教育を、学校教育の重要な一環として先進的に取り入れたのである。しかし一八八五年以降森有礼が文部行政に関わってからは、体操教育とりわけ歩兵操練に対する文部省の姿勢が一変する。当初後手にまわっていた文部省が、一転して積極的に兵式体操の普及に取り組みはじめたからである（後述）。

（3）寄宿舎制度の創立

幼年生寄宿舎の開設

一方、寄宿舎のあり方をめぐって折田は、幼年生徒のための寄宿舎の設置を「急務」六ヶ条中の筆頭に据えていた。当時の官立学校において寄宿舎の設置自体は珍しいことではなかったが、一五歳以下の幼年生徒向けの寄宿舎を開設することは他では見られなかった[72]。実際、大阪専門学校の寄宿舎では、「齢十五年以下ノ者ハ入舎ヲ許サス」といった如く、幼年生は入舎さえ認められていなかった[73]。また、札幌農学校では本科生徒は原則として全寮制であった。それは札幌という辺鄙な立地にもよるものであったが、それでも幼年生徒のための「幼年舎」は設置されていなかった。

では、なぜ大阪中学校において幼年生徒の寄宿舎の開設が必要だったのか。折田は以下のようにその理由を述べている。

寄宿舎ノ設ハ尤長年生徒ニ益アリテ幼年生徒ニハ便ナラサルナリ。何トナレハ則人集レハ必ス談ス、交久シケレハ必ス狎ル、狎レテ而テ談スルトキハ其譚柄必シモ悉ク正シキコト能ハス。然ルニ自持ノ志念尚薄ク、独立ノ見識未タ定ラサルノ幼年生ヲシテ此夥中ニ在ラシメハ、長年生徒ノ善行ニ倣ハントハセス、却テ不正ノ嬉戯ヲ試ミント欲シ、所謂倣ヲ長シ、慾ヲ肆ニスルノ情ヲ起リシムルノ弊アルヲ免レス。是レ従来諸学校ニ於テ屢実験スル処ナリ。故ニ幼年生徒ヲ入舎セシメンニハ、予メ之カ虞ニ備ヘサル可ラス。今ヤ本校中学ノ生徒ヲ募集ス、其来ルモノ必ス幼年生多カラン故ニ此等ノ生徒ヲ待センニハ、従来ノ寄宿舎ヲ区画シテ更ニ幼年舎ヲ設ケ、十五年以下ノ者ハ皆幼年舎ニ入ラシメ、其年齢相当ノ智力、脳力ヲ以テ年齢適応ノ勤学交際セシメ、懇ニ之ヲ保護シ正ク之ヲ誘導スルヲ務メサル可ラサルナリ(74)。

満一五歳以下の幼年生徒は「独立ノ見識未タ定ラサル」がために、青年生徒と同じ寄宿舎に入れば「却テ不正ノ嬉戯ヲ試ミント」するため教育上よくないと折田が見ている。ここに幼年者の「保護」や「誘導」に関する、一定の教育的配慮が示されていることに注意されたい。その弊を防ぐために従来の寄宿舎を改革し、青年生徒とは別に、一五歳以下の寄宿生のために幼年舎の設置が必要だと説いている。ところが、幼年生のために新しい寄宿舎を建築することは間に合わず、一八八二年三月、従来の寄宿舎の一部を改造して幼年舎に充てた。

さて、幼年生管理の制度化を図るため、一八八二年三月二二日に「寄宿舎幼年生徒取扱条規」が定められた。これによれば、「入舎セシメント欲スル」幼年生には「平常私ニ金銭」の所持禁止（第三条）や学資は「一ヶ月当分金四円七十五銭」（第四条）と定められており、青年生徒（同三円五十銭）よりも高かった。この時期の幼年舎について、例えば土佐出身の田岡佐代治（嶺雲、一八七〇～一九一二）は次のように回想している。「予は入学すると同時に寄宿舎に入った。寄宿舎は青年舎と幼年舎の二つに別れて、十五歳以下の者は幼年舎に入る規則であった。勿論予も幼年舎に入れられた。幼年舎生は学資金を学校に預けて、水曜と土曜とに、買物の品目、価格を書出して会計から入用なだけの金を受取ることになっていた。而して別に一顆五厘の菓子パンを四つ宛買って貰へた」と鮮明に語っている(75)。

このように、初期の大阪中学校において折田校長は、寄宿舎の改革を最優先課題として、その幼年舎の整備に取り組んだ[76]。前章で述べたとおり、マコッシュ学長は希望者全員に寄宿舎を提供できるようにその整備を図っていた。折田の幼年舎設置は、これとまったく一致するとはいえない。しかし、寄宿舎を整備するために考案された改良策として、両者の間にはやはり共通点があると思われる。事実、「寄宿舎幼年生徒取扱条規」の制定は、「大阪中学校規則」に関する伺を文部省に提出した一八八二年四月よりも早かった。折田の大阪中学校の整備は、何よりも幼年舎の整備から始まったと言える[77]。なぜ折田は寄宿舎を重視したのか。その教育上の理念はいかなるものであったのか。次は折田校長の寄宿舎理念を考察していきたい。

折田校長の寄宿舎理念

先述したように、「急務」実施の具体案として折田が考案した新たな教則案は、一八八二年四月一〇日に文部省に提出された。文部省普通学務局は七月一〇日、一部改正の上実施することを認めた[78]。この間、教則の内容に関して、大阪中学校と文部省との間に数度にわたって往復文書が交わされている。そこでは中学校の教育理念、なかでも寄宿舎のあり方をめぐる両者の見解の相違が明瞭に表れている。

寄宿舎設置の趣旨について、大阪側が提出した「大阪中学校規則」の第一章第一〇条では、「生徒修学及取締ノ便ヲ計リ寄宿舎ヲ設ク」となっている。それに対して普通学務局は「寄宿舎ハ単ニ取締ノ便ヲ計ルモノナリ」と述べ、生徒管理上の寄宿舎観を示した。これに対して大阪中学校は、はっきりと「意見ハ之ニ反ス」と言明した上、以下のように理由を説明している。

当校寄宿舎ハ生徒ノ願ニヨリテ入舎ヲ許スモノニシテ、彼ノ海陸軍学校又ハ官立師範学校等ノ如ク皆必ス入舎セシムルニアラサルナリ。故ニ其入舎ヲ請フト否トハ生徒ニアリ、当校ヨリ命シ得ヘキニハアラサルナリ[79]。

ここでは、寄宿舎のあり方について、文部省と大阪中学校側との考えの違いが明白である。ここでひきあいに出されている海軍兵学寮（のちの海軍兵学校）は一八七三年から通学生を廃止して全寮制をとり、東京師範学校もまた「他日人の師範たるに適せしむべき訓練を行はんことを期」するために、一八七三年五月の寄宿舎開舎当初から全員を入舎させた[80]。また官立師範学校の寄宿舎制は、「生徒の取り締まり」のため設立当初から軍隊の学校と同じ制度を採っていた[81]。折田は、こうした軍学校や師範学校における強制入舎制との区別を明確にし、寄宿舎の存在は、まず生徒の側からの需要から生まれるものと強調している。すなわち、寄宿舎への入舎はあくまでも「希望者」に応じるという原理である。この点は、彼の留学時代のマコッシュ学長の寄宿舎理念と一致しているため、注目に値する。こうした考え方は、入舎の理由に関する次のような文章にも表れている。

生徒ハ入舎ヲ請フノ意ハ或ハ遠路ノ通学ヲ厭ヒ、或ハ適当ノ下宿所ナキニ困シ、或ハ家ニ参考要書ナク、或ハ良朋友ノ共ニ講究スヘキモノナキ等種々ノ事情アルヘシト雖モ、要スルニ生徒ノ便利ヲ主トスルニアラサルナシ。

生徒の入舎理由として、通学の便宜の他、学習仲間の確保や「参考要書」の共有など、勉学をめぐる問題が挙げられている[82]。寄宿舎は単に「取締ノ便」のためではなく「生徒修学」のためのものであるという考えは、こうしたところにも表れている。もちろん、生徒側の「自由」な意思が尊重されていたかといって、寄宿舎の内部において自由放任が許されたわけではない。入舎した生徒に対しては「十分之ヲ検束シテ取締ルコト肝要」と明記されているからである。だが、それはあくまでも「入舎アリテ而後生スルノ事務」である、という原則を折田が強調している。寄宿舎の存在は志願による入舎生がいるか否かによって左右されるのであり、「寄宿舎ハ若シ生徒ノ一人モ入舎スルモノナキトキハ、此事務モ随テ休停セサル可ラス」とさえ記している。

要するに、寄宿舎を「修学ノ便トスルハ尚可也、単ニ取締ノ便トスルハ実ニ不可ナリ」と彼は力説している。文部省が「尚強テ取締ノ便トノミ書セントスルノ説アラハ、大阪中学校ハ寧ロ此条ヲ全ク削除セント欲スルナリ」とまで主張して、文部省の意見を斥けている。[83] 最終的には、文部省の意見を抑えて、第一條は単に「寄宿舎ヲ分チテ幼年舎、青年舎ノ二トス」とあらためられた。しかもこれ以降、こうした方針を折田は堅持していった。

文部省との「論争」の焦点は、寄宿舎を「取締ノ便」と見なすのか（文部省）、それとも「修学」「生徒ノ便」を主眼として入舎選択の自由を認めるのか（大阪中学校）、という問題である。寄宿舎理念をめぐるこの論争は、結局文部省が大阪中学校の意見を「容認」する形で収拾した。[84] 寄宿舎のあり方は折田が最優先課題として取り上げた以上、彼の教育理念をよく表わしているものとみることができる。この点は大いに注目されるものである。次に、大阪中学校の寄宿舎での生活状況とその管理の実態を追ってみたい。

寄宿生の日常生活と管理実態

大阪中学校の寄宿舎は、教場と体操場との間に挟まれた二階建ての木造建築であった。[85] 二階と階下で合計五一室があった（内一〜四八号室は「宿舎」、四九号は「医局」、五〇号は「応接室」、五一号は「他」という構造となっている）。他に浴室、食堂、賄所などが配置される。寄宿生はたいてい二名一室で生活していたため、定員は最大およそ一〇〇名程度と推定できる。この寄宿舎は一八八五年大学分校になってから、九月に校内文庫西北の空地に移築された（後述）。

それでは、実際にどれくらいの生徒が入舎したのだろうか。表4は大阪中学校における幼年舎および青年舎の寄宿生数と寄宿率を表わしたものである。

この表から明らかであるように、大阪中学校時代から第三高等中学校時代にかけて、寄宿生が全体生徒に占めた比例は、おおむね三割前後である（一八九四年は高等学校令により大学予科が廃止され、生徒数が激減した）。

表4　大阪中学校～第三高等中学校寄宿生数と寄宿率一覧表

年　月	青年寄宿生	幼年寄宿生	合計	生徒数	寄宿率(%)
1877年8月			54	193	27.98
1878年12月			不詳	221	不詳
1879年12月			59	211	27.96
1880年12月			不詳	148	不詳
1881年12月			32	93	34.41
1882年9月	不詳	不詳	60	157	38.22
1883年12月	不詳	不詳	82	219	37.44
1884年12月	不詳	不詳	84	268	31.34
1885年10月	77	17	94	237	39.66
1886年12月	79	36	115	398	28.89
1887年12月	79	24	103	307	33.55
1888年12月	79	22	101	412	24.51
1889年12月			144	458	31.44
1890年12月			156	602	25.91
1891年12月			114	564	20.21
1892年12月			146	583	25.04
1893年12月			140	527	26.57
1894年12月			87	209	41.63

注1：各年度の「在学生一覧」(京都大学大学文書館所蔵)及び各年度『文部省年報』より筆者作成。なお、生徒数は各月末の統計による。

2：1889年8月に京都移転、9月に新寄宿舎落成、以降幼年舎、青年舎の区別は解消された。

一方、寄宿料については、一八八九年の京都移転まで寄宿料は徴収されなかった。寄宿生は食費として、毎月およそ三円五〇銭ほど払っていた。ちなみに当時の授業料は一学期一円だった。それに比べると、食費はかなり高額なものであった。寄宿生の食事は、大阪中学校が作った「寄宿舎賄方命令書」に基づき、賄方と請人が調達する方式を採っていた。その期間は六ヶ月と定められたが、「期限内ト雖モ不都合ノ事アルトキハ即日賄方ヲ解クヘシ」と規定されているように、食事の内容については学校・学生側の「都合」が反映されなければならなかった。一方、「尤其賄向正実ナルトキハ尚先キ六ヶ月ヲ期シ申付ル事アルヘシ」と、その延長も可能とされた。ここに一八八二年九月に賄方森田嘉兵衛と請人中川六三郎が受けた「寄宿舎賄方命令書」から、当時の食事内容の一斑を窺ってみよう。

壱週即七日間食物調達方／朝飯　味噌汁（上味噌）四度　醤油汁三度／昼飯　煮シメ　牛肉或ハ魚肉　隔日／夕飯　煮シメ（野菜モノ）之類／但、米ハ上白米ニシテ飯毎ニ漬物、茶ヲ添フベシ。尤諸菜ハ新鮮ナモノヲ用ユルハ勿論、可成不消化物其他一般生徒ノ嗜マサルモノ（古漬物ノ類）ヲ用ヒサル様注意可致事。(86)

「上味噌」「上白米」や牛肉の使用など、決して貧しい内容ではなかったことが分かる。ちなみに喜田貞吉（一八八八年一月〜一八九三年七月、第三高等中学校在学）は、徳島中学校（一八八四年六月入学）在学中、同一敷地にいた師範生の方では「夕飯にたいてい牛肉がつく」のに対して、中学校では「一と切れだに喰わしてくれぬ」と寄宿舎生活を回想している。(87)

筧田知義が指摘したように、旧制高校の寄宿舎においては、「賄征伐」のような食事をめぐるトラブルが一高をはじめ多くの寄宿舎で起こっていた。(88)しかし、大阪中学校では、寄宿舎の賄方と請人は少なくとも一八八七年まで契約を継続させている[89]。この事実は、寄宿舎での食事が、生徒には不満な内容でなかったことを推測させる。食事に限らず、他にも寄宿生徒のためにさまざまな便宜措置が用意されていた。例えば、寄宿舎小使の配置[90]、衣服の洗濯[91]、日用品の舎内販売[92]等がそれである。このように、大阪中学校において寄宿生はかなり恵まれた環境の中で寄宿生活を送っていた[93]。「生徒ノ便」を中心に抱いていた折田の寄宿舎観の反映とみてよいであろう。

とはいえ、もとより寄宿生に対する規制も存在した。先述したとおり、寄宿舎への入舎は生徒の自由選択によるものであった。しかし、一旦寄宿舎に入れば、当然その規則遵守が求められた。つぎに寄宿生の非行為に対する懲罰制度を確認しておこう。寄宿生が規則違反の場合は、罰点を与えたり、外出が禁じられたり、悪質の場合は退舎させられたりといった懲罰が待っていた。「舎生行状点内規」によれば、具体的に以下のような行為が「犯則」とされている。

其一　無届外泊スル者。
其二　門限ニ反スルモノ。
其三　舎内ヲ夥損汚穢ニ及落書等ヲ為スモノ。
其四　青年生ニテ幼年舎ヲ往来ス、幼年生ニテ青年舎ヲ往来スルモノ[94]。

「犯則」者に対しては外出禁止の罰が科された。また、一日の禁外出には罰点一点を加えられることになっていた。「禁外出」とは、寄宿舎の舎監室の横にある廊下の半坪ばかりの空間を「授業後から晩食まで茲に押籠められて一歩も動くことを許されない」ことである[95]。一方、より軽度の「違式」の時には「一度ヲ以テ三分ノ一点」という規定であった（第二条）。「違式」の内容としては、「放歌、吟詩、奔走」すること、「湯水茶菓ノ外飲食」

すること、「晨起、就褥、点灯、及御煙等ノ時限ヲ過ル」ことなどが挙げられる。他に「同舎中猥リニ他室ニ入ル」ことも含まれている(96)。すなわち、各室同士の相往来が禁じられており、とりわけ幼年舎・青年舎の者が相往来することがとくに厳しく罰せられていた。これは先述した幼年生の保護措置の一つと思われる。

以上、大阪中学校における寄宿生の生活状況と管理の実態について見てきた。大阪中学校における入舎の自由及び入舎後の規律遵守については、先述したマコッシュ学長の「自由」観を思い出させる。すなわち、規律の拘束を強制的に強いるものでなく、それを受けるか否かという自由を与えるという理念である。そういう意味で、入舎の自由と「生徒ノ便」といった寄宿舎理念が、マコッシュのそれと共通している部分を有していると思われる。こうした大阪中学校時代の寄宿舎制度は、その後においても大きな変化が生じなかった(後述)。

第三節　中等教育機関の改革と試行錯誤

(1)英語専修科の設置とその意義

地方学事諮問会の開催

ここまでは、近代日本に唯一の官立中学校——大阪中学校において、校長折田彦市のもとで行なわれた教則の作成過程、そして教育の特質、とりわけ体操教育の実態や寄宿舎制度の整備などを中心に概観してきた。折田が構想した中学校の教育は、東京大学への直接接続を目指すものであった。しかし、文部省の方では、一八八一年七月に「大綱」発布をもって地方中学校に対する管理を強化させ、「中学校正格化」方針を打ち出した。この過程の中で、大阪中学校に対する期待は、折田の思惑とは裏腹に地方中学校のモデルという機能だったようである。では、この流れの中で、地方の中学校、そして東京大学及びその予備門はいかに対応していったのか。この時期の動向を把握するために、一八八二年末に開催された学事諮問会を取り上げてみたい。

「学事諮問会」は、文部省が各府県の学務課長及び府県立学校長を東京に招集し、一八八二年一一月二一日から一二月一五日にかけて開催された。「明治前半期の教育政策史上において画期的な意味をもつ」とされるこの集会については、佐藤秀夫によってすでに詳細な紹介・解説・分析がなされてきた(97)。佐藤は徹底的な史料発掘及び厳密な資料批判に基づきながら、学事諮問会の計画内容、「文部省示論」の概略及びそれらの特色について、丁寧に解説を施している。中でも「文部省示論」は、「第二次教育令体制に関する、最も体系的かつ詳細な、文部省の公式解説であった」、と佐藤は結論づけている。

ただし、この学事諮問会と「文部省示論」は、とりわけ府県の教育行政や施策にどのような影響を与えていったのか、ということは佐藤の研究では重視されていない。その点について佐藤は、府県版の学事諮問会の開催に影響を及ぼしたことを確かに指摘している。しかし、それらの府県版学事諮問会は、実際には示論の「再録」の程度にとどまっていると佐藤も認めている(98)。したがって、学事諮問会がその後の文部省の教育政策、または府県の教育行政に具体的にどのような影響を与えたのかは、必ずしも明確になっていない。そこでこの問題をあらためて検討することを通じて、当時の教育情勢における折田の教育構想の位置づけを明らかにしたい。

まず、学事諮問会の内容を確認しておこう。二五日間にもわたって開催される諮問会は、「会員答議」、「文部省示論」及び「文部省直轄学校」への参観という三つの部分より構成されている。最初の「会員答議」は一一月二一日～一二月四日の日程で開催された。これは、文部省が事前に示した「諮問ノ事項」に対して、各府県が口頭または書面にて答えるものである。諮問会は「府県学務課長府県立学校長ニ親ク地方学事ノ実況ヲ諮フ」ことを目的で開催された以上、各府県の現実を聞き取るこの「会員答議」は、諮問会でもっとも重要な一部を構成していたといえる(99)。その後に一二月五日から七日にかけて文部省による「示論」が提示され、それに関する会員の答議がなされる。最後に一二月八日から一五日まで、東京にある文部省直轄学校の参観が実施された(100)。その際に、

「学校当局側から会員に対して講話」が行われた。前後一週間も費やした学校参観は、この学事諮問会において重要な内容の一つとして、会期に取り組まれていたのである。

東京大学からみた学事諮問会

ところが佐藤の研究は、諮問会の諮問事項および文部省による「示諭」の内容に重点をおき、その後の文部省直轄学校の参観については、東京師範学校長高嶺秀夫などによる「演述四件」の紹介にとどまっている。[101] とはいうものの佐藤は、「学事諮問会の協議内容、とくに『文部省示諭』の内容が、諸府県での教育行政施策のその後の展開に対し、すぐれて直接的かつ強力に影響を及ぼした」という結論を出している。[102] そこで、東京大学及び予備門と学事諮問会との関連を考察し、佐藤の結論を検証してみたい。

結論から言うと、東京大学及びその予備門は、この学事諮問会に深くかかわっていたのである。とりわけ予備門が示諭した内容は、当時の中学校教育に対する東京大学（予備門）側の意見として重要な意味を持っていた。また、その結果としてやがて予備門に英語専修科が設置されたために、府県中学校の卒業生が直接に予備門へ入学することが初めて実現するようになった。

さて、学事諮問会の開催は、一八八二年九月一四日付の文部省発各府知事県令宛の下記のような照会によって始まっている。

> 客年以来教育諸般之規則方法等追々改正施行相成候処、教育之施設ハ地方之実況ニ因リ其趣ヲ同クセザル儀モ有之候ニ付、当省ニ於テ来ル十一月廿日ヨリ三週日以内之見込ヲ以テ、府県学務吏員ヲ徴集シ、親シク教育事務上之順序方法等ニ係ル実況等諮問相成候ニ付、事務御操合セ右期日迄ニ学務課長出京候様御取計相成度候。若シ課長出京相成兼候ハヽ、其代理トシテ学務課員ノ内一名出京候様御取計相成度、此段及御照会候也。

一八八一年に文部省は「中学校教則大綱」及びその他の学校教育の規則に関する改正を行い、それに関する府県教育の実況を把握するために諮問会を開きたいという趣旨である。参加者は各府県の学務課長またはその代理であり、開催日期はおよそ二ヶ月後の一一月で、また開催期間は三週間以内という計画である。そして追伸のところで、参加者に「都合ニ由リ」府県立師範学校長、中学校長、専門学校長の参加も「差支無之」としながら、一〇月一五日までに参加者の姓名を通報することなどを規定している。この計画について文部省は、早速同月一九日に東京大学加藤弘之総理に通知し、さらに翌一〇月四日に、普通学務局長辻新次は、次のような照会を追加送付している。

貴学ニ於テ教育事務上要用之儀、示論若クハ諮問相成度御見込之件有之候ハヽ、来ル十五日迄委詳御取調御回附相成度、此段及御照会候也。

開会前に文部省は東京大学に対して、府県への示諭または文部省への諮問など、教育にかかわる事項の有無を求めた。それを受けて加藤総理は一〇月九日、「面談協議」する事項があると一旦、文部省に回答している。ここで述べた「面談協議」の詳細については明確になっていない。しかし、加藤の回答文には、「本学予備門之件ニ付親シク」という文句が削除された跡が見られる。つまり、東京大学に附属される機関として、予備門の教育について伝えたい事項がある、というニュアンスを匂わせている。それに対して、文部省はさらに一〇月一一日に「面談協議」の内実を質問した。二日後の一三日に、加藤総理から次のような回答文が回付された。

先般東京大学教授外山正一建言いたし候、各府県ニ於テ府県費ヲ以本学予備門へ入学セシムルノ趣意、並府県中学校卒業ノ後本学予備門へ入学志願者該中学校ニ於テ修業中其準備ニ係ル事項等協議いたし度、並ニ、甲種医学校設立之事ニ付忠告致度義ニ有之候。尤右之件ニ付テハ、前以主任者参省委詳御打合可為致候条、此段及御回答候也。(103)

この回答には、東京大学からの協議事項として三件が挙げられた。うち甲種医学校に関する事項以外の二件は、いずれも地方府県から予備門への入学問題である。あらためて強調しておきたいのは、これらの協議事項は、当時の中等・高等教育のあり方に関する東京大学側の意見を反映しており、きわめて重要な意味を有しているということである。すなわち、予備門への適格な入学生をいかに確保するかは、東京大学にとっても重要な関心事の一つであった。これをめぐっては、以下の二件について「前以主任者参省委詳御打合」と述べたように、前もって関係者と相談する用意があると表明している。すなわち、一つは府県の公費による予備門入学に関する問題であり、そしてもう一つは、予備門進学希望者は府県中学校の在学中に「其準備ニ係ル」事項である。

前者は、東京大学教授外山正一（一八四八～一九〇〇）が提出した建言書を指していると思われる。(104) 事実、外山は一八八二年二月付で、「各府県中学校ヨリ生徒ヲ予備門へ貢進為致候義ニ付建言書」を福岡孝弟文部卿宛に提出したことが確認できる。(105) そこで外山は、府県費で地方の優秀な生徒を「貢進生」として予備門へ入学させることを建言した。対して後者には、「準備事項」とは何か、その具体的な内容については、まったく明示されていない。(106) したがって、同一三日に学事諮問会の会幹に任命された辻新次は、次のように問いかけている。

客月十一日付ヲ以テ府県学務課長等招集之儀ニ渉リ、再応及御照会候処、同月十三日甲第八百廿三号ヲ以テ御回答之趣致了承候。然ルニ学務課長等一同期日ヲ定メ、貴学へ為参観差出候筈ニ付、御申越之件ハ其際親シク御示諭可然ト存候。且御示諭ノ旨趣ハ前以テ一応致承知置度ニ付、大略書取ヲ以テ本月廿日前ニ御回附有之度、此段尚又及御照会候也。

先述したとおり、そもそも東京大学側は、先に挙げた「協議事項」について前もって関係者と相談する意向を示した。それに対して文部省は、府県の学務課長が参観の際に直接に伝えるよう指示した。そのため、示諭の趣旨を事前に把握しておきたいという意見であった。このように、学事諮問会では、一八八二年の一〇月までに各府県の出席者の決定などを受け、一一月一三日に最終的な協議事項、日程などが決められている。

それを受けて文部省は、「学事諮問会心得」と「諮問ノ事項」を各府県宛に送付した。前者の中に示されている「学事諮問会日割」によれば、「会員答議」及び「文部省示諭」の後に、「文部省直轄学校」への参観が含まれている。そこに、一二月一三日に東京大学三学部に訪れることになっている。さて、東京大学はどのような内容を各府県に伝えることになったのだろうか。

東京大学からの示諭内容

まずは東京大学が示した「示諭ノ大意」を確認しておこう。すなわち、先の辻新次の問い合わせに対して加藤総理は一一月一七日に、「外山文学部長並杉浦予備門長ヨリ示諭ノ大意」として次のように回答している。

中学卒業之者予備門ヘ入学ノ手順、及ヒ過般文学部長ヨリ文部卿ヘ建言セル各府県ヨリ貢進生徒ノ者ヲ大学ヘ出□儀□、実際ニ行フヘキコトナルヤ否質問。

この「示諭ノ大意」から分かるように、東京大学の示諭内容には、中学卒業者の予備門入学に関する手順、及び文学部長の建言という二つの事項だけが予定されている。一ヶ月前に提示された「協議事項」からは、医学に関する事項が省略された。それは、医学事項を示諭する主体が変わったことに由来していると思われる。すなわち、東京大学医学部長三宅秀（一八四八～一九三八）は元々示諭を行なう予定だったが、それが専門学務局長浜尾新（一八四九～一九二五）へ変更した。したがって東京大学は「該局長ト協議致置候」と述べ、別途で検討する意向を示している。

さて、「示諭ノ大意」からはもう一つ注目すべき事実が読み取れる。それは、示諭を行なうのは東京大学三学部ではなく、予備門長杉浦重剛（一八五五～一九二四）によることである。(107) 地方学事との関係に関しては、東京大学よりも予備門のほうがその主体となっていた、という図式が浮かび上がっている。一方、「入学ノ手順」に関する詳細は、必ずしも明確になっていない。それに対して文部省は翌一八日、手順の詳細について、次のように回答を求めている。

何様之手順ヲ以テ入学セシムル儀哉、判然不致。然ルニ右ハ府県中学校ノ為ニハ重要之事件ニ付、右手順方法等ノ大略仍ホ至急御申越有之度、此段更ニ及御照会候也。

府県中学校にとっては、卒業後予備門への入学は当然ながら「重要之事件」と言わねばならない。ところが、文部省のこの照会に対する東京大学からの回答は見当たらない。この間、東京大学または予備門の内部では、この問題について協議をした上、次のような「地方学務課長本学へ参観ノ砌大中学之連絡ヲ通スル為メ示諭スルノ条款」を決めていった。

一　地方中学ニ於テ初等中学科ヲ卒業シタルモノニテ予備門本黌ニ於テ英語（訳解ハ此限ニアラス）ヲ除クノ外邦語ヲ以テ其学力ヲ試験シ合格セシモノハ、予備門本黌ニ於テ尚一年間英語学ヲ専修セシメ、試験ノ上本黌第二級ヘ編入セシムルコトアルヘシ。

一　高等中学科ヲ卒業シタルモノニテ本学法、理、文学部ニ入ラントスレハ、先ツ英語学（訳解ハ此限ニアラス）ヲ除クノ外邦語ヲ以テ本学法、理、文三学部第一年級ニ入ルト同等ノ試験ヲ施シ、合格セシモノハ予備門本黌ニヲイテ一年間英語ヲ専修セシメ、更ニ諸科目試験ノ上本学法、理、文三学部第一年級ニ編入セシムルコトアルヘシ。

一　右試験ハ予備門本黌内ニヲイテ施行スルハ勿論之事ナレトモ、初等中等科卒業ノモノニ限リ志願者ノ便宜ヲ計リ、入学試験問題ヲ出シ之ヲ地方官ニ托シ、地方官ヲシテ毎年七月上旬ニヲイテ試験ヲ施行セシムルコトアルヘシ。尤モ其答紙ハ地方官ヨリ直ニ之ヲ予備門ニ送致スヘシ、予備門ニヲイテハ右答紙ヲ査定シ合格ノ者ヲ地方官ニ報道スヘシ。(108)

この「條款」から読み取れるように、東京大学とその予備門は、「大中学之連絡ヲ通スル」ために、府県の学務課長に示諭事項を用意していた。それは、先に文部省が求めた「入学ノ手順」に対する具体的な回答だと理解できる。すなわち、①地方中学校卒業後、日本語による学力試験に合格者は予備門入学、②一年間英語学を勉強し試験の上、初等中学科卒業生は予備門第二級へ、③高等中学科卒業生は学部第一年級へ、とそれぞれ編入するという手順であった。一年間も英語学習が課されたのは、地方中学校卒業生の英語力の不足に対する補強策と理解することができる。一方、外山の公費による府県「貢進生」の派遣案は、この示諭内容から姿を消した。以上のような「條款」は、一二月一三日に東京大学三学部を参観した際、予備門長杉浦が実際に出席者に提示した内容だと考えられる。すると外山の意見は、最終的には府県の学事関係者に伝えることなく消滅してしまったと思われる。[109]

以上、一八八二年一一月から一二月にかけて東京で開催された府県学事諮問会の中、東京大学とのかかわりについてその概要を検討してきた。要は、東京大学とりわけ予備門は、府県学事関係者の予備門参観を機に、大学と中学の連絡を図るために一つの提案を行なったわけである。それは、地方中学校にとっては「重要之事件」であることは勿論、当時の教育現状に対する一つの打開策であったと認識することもできる。次に考察するように、この時に提案された「示諭ノ條款」は、やがて予備門英語専修科の設置に直接つながっていった。これは、一八八〇年代の中等・高等教育の接続問題を考える場合、無視することのできない事項の一つである。

予備門英語専修科の新設

では、この予備門からの「示諭」がいかに具体化され、実際に運用されることになったのだろうか。学事諮問会が終わってから一週間後、一二月二三日に加藤東京大学総理は、予備門規則改正に関する伺を福岡孝弟文部卿へ提出した。それは、地方中学校卒業者を予備門で一年間英語学を専修させ、もって東京大学への入学を実現させるために施した改正である。そこで加藤は、「本文之趣ハ過般学事諮問会ニ付、来会之各府県学務課長江予備門長ヨリ略内協議ニモ及置候義ニ候」と学事諮問会で議論されたことを明確に述べ、「可成速ニ裁可」するよう文部省に促している。[110] その改正案は同月二九日に許可された。

このように、翌一八八三年一月に入って、予備門は規則を改定し、英語専修科の設置を正式に打ち出した。[111] すなわち、「地方中学校ニ於テ初等或ハ高等ノ中学科ヲ卒業シタル者ヲシテ、本学法学理文ノ各学部ニ進入セシムルノ便ヲ謀リ、特ニ英語学ヲ専修セシメンカ為ニ設クル所ナリ」という規定である。これにより、予備門を通じて地方中学校と東京大学との接続が初めて制度的に図られた。この規定は早速、東京大学より各府県に通知された。例えば、同年一月一九日付の鹿児島県学務課長宛の書簡は、以下のような内容となっている。

東京大学ヨリ来書写左ノ如シ。

客年文部省学事諮問会ニ付御出会之節、予備門長ヨリ略御協議及置候通、今般各地方中学校ニ於テ初等或ハ高等中学科卒業之生徒ニシテ、本学法、理、文学部ノ内ヘ進入ヲ志望スル者ノ為メニ予備門本黌ニ於テ英語専修ノ課ヲ設け、該生徒ヲ入学セシメ候事ニ相定候條入学規則書相添、此旨及御通知候也。

追伸　本文入学志望之生徒有之候節ハ、試業問題郵送之都合モ有之候ニ付、毎年六月十日マテニ其趣予備門ヘ御通報相成度候也。(112)

「追伸」に明記されたとおり、府県の希望者に対して予備門は、試験問題を各府県へ郵送した上で選抜を行なう形式を採った。それは、生徒が地方から上京した上で受験する（「出頭試験」）という従来の形とは異なり、地方にいたまま受験できる（「委託試験」）という新しい試験形式の導入である。その場合、試験問題郵送の都合で、毎年六月一〇日までに希望者（の人数など）を予備門へ通報することが求められている。いずれにしても、上京せずに予備門への入学試験を受けられることは、府県にとっては便宜のよい形式であった。

では、英語専修科への入学規定は、具体的にいかなるものだったのか。一八八三年二月一日に発行された以下の「文部省報告第一号」を分析し、その詳細を確認しておきたい。

今般東京大学予備門規則（明治一五年一六年度規則、学年は九月一一日から七月一〇日。第一年級入学者一四歳以上――引用者）中ヘ左之通追加シ、中学校卒業生ノ大学ニ入ルノ便路ヲ開ケリ。

一　地方中学校ニ於テ初等中学科ヲ卒業シタルモノニテ予備門本黌ニ入ラントスレハ、先ツ英語学（訳解ハ此限ニアラス）ヲ除クノ外其学力ヲ邦語ニ由リテ考試シ、而シテ之ニ合格セシモノハ予備門本黌ニ於テ尚一年間英語学ヲ専修セシメ、試業ノ上本黌第二級へ編入セシムルコトアルヘシ。
一　高等中学科ヲ卒業シタルモノニテ本学法、理、文学部ニ入ラントスレハ、先ツ英語学（訳解ハ此限ニアラス）ヲ除クノ外其学力ヲ邦語ニ由リテ考試シ、而シテ之ニ合格セシモノハ予備門本黌ニ於テ尚一年間英語学ヲ専修セシメ、更ニ諸科目試業ノ上本学法、理、文三学部第一年級ニ編入セシムルコトアルヘシ。
一　右試業ハ予備門本黌内ニ於テ施行スルハ勿論ノ事ナレトモ、初等中学科卒業ノモノニ限リ便宜ヲ計リ入学試業問題ヲ地方官ニ托シ、地方官ヲシテ毎年七月上旬ニ於テ試業ヲ施行シムルコトアルヘシ、尤其答紙ハ地方官ヨリ直ニ之ヲ予備門ニ送致スルコトトシ、予備門黌内ニ於テハ右答紙ヲ査定シ合格ノ者ヲ地方官ニ報道スルモノトス。(113)

この内容は、先述した一八八二年一二月の「地方学務課長本学へ参観ノ砌大中学之連絡ヲ通スル為メ示諭スルノ條款」と、ごく少数の字句の修正以外ほとんど一致している。繰り返しになるが、この規定により、地方中学校と東京大学との接続は、予備門への英語専修科を通じて制度的に可能となっていった。

英語専修科の実態とその意義

このように、一八八二年末の学事諮問会で東京大学より示諭された内容に基づき、予備門英語専修科の設置が実現した。これにより、地方の中学校と東京大学（予備門）との接点が、初めて明確に定められたのである。つまり、中学校の初等科卒は予備門三級へ、高等科卒は予備門一級へと接続できるという（後の三高においても、設置区域内の尋常中学校の学力について、同じ見解を示している）。換言すれば、東京大学へ進学するためには、中学校卒業後さらに一年ないし三年の歳月を要するのである。

実際、一八八三年以降の英語専修科への入学者は、一八八三年に二一人、一八八四年に三八人、一八八五年に四三人で、合わせて一〇二人に上っていた。全員が予備門三級相当の階級に編入された。一方、高等科から予備門一級へ直接に進学したのは、一例も見られなかった。したがって、実際には地方中学校卒業生と大学との接続が実現されたのは、初等科卒業生のみと考えられる(114)。それは、初等科を卒業してから東京大学へ入学するためには、さらに三ヶ年の歳月を必要としていた現実を物語っている。

もう一つ、「委託試験」については、「毎年七月上旬ニ於テ試業ヲ施行」することが定められている。一八八三年以降、毎年の六月にも英語専修科への入学を求める中学校卒業生は、試験問題を求めるために各府県から予備門へ問い合わせている。なお、先述したように、試験問題の送付上、六月一〇日までに予告しておくことが求められていた。この「委託試験」という慣例は、一八八六年高等中学校が成立してからも、一高では継続して実施されていた。なお、この点について三高の折田校長は、それが学生の進路選択に困惑を招きかねないとして、一高に対して猛烈に反発する事態にまで発展していった（後述）。

ここまでは、一八八二年末に学事諮問会の開催をきっかけに、予備門に英語専修科が設置された過程、及びその実施の実態を検討してきた。あらためて強調しておきたいのは、大学（予備門）へいかに順調に接続していくかということが、当時の中学校教育においては大きな問題の一つであったということである。それは、地方中学校側の問題だけでなく、東京大学側や文部省側にとっても一大関心事であった。予備門における英語専修科の設置は、問題解消への東京大学側の強い期待感を端的に表している。すなわち、新たにコースを設け、予備門の従来の教育機能を強化させることを通じて、上記の問題を解決しようと試みられたのであった。

とはいうものの東京大学側から発したこの提案は、実質的には地方中学校の卒業後、なお三年間をかけて初めて大学への進学が可能になるものであった。それは、府県中学校側や文部省側にとっては、必ずしも満足にいく改善策ではなかった。事実、府県の中学校や文部省も、この事態を打開するためにさまざまなアプローチを試みた。例えば文部省は、中学校の卒業生を吸収するために、東京大学よりは低度な高等学校の設置を構想するに至った。文部省の対策に関する考察は次章に譲るが、ここではまず、中学校側からの対策として、折田校長のビジョン及びその改革案を検討してみたい。

(2)「中学規則案」の提出

折田校長は一八八二年一一月に、「文部省ニ於テ地方学事諮問会ヲ開設セラルヘキニ付、同会ニ臨席センカ為メ延期（定期上京ハ毎年五月一日ヲ例トス）シテ今月（一一月一四日――引用者）」となった[115]。ここから、先に開催された学事諮問会に折田校長も出席していたことが確認される。このような経緯を踏まえた上、大学への入学という面において、模範中学校としていかなる実績を見せたのだろうか。まずは大阪中学校卒業生の進学実態を確認しておきたい。

大阪中学校で初めて送り出された初等中学科卒業生は、一八八四年二月の五名であった（詳しくは、次節で論述する）。その実績を見る限り、「大学乃至専門学校への進学予備教育機関として性格を明らかにしている」と評される中、到底満足のできるものとはいえなかった[116]。先の学事諮問会で実現させた予備門英語専修科の設置は、確かに府県中学校の予備門への直接進学を可能にした。ただし、中学校の卒業後東京大学に進学することが可能となるには、さらに三年間もかかる。それ故、英語専修科を経由して東京大学へという進学ルートは、折田にとって共鳴できるものではなかった。そこで折田校長は、もっと抜本的な改革を企画することになった。それは、次に詳述するように、従来の中学規則を改革し、生徒の学力を向上させることを通じて大学への進学を目指すという構想である。

折田校長は、一八八五年一月一〇日に「中学規則ノ儀ニ付文部卿へ建白」（以下、「中学規則案」と略す）を作成し、翌二月一一日付で文部卿宛に提出した[117]。ここではその内容を分析し、この時期における折田の中学校像を摑むことにしたい。

折田はまず、「抑中学ノ名、本邦古来ノ無キ所、故ニ其教則ノ整備セシモ之ヲ実地ニ施行セシモ、蓋本校ヲ以テ嚆矢トナス」と述べ、中学教育における大阪中学校の先駆的な役割を強調する。また、「日常肆習ノ情況ヲ視反復詳密、卒業学科ノ実力ヲ考ヘ以テ規則ノ適否ヲ験察スルコト既ニ八学期間」と、一八八〇年就任以来長期間にわたって卒業生の実力を基準として、従来の規則を改善しようとしてきた姿勢を表明している。だが後述するとおり、この期間の「卒業学科ノ実力」は、例えば大学進学を目指すという目的論からみれば、必ずしも好ましい方向に向かっていなかったのである。

そこで、「大ニ規則ノ適ハサル所アルヲ暁レリ、乃之ヲ教員ニ諮ヒ、之ヲ監事ニ詢ル」と広く教員たちの意見を尋ねた上、従来の中学規則について次のごとく二点の改革意見を提出した。第一に「初等高等ノ区画要ナシ宜ク之ヲ除却スヘシ」として、中学科の初等・高等の区別を廃止するという意見である。そして第二に「英語学科ノ時間足ラス宜ク之ヲ増益スヘシ」として、英語科授業時間数を増加する提案である。

中学校初等・高等科区分の問題点

まず中学科の初等・高等について、折田はそれぞれの目的と現実を次のように指摘する。

中学ニ初等、高等ノ二等アル所以ノモノハ、其初等科ニ於テハ汎ク普通学ノ大概ニ渉猟シテ、之ヲ師範学科又ハ諸ノ専門学科ヲ修ムルノ用ニ供シ、其高等科ニ於テハ尚其重要ナル学科ヲ更ニ一層子細ニ講習セシメテ、広ク士人中正ノ業務ヲ執リ、又ハ大学科及高等ノ専門学科等ヲ修ムルノ用ニ供スルノ目的ニ外ナラサルナリ、然ルニ実地ニ就テ之ヲ験ムルトキハ、啻ニ此ノ目的ニ副フノ便ナキノミナラス、却テ之ニ反スルノ不便アルヲ如何セン。

これは、一八八一年七月に発布された「中学校教則大綱」に定められている、中学校の教育目的に即した指摘である。高等科に課される「重要ナル学科」とは、大学や高等専門学校に進学するための英語や物理、化学などの学科を指していると思われる。しかし実際には、中学校の目的を達成したとは言いがたいと折田は言う。具体的な状況について折田は次のような見解を示している。

初等科ヲ卒業スル者ハ皆相率ヰテ退校シ去リ、復タ殆ト留学スルモノナキ是ナリ、蓋卒業者ハ其己カ修了シタル学力ノ尚浅薄ナルヲモ顧ミス、其心輙チ謂ラク、今ヤ中学ノ一段ヲ卒ヘリ、普通ノ学科ハ我既ニ之ヲ知ル、復タ何ソ高等中学ニ入リテ物理学ニ化学ニ重複講習スルヲ須ヰンヤ、若カス別ニ重要ノ学科ヲ撰択シテ、之ヲ専攻シ以テ日後、更ニ高等学科ヲ修ムルノ予備ヲ為サンニハト、此ニ於テカ益進ミテ学業ヲ修メント欲スル者ハ、各其志ス処ノ予備学校ニ転リ、学業ヲ修ムルコト能ハサル者ハ、直ニ退キテ世務ニ就ク。

すなわち、中学初等科を卒業した者のうち、学力が未熟であるにもかかわらず上級の高等科へ進学する道を選ぶ者は少ない。卒業者の中で大学への進学を目指す者は（東京にある）私立の予備校などへ転学し、また学業を継続できない者は退学してしまう、という現実を折田は指摘している。一方、少数ながら高等科に進学した者にも問題がある。これについて折田は次のように述べている。

但此間或ハ依旧留在シテ、高等中学科ヲ修メント願フモノナキニ非レトモ、此等ハ大約学問ニ篤志ニシテ、学資ノ給シ難キニ苦ム者ニアラサレハ、家累ノ為メ地方ヲ離ル、コト能ハサルノ事情アル者ナリ、否ラサレハ暫ク停リテ他校ニ転ルノ時期ヲ俟ツ者ナリ、決シテ確乎タル志望ヲ高等科ニ繋クル者ニハアラサルナリ。

僅少な高等科進学者の中には、一時的にとりあえず勉学を継続させている場合や、家業継承のため地方を離れない場合、また転校の時期を待っている場合などがあり、いわば都合による高等科進学が殆どというのが現状である。そういった事情により、例えば大阪中学校においては、高等科の生徒数が常に二、三人しかいなかった現実が待ち伏せていた。しかしいくら少人数とはいっても、学校側は一つの学級を組まなければならなかった。その学級のために学校側は、普通の学級と同じように教員や教場などを用意し授業の準備をする。したがって、学校運営上大変「不便」に感じざるを得なかった。それを理由に、「確乎タル志望」さえ持っていなかった少数の生徒のために、高等科を維持するのは経済的ではないと彼はいう[118]。換言すれば、従来の中学校教育について折田は、初等科と高等科に分けられたが故に非効率的かつ不合理なのである、と批判している。

効率主義・合理主義に基づき折田は、「寧ロ初等高等ノ区画ヲ除却シ、中学全科ノ修業年限ヲ五ケ年トシ、以テ一ハ生徒ノ未熟、退校ノ弊ヲ救ヒ、一ハ学科ノ重複、講習ノ煩ヲ解キ、且大ニ学校不急ノ冗費ヲ省カン」と、中学校の初等・高等の区別を廃止するよう提案した。それにより、中学校の修業年限を、従来の高等・初等科で合計六年間から一貫制の五年間に変えることになるのである。ここでは、六年制から五年制へ変える理由を注目されたい。「規則改正擬案疏解」において彼は、次のように述べている。すなわち、「初等ニ比スレハ一ヶ年ヲ増シ、高等ニ比スレハ一ヶ年ヲ減シタルノ中数五ヶ年ヲ以テ中学修了ノ時季トナシ」と、従来の初等科の四年と高等科をあわせた六年の中間をとって都合五年になるという計算である。果たしてそれは単なる偶然だったのだろうか。

ここで、大阪中学校の発足当時に折田が打ち出した英語科教則の中で、その修業年限は五年だったことを想起されたい。すなわち、一八八一年六月一三日に折田は英語科教則について、「本科課程ヲ五学年トシ、又毎学年ヲ分テ三学期トス」と主張したのである[119]。先述したとおり、この英語科教則は、「英語専用ノ専門学校ニ入ルノ階梯」を目標として制定されたのである。それは、英語科の修業年限として、折田は五年間を理想的な期間として認識していたことを意味する。この認識から、折田が建議した中学校の修業年限が生まれたと思われる。したがって、折田が中学校を五年一貫制に提起したのは単なる偶然ではなく、従来の彼の認識に基づいて考案されたのである。

英語力の強化策

しかし問題は、当初の英語科と現在の中学校とでは、英語教育に投入した資源に大きな隔たりがあるという事実である。従来の英語科がすでに廃止され、代わって普通の中学科が設けられていたからである。その欠点を払拭するために折田は英語科時間の増加を求め、次のように述べている。

> 初等中学ヲ卒業スルモ尚三ケ年ノ時月ヲ費シ、高等中学ヲ卒業スルモ尚一ケ年ノ時月ヲ費スニアラサレハ、今ノ東京大学ニ入ルコト能ハサル所以ノモノ、亦職トシテ英語学力ノ未熟ナルニ由ラスハアラサルナリ、此ヲ以テ之ヲ観レハ、外国文字ノ教育ハ実ニ我国中学ニ切要ナルヲ知ルナリ、所以ニ彦市謂フ英語学科ノ時間ヲ増益スルハ亦当今中学ノ用務ナリ。

ここでいう「初等中学ヲ卒業スルモ尚三ケ年」、「高等中学ヲ卒業スルモ尚一ケ年」とは、予備門英語専修科を念頭においた表現であると思われる。先述したとおり、英語専修科は、一八八二年一一月の地方長官学事会議において議決され、一八八三年一月に予備門規則に追加されたものである。これによれば、「地方中学校ニ於テ初等中学科ヲ卒業シタルモノニテ予備門本黌ニ入ラントスレハ、先ツ英語学（訳解ハ此限ニアラス）ヲ除クノ外其学力ヲ邦語ニ由リテ考試シ、而シテ之ニ合格セシモノハ予備門本黌ニ於テ尚一年間英語学ヲ専修セシメ、試業ノ上本黌第二級ヘ編入セシムルコトアルヘシ」と規定されている。つまり、地方中学校の初等科卒業生は試験を受けた上で予備門予科三級相当の学級に編入する、という規則である。この制度が府県の中学校卒業生を東京大学

（予備門）と直接に接続させる道を開いただけでなく、予備門レベルと府県中学校の接点を初めて明確にしたことは先述した。つまり、中学校の初等科卒は予備門三級へ、高等科卒は予備門一級へと接続できるということである。

しかし、中学校初等科を卒業してから大学へ進学するまでさらに三年も要することは、決して折田が望んでいるものではなかった。折田はより効率よく大学へ進学できることを目指していたからである。しかし、生徒の学力の弱さは彼の理想を拒む現実として存在する。とりわけ英語力不足の問題が大きかった。この問題は、一八八一年七月の「大綱」第九条（「（高等中学科卒業ノ者ハ）大学科ヲ修メントスル者ハ当分ノ内尚必須ノ外国語学ヲ修メンコトヲ要ス」）にも示されており、またその後も長く続いた。例えば一八八八年の文部省報告においても、「尋常中学校ノ学科中外国語ノ程度甚タ低クシテ、他ノ学科ト平衡ヲ得サルハ従来ノ通患ナリシカ、前年来府県ノ之ニ注目スルコト漸ク本年ニ至リテハ、外国教師ヲ聘シ之カ教授ヲ負担セシムルモノ既ニ二十三校（総四九校――一八八九年末）ニ及ヒ、大ニ本科ノ進歩ヲ致セリ」と記述されている[120]。つまり、外国語力の低さという「従来ノ通患」を改善するために、各府県は外国人教師を招聘して授業を担当させたということである。事実、当時において英語力の不足は、東京大学や予備門進学希望者にとって一番悩ましいところであった。

当時の東京大学では、とりわけお雇い外国人教師による英語の授業が主流であった[121]。英語専修科の設置は、中等・高等教育の接続を円滑化させるため、東京大学側の意見に基づいて実現したものである。しかし折田にすれば、これは「大学入門ノ迂路」であり、大学入学にふさわしい準備教育を、予備門ではなく中学校在学中に終えることこそ、中学校のあるべき姿であった。そのために「英語学力ノ未熟」といった欠点を改善する必要がある、と彼は力説している。

具体的には、折田は「改正学科課程表擬案」を用意し、あらためてその理由書を附して呈上した。「擬案」において折田は、現規則による初等科・高等科六年間で合計三六四時間を、改正案による一貫制中学科五年間の三一〇時間（週三一時間×二学期×五年）に変える案を提示した。

一方、英語科授業時間数を、従来の「毎週六時間ナル者八学期、毎週七時間ナル者四学期、通計七拾六時間ナルニ、今改正案ニヨル時ハ毎週八時間ナル者四学期、毎週九時間ナル者五学期、毎週拾壱時間ナル者一学期、通計八拾八時間」という計算となる。つまり、従来の六年間で七六時間から、五年間で八八時間までに増加させるということである。これは、修業年限を一年間短縮しながらも、授業総時間数のほうは逆に一二時間増となる試算である。それを週あたりの授業時間数に換算すれば八・八時間となる。従来の初等・高等科での平均は六・三時間だったため、「改正学科課程表擬案」は週間時間数を確実に大幅増加させる結果となった。そこから、「大綱」による英語教育水準の格下げに抗し、新たに学科課程を編成しようとする姿勢が窺われる。

以上、「中学規則案」を中心に折田校長の中学校改革構想を分析してきた。この改革案において折田は、学科編成の非合理性・非効率性及び生徒の英語力の不足といった、大阪中学校教育の問題点を明らかにした。これらの問題点は、先述したように、大阪中学校に限らず、従来の「大綱」体制下における中学校教育全般に関わる問題でもあった。そこで、直接に大学へ進学できるような新たな中学校像を折田が独自に提示した。

そういう意味で、折田の中学規則案は、近代日本の中等・高等教育史上極めて重要な提案の一つとして評価することができる[122]。折田は「改正学科課程表擬案」まで作成し、その改革案が採用されることに強く期待していた。さらに、「若シ夫レ之ニ伴随スルノ細則ハ将ニ下問ヲ俟チテ呈進スル所アラントス」と彼はいう。それは、一旦この案が文部省に採用されたら、それに伴なう「細則」の作成に取り組む用意がある、という意志表明であった。自ら構想した中学校像を実現させるために、折田は強い意気込みを見せていたのである。

しかし、折田の「中学規則案」は、文部省からは「遂ニ回報ナシ」で終わってしまった[123]。先述したとおり、文部省側も一八八二年末以降中等・高等教育の改革に着手しはじめていた。とりわけ一八八四年末から一八八五年初にかけて文部省は、高等学校設立案や文部省直轄学校の改組・整理案を取り組むために積極的な動きを見せていた。そうした中で折田の「中学規則案」は却下され、代わって登場したのが「大学」設置問題である[124]（後述）。

（3）大阪中学校の実像——卒業生進路を巡る問題——

予備門への試験入学　文部省の中学校に対する青写真が未だ描かれていなかった中、一八八四年二月に大阪中学校初等科は初の卒業生を送り出した。それを皮切りとして、翌一八八五年七月までに二三人の卒業生を生み出した。表5はその名簿及び進路の一覧である。

表5では卒業年月によりA〜Dの四グループにわけた。A〜Dの内で、Bについては表に記載した以上のことはわからない。Dはすべて大学分校に進学した（後述）。ここではAとCについて検討しておく。

一八八五年二月二日、第三回目の卒業生（C）を送り出す前に、折田は生徒の進路を配慮して予備門に照会を発し、「実ハ当校ニ於テ本月初等中学科卒業可致者数人有之皆貴門ヘ入学志望之旨ニ付、貴門御新募之期予メ承知致度」と新規募集について問い合わせた。これに対して予備門は二月五日付で次の回答を寄せた。

当門ニオイテハ本年六七月以前ニハ各級共ニ生徒ハ相募リ不申、夫迄ハ仮令他ヨリ入学出願有之ニテモ総テ謝絶致候義ニ候得共、貴校ニ於テハ格別之訳ニ付本月初等中学科卒業之者ニシテ更ニ当門英語学専修志願之事ニ候ハヽ、貴校試業相済次第当人御送致相成候得ハ、試業之上特ニ入学可差許候条、右様御了知相成度、此段及御回答候也[125]。

表5　大阪中学校初等中学科卒業生一覧表（1884年2月〜1885年7月卒）

	卒業年月	名　前	出　身	入学年月	進　　路
A	1884年2月	熊本謙二郎	大阪府平民	1880年9月	予備門に転学（『年報』）
A	1884年2月	大塚熊雄	愛媛県士族	1881年9月	予備門に転学（『年報』）
A	1884年2月	宮川頼蔵	大阪府士族	1881年9月	高等科第4級、同第3級を経て、1885年5月病気により退学
A	1884年2月	井川喜久蔵	徳島県士族	1881年9月	高等科第4級、同第3級を経て、1885年5月予備門転学により退学
A	1884年2月	吉田豊二郎	徳島県士族	1881年9月	高等科第4級、同第3級を経て、1885年5月予備門転学により退学
B	1884年7月	三好隼太	愛媛県士族	1881年9月	1884年7月病気により退学、同12月死亡（『年報』）
B	1884年7月	筑紫弥六	大阪府平民	1881年9月	高等科第4級、1885年3月東京師範学校への転学希望、1886年7月予科第2級卒業（証書第5号、860053）
B	1884年7月	二宮雄次郎	愛媛県平民	1881年9月	1884年7月退学、予備門に転学（『年報』）
C	1885年2月	橋本夏男	兵庫県士族	1882年2月	1885年2月に予備門転学希望
C	1885年2月	山本卯三郎	大阪府平民	1881年1月	1885年3月に予備門転学希望
C	1885年2月	日外須計	兵庫県平民	1883年2月	1885年2月予備門転学希望、同年5月「他ニ転学スル」、転学先不詳
C	1885年2月	高橋　愛	大阪府平民	1882年9月	1885年2月予備門転学希望、1886年7月予科第2級卒業（証書第20号）、1888年7月予科卒業（証書第22号、860053）
C	1885年2月	江守盈吉郎	大阪府平民	1881年9月	1885年2月予備門転学希望、予科卒業（証書第48号、860053）
C	1885年2月	三濱長一郎	大阪府平民	1881年9月	1885年2月予備門転学希望、1889年7月本科一部卒業（証書第8号、890076）
C	1885年2月	烏丸千佳之二	東京府華族	1882年3月	高等科第4級を経て、1885年7月予備門転学希望、大学分校に進学。1889年7月本科一部卒業（証書第1号、890076）。同年9月法科大学へ入学（880057）
D	1885年7月	中井英弥	和歌山県士族	1883年2月	1885年9月に大学分校予科第2級へ
D	1885年7月	伊藤周亮	山口県士族	1881年1月	1885年9月大学分校予科第2級へ、1889年7月本科一部卒業（証書第7号、890076）
D	1885年7月	友田貫治	大阪府平民	1882年9月	1885年9月大学分校予科第2級へ、1886年7月予科第2級卒業（証書第8号、860053）
D	1885年7月	宮本幾次	愛媛県士族	1882年9月	1885年9月大学分校予科第2級へ、1886年7月予科第2級卒業（証書第6号、860053）、予科卒業（証書第35号、860053）
D	1885年7月	竹内雄之介	鹿児島県士族	1881年1月	1885年9月大学分校予科第2級へ、1889年7月本科一部卒業（証書第9号、890076）
D	1885年7月	西岡牧太	兵庫県平民	1883年2月	1885年9月大学分校予科第2級へ、1889年7月本科一部卒業（証書第10号、890076）
D	1885年7月	下阪雄太郎	滋賀県平民	1882年2月	1885年9月大学分校予科第2級へ、予科2級在学（証明書第38号、870058）
D	1885年7月	相模久次郎	大阪府平民	1883年9月	1885年9月大学分校予科第2級へ、1886年7月予科第2級卒業（証書第15号、860053）

注：京都大学大学文書館所蔵下記史料より筆者作成。なお、表中「予科」は「第三高等中学校予科」、「本科」は「第三高等中学校本科」の略。
『明治十六年製十八年七月ニ至ル中学生徒卒業証書番号』（830085）
『明治十六年以降退学生徒簿文部省直轄大阪中学校』（830087）
『明治十九年七月以降本校予科卒業証書番号原簿第三高等中学校』（860053）
『明治廿年中在学証明書下附一件第三高等中学校』（870058）
『明治廿一年生徒原簿第三高等中学校』（880057）
『明治廿二年七月以降本校本科卒業証書番号第三高等中学校』（890076）
『大坂中学校第十五回年報』、『文部省第十二年報』（1884年）

この回答の通り、予備門の例規試験（入学試験）は毎年の七月に行なわれることになっていた。臨時募集は定員不足時のみに限定され、それ以外の出願に対して一切「謝絶」する方針であった。しかし、折田の問い合わせに対して、杉浦重剛予備門長は「格別之訳」にて二月にも特別試験を行なうことを約束した。この点、予備門は大阪中学校に対して一定の配慮を示したと見て取れる。それを受けて大阪中学校は出願予定の卒業生の名簿を予備門に通知した。予備門側の資料と照合していないため確言はできないが、実際に試験を受けたCの中、九月以降に大学分校の方に進学している四名は、少なくとも転学の試験に不合格だったのではないかと推測される。このように、初等科から予備門への転学は容易でなかった。高等科生徒についても事情は変わらなかった。

表5で示したように、大阪中学校初等科卒業生二三人の中、高等科に進学したのはAグループの三名とCグループの一名をあわせて、僅か四人だけであった。こうした傾向は大阪中学校だけではなかった。全国的に見ても高等科の卒業生は極めて稀であった。『文部省第十三年報』によれば、一八八五年度の高等科卒業生は、全国で僅か二三名に過ぎなかった。よって先述の予備門英語専修科は、府県中学校初等科卒業生を主な対象にしていたと考えられる。折田校長が「中学規則案」において、初等科・高等科の区別を廃止して五年制の中学校を構想した背景には、高等科の存在が初等科にもまして不安定であるという事情があったと考えられる。

無試験入学を目指して　ところで、一八八四年二月初等科卒（Aグループ）の三人は高等科へ一旦進学後、一八八五年五月六日に第二級生の吉田豊二郎は予備門への転学願出を提出した。吉田の転学は、同級の井川喜久蔵が予備門転学を希望し、宮川頼蔵が病気退学のために「不得止同級消滅」したことにより余儀なくされたものであった。折田校長は予備門へ下記の照会を送り、彼の無試験入学を申し入れた。

同生ハ品行方正、学力優等ニ付、既ニ前学期及本学期共褒賞給費生ニ層擢致置候次第ニテ、実ニ奇特之者ニ有之、且ハ此度当校階級消滅ニ拠リ、不得止臨時転学之事ニ相成候次第ニ付、何卒特別之訳ヲ以英語専修科へ無試験入学御差許被除候ハヽ、誠ニ本人之至幸ニ有之候得共、若シ其御取計出来兼候義ニ候ハヽ、乍御手数臨時入学試験御施行之上可然御取計ニ預リ度、右御依頼旁及御照会候也。(126)

折田は、生徒の学力の高さと「階級消滅」など学校側に起因する理由を強調し、吉田の英語専修科への無試験入学を申し入れた。予備門の英語専修科への入学に、試験を受けることが求められるのは一般的だった。しかも、当時においてそれは相当な難関だった。例えば一八八五年四月に実施された英語専修科の臨時募集には、八八名の希望者の中で七人しか合格しなかった。また同年七月の例規募集でも、一三二人に対して僅か三六人だけが合格した。(127)こうした中、校長自ら予備門への無試験入学を申し入れたことは、大阪中学校の高等科が予備門に相当する教育機関としてあるべき、という折田の思いがあったと理解できる。さらに重要なのは、無試験入学の実現により、大阪中学校と予備門ないし東京大学との直接の接続関係を強く求める、という思惑があったと思われる。しかし同月一一日に、予備門長杉浦重剛からは次のような拒絶の回答が回付された。

同人義来諭之通、貴校ニ於テ褒賞給費生ニ付テハ、決シテ学力優等之者ニハ可有之候得共、無試験ニテ入学差許候事ハ他へ之出響キモ有之、何分来需ニ難応候間、臨時入学試業施行致シ、合格候ハヽ入学差許シ可申候条、右様御承知有之、此段及御照会候也。(128)

吉田の学力については、褒賞給費生であるために予備門も評価している。それはともかく、無試験入学については、「他へ之出響キ」があるとして断っている。予備門はあくまでも試験入学の原則を堅持し、大阪中学校の生徒も特別扱いの対象とはしなかった。換言すれば、たとえ大阪中学校の高等中学科在学生徒でも、予備門には一般の府県立中学校初等科卒業生と同程度のものと認識されていたのである。もはや個々の生徒をめぐるやりとりでは、予備門との交渉が進展しないことは明らかだった。こうした状況の中で、大阪中学校の大学分校への改組という事態が起こった。

小　結

本章では、大阪中学校折田彦市校長が、自らのアメリカ留学経験に踏まえつつ、当時においては斬新な教育構想を打ち出したことを初めて解明した。一八八一年「中学校教則大綱」の発布をきっかけに、文部省は中学校の整備いわゆる「中学校正格化」に着手し始めた。その過程の中で折田が提示した「授業要旨」は、各教科の授業概要を示したものとして、当時における中学校の授業内容を全面的に方向づけた初めての規定である。「授業要旨」を含む大阪中学校の教則は、やがて広く府県中学校教育のシナリオとなっていった。

大阪中学校が果たした指導的な役割は、教則レベルにとどまっていなかった。中学校における体育教科の導入も、折田の積極的な推進によって実現させた。一方、寄宿舎のあり方をめぐって、折田の「生徒ノ便」に応じる入舎理念は、文部省の「取締ノ便」という理解とは根本的に異なっていた。これら折田の「教室外教育」構想は、いずれもアメリカ留学時代の経験に大きな影響を受けたと考えられる。

いうまでもなく、「中学校正格化」政策は、単に中学校の問題だけでなく、第二次教育令期における明治国家の中等・高等教育をめぐる動向の一環としてあった。これは文部省や府県の中学校だけの問題ではなかった。東京大学も、例えば中学校の卒業生からいかに優秀な生徒を迎えるかなどの理由により、中学校整備に大きな関心を持っていた。実際、東京大学予備門は、一八八二年末の学事諮問会において新たに英語専修科の設置を提案した。

しかしそれは、実質的には従来の予備門の教育機能を強化することにつながっていくことであった。これは府県中学校卒業生の大学（予備門）への直接接続を実現させたが、大学入学には数年もかかるため、府県中学校側にとっては満足のいく構想ではなかった。

その中で、官立中学校の折田校長は、一八八五年に「中学規則案」を提起した。それは、生徒の学力を向上させることを通じて、大学への直接入学を目指す構想であった。この構想は、自らの経験に基づいて折田が考案しただけのものではなく、当時の現実に合致し、府県の教育要求を的確に反映したものであった。これらの提案は、いずれも従来の学校体系を維持したまま、大学側または中学校側を改革する試みと理解することができる。

それに対して文部省は、学事諮問会の開催をきっかけに、中等・高等教育の改革を考え始めた。一八八四年末に文部省は、新たな高等学校の設立を通じて、中学校卒業生を吸収する構想を打ち出した。そうした中で折田の「中学規則案」は却下され、代わって登場したのは「大学分校」の設置問題である。それは、従来の学校体系を変えることによって実現させようとした取り組みであった。

このように、高等教育への接続問題が浮上する中で、高等教育機関増設問題が、一八八〇年の中等・高等教育を考える時には避けては通れない問題の一つとして、広く取り上げられるようになっていった。

さて、一八八五年以降、文部省の直轄学校改組・整理過程の中で、「大学分校」がいかなる経緯で設置されることになったのか。大学分校の成立が決まるまで、大阪中学校や文部省、または東京大学・予備門ではそれぞれどのようなことが起こったのか。次章では、文部省側や東京大学・予備門の史料を加えて、大阪中学校側が保有している史料を検討し、当時の動向を探ってみたい。

（1）「大坂英語学校年報」『文部省第四年報』、三六三頁。

（2）この間のマレーの行動については、吉家定夫『日本国学監デイビッド・マレー――その生涯と業績』（玉川大学出版部、一九九八年）を参照。

（3）この時以降折田は、合計三〇年近くこの学校の校長を務めた。このことも、日本教育史上注目すべき事実の一つである。校長など教職員の安定は、教育行政上、教育政策の実施、伝統の形成、一貫性を保っていく上には大きな意味を持つと考えられるからである。ちなみに同じ期間の東京にある予備門や一高においては、校長は一二人も変わっていったのである（序章）。

（4）フレーザーは、スコットランドのエディンバラ大学の教員で、英国駐在留学生監督正木退蔵の斡旋により一八八〇年四月に来日した（「外国人講師雇入等ノ件ニ付留学生監督正木退蔵ト往復書類」『明治十三年文部省伺届原稿　大阪専門学校』、８０００４―60）。

（5）四方一瀰「『中学校教則大綱』学科課程の成立に関する一考察――官立大阪中学校の発足とのかかわりからみた――」（『国士舘大学教育学会教育学論叢』第三号、一九八五年）八四頁。なお、同論文は四方一瀰『『中学校教則大綱』の基礎的研究』（梓出版社、二〇〇四年）に収録されている。

（6）折田の不満は、一八八〇年度の「年報」が本文の前にいきなり以下のような「書き出し文」から始まっていることからも窺い見ることができる。「経営百端、校声四聞、入学ヲ請フ者陸続絶ヘス、生徒ノ気大ニ振ヒ、進学ノ功益著ク、事漸ク成ルニ近シテ、其年十二月チ本校改称ノ挙ニ挙ニ遭ヒ、企画計画スル処頓ニ全ク廃ス」という。極度の不如意による不満が炸裂されるように見られる。
　また、このような学校改組の際、従来の学校の生徒処置問題をめぐる文部省の対応などについても、折田は不満を感じていた。新学校が発足する前にまず処理しなければならない事項の一つである、従来の医学部の生徒の転学問題がそれである。折田は東京大学部へ転学させるように積極的に動き、結局「無試験入学」という形で実現に至った。しかし、この時の「無試験入学」をめぐって、折田側と東京大学側との間に理解のズレがあった。それは後の一八八五年に大阪中学校から大学分校へと組織変更の時に再燃し、さらなるトラブルまで発展していった（後述）。

（7）「大阪専門学校改正ノ件」（『公文録文部省明治十三年自九月至十二月全』、文書第二九、国会公文書館所蔵）。

（8）この時期の外国人教員の雇用経緯については、田中智子「明治前期の官立学校における外国人教員雇用――第三高等学校前身校を事例に――」（『洋学』第一一号、洋学史学会、二〇〇三年）に詳しい。

（9）「定額節減ノ件」『明治十三年文部省達書　大坂専門学校』（８０００１―43）。

（10）フレジールは、米国人で、英文学兼史学を教授し、年俸二、四〇〇円、一月二六日に解雇された。フレーザーは、生理学兼解剖学を教授し、年俸四、八〇〇円、二月一八日に解雇された（「フレーザー及フレイジル解約等ニ関ルノ件」『明治十四年文部省伺届原稿』、８１０００４―甲13）。

（11）「ウオルフ解約之件」『明治十四年文部省伺届原稿』（８１０００４―22）。ちなみに当時、折田校長は月給一三〇円で年俸一、五六〇円の計算であった。

（12）「東京大学法理文学部第八年報」『文部省第八年報』、四四五頁。

（13）後に述べるごとく、大阪中学校は一八八五年七月に大学分校に改組され、教育舞台から姿を消した。その後は府県立などの公立中学校が作られたものの、文部省直轄の官立中学校は二度と作られたことがなかった。したがって、大阪中学校は、近代教育史上唯一の官立中学校であった、ということが言える。

（14）筧田知義『旧制高等学校教育の成立』（ミネルヴァ書房、一九七五年）三頁。

（15）新谷恭明は、近代中学校教育の源流を藩校と在村私塾に求め、各地方における教育要求の差異は、明治初期の「中学校」の多様性をもたらしたという（新谷恭明『尋常中学校の成立』、九州大学出版社、一九九七年）。

（16）折田校長は一八八一年一月二四日付で、「当校中学科設置ニ付右参考ノ為、本月十八日京都府及滋賀県へ出張、該府県下中学校ホ実地授業之景況一見度シ、一泊之上同十九日帰阪仕候、此段御届申候也」と文部省に届出を提出し、学校視察の事実を報告した（「学校長京都府及滋賀県へ出張之件」『明治十四年文部省伺届原稿』、８１０００４―６）。

（17）「大阪中学校校則其他諸規則制定之儀ニ付伺」『明治十四年文部省伺指令本紙』（８１０００８―15）。なお、折田は一八八一年二月八日に「文部省ノ召ニ応シ」上京し、三月一八日に帰阪したため、仮校則は、折田が文部省の滞在中に提出されたのである（『大阪中学校年報』一八八〇年九月―一八八一年八月、六八二頁）。

（18）そもそも四月の見学は二月の教則伺より遅いが、同伺に対する文部省の許可が六月に出された。その前に、折田校長の上京中に教則について文部省と相談があったことから、四月の見学経験も生かされたと考えられる（「本年定期上京之節沿道諸県下学校巡観之件」『明治十四年文部省伺指令本紙』、８１０００８―９）。

(19)　同右。
(20)　「定期上京ニ付其途次沿道府県ノ中学校ヲ巡察並其他上京中一切ノ件」『明治十四年文部省伺届原稿』（８１０００４—21）。
(21)　各府県の教育状況については、四方前掲「『中学校教則大綱』学科課程の成立に関する一考察」に詳しい。また、四方前掲書『「中学校教則大綱」の基礎的研究』、三七頁以下。
(22)　「文部省へ授業要旨伺案並ニ往復書」『明治十五年中文部省伺届原稿書類』（８２００１６—61）。
(23)　詳細は四方前掲論文、七八頁以下を参照。また四方前掲書、三八頁以下。
(24)　『文部省日誌』一八七九年第一、二一、二三号（佐藤秀夫編『文部省日誌』明治一二・一三年復刻版、『明治前期文部省刊行誌集成』第二巻、歴史文献、一九八一年）。また、佐藤秀夫『教育の文化史三　史実の検証』（阿吽社、二〇〇五年）。
(25)　「英語科課程撰定之義伺之件」『明治十四年文部省官立学務局等往復　附専門普通学務局内記局庶務局』（８１０００９—42）。
(26)　ただ、折田は大幅な譲歩を見せたとはいえ、予備門最高級第一級への進学を通じて、つまり東京大学との直接接続を通じて、両者の関係を明確にする原則は、教則の中に依然として見出せる。この点は注目されたい。あくまでも大学への進学をこだわるという折田の思惑が窺われるからである。
(27)　前掲「英語科課程撰定之義伺之件」（８１０００９—42）。
(28)　『日本近代教育百年史』第三巻（国立教育研究所、一九七四年、二見剛史執筆部分）一一二九頁。
(29)　『大阪中学校年報』一八八〇年九月—一八八一年八月、八〇四頁。
(30)　「十五年当校規則制定迄之仮規則類」『明治十四年文部省伺届原稿』（８１０００４—59）。
(31)　「大阪中学校生徒卒業式における学校長折田彦市演説」（『大日本教育会雑誌』第一一号、一八八五年七月一〇日刊行）。
(32)　前掲「文部省へ授業要旨伺案並ニ往復書」（８２００１６—61）。
(33)　実際、一八八一年八月一日から三日にかけて、「金石等及地質学科用標本蒐集ノ為」に折田は滋賀県甲賀郡へ出かけていた（「学校長滋賀県下出張之件」『明治十四年文部省伺届原稿』、８１０００４—23）。

(34)「中学生徒学力偏短者之為メ特別法方設置之件」『明治十四年文部省伺届原稿』(81004—56)。

(35)それに対して文部省は翌一八八二年の三月一日に、「伺之趣聞置候事。但可成学力偏短ノ者ヲ入学セシメサル様注意可致事」と回答した。文部省の回答はあくまでも冷静で無関心に思われる(同右)。

(36)なお、学校教育に体育教育を導入したのは、北海道の札幌農学校(W・S・クラーク)、京都の同志社(ラーネッド)および東京の体操伝習所(リーランド)が最初である。それらを指導した三人のアメリカ人は、いずれもアメリカのマサチューセッツ州アーモスト(Amherst)町と密接な関係があることを本井康博が指摘している(本井康博「体育の成立とミッション」、松下均編『異文化交流と近代化——京都国際セミナー一九九六——』、大空社、一九九八年、二八八頁)。

(37)一方、大阪中学校が大学分校に改組する直前は、一八八四年一二月当時の教職員四九名中教員は二〇名であった。生徒数が三倍以上の二六八名に達したことから計算すれば、教員一名当たりの生徒数は一三・四名となっていた。ちなみに同時期の東京大学予備門では本黌・分黌・改正学科を合わせた生徒総計七一四名に対して、教諭以下の内外教員五三名を擁していた。ここでの教員一名当たりの生徒数は一三・五名であった。大阪中学校の場合とまったく同じであり、同じく整然たる教員環境が整っていたことが分かる。

(38)神辺靖光は、明治初期の中学校の多くは外国語学校(とりわけ英語学校)から由来した事実を指摘した上、「近代日本の中学校発足の契機は実学的洋学の摂取とその基礎である外国語の学習に求められる」と述べ、中学校における英語教育重視の原因を示唆している(神辺靖光『日本における中学校形成史の研究〔明治初期編〕』、多賀出版、一九九三年、八九八頁)。

(39)「英語科生徒存置伺済之件」『明治十五年校員廻達済綴』(82006５—45)。

(40)また、いわゆる学校の「組織変更」により、生徒への動揺や影響をできるだけ最小限に抑えようとする折田の思いやりも、英語中学科の存続問題を考える時には無視できない。この点については、後にも同じような思いやりを示した事実から類推することができる。すなわち、一八八五年に大阪中学校から大学分校、また一八九四年に第三高等中学校から第三高等学校へ改組する時にも、折田は同じような配慮を示したのである。また、生徒の転校先をめぐっても折田は精力的に奔走していた(後述)。

(41)「附属英語科教則撰定ノ件」『明治十六年文部省伺届原稿』(８３０００３―18)、「附属英語科卒業生証書授与届ノ件」『明治十六年文部省伺届原稿』(８３０００３―41)。
(42)「当校英語科卒業生之内大学予備門ヘ入学志願之件」『明治十四年文部省官立学務局等往復　附専門普通学務局内記局庶務局』(８１０００９―48)。
(43)「予備門第六申報」(『文部省第十年報』一八八二年、八三九頁)。ちなみに、予備門第一級への入学者の中に、長岡半太郎と坂倉銀之助がいた。翌一八八二年七月には予備門を卒業した長岡は、同年九月東京大学理学部へ、また同じく坂倉は文学部へ進学した。
(44)一方、体操教育の研究について、一八八三年に「剣術・柔術ノ体育上ニ於ル利害如何ヲ調査」が実施されている。また翌一八八四年には、「公立諸学校ニ於テ演習スヘキ歩兵操練科ノ程度方法及ヒ小学校ニ於テ該行ノ適否如何ヲ調査」といったことがなされている。結果として、学校教育に「剣術・柔術」は導入されず、公立学校に歩兵操練が導入されたが、小学校にはそれが見送られた。明治国家の学校教育における「軍事的」な要素を、歩兵操練や兵式体操を通じて取り入れた事実は、注目に値する。歩兵操練や兵式体操の学校への導入過程及びその意義については、木下英明『兵式体操からみた軍と教育』(杏林書院、一九八二年)や遠藤芳信『近代日本軍隊教育史研究』(青木書店、一九九四年)に詳しい。また、兵式体操を回路とした国民道徳養成との関係を思想史的に考察したものとして、厳平「森有礼の教育思想における心と身体」(『京都大学大学院教育学研究科紀要』第四八集、二〇〇二年)が参考になる。
(45)リーランドは、アーモスト・コレッジを経て、ハーバード医学部を卒業した。一八七八年明治政府の招聘で来日し、一八八一年七月に第一期目の卒業生を送るとともに離日した。
(46)体操伝習所は一八八五年一一月、「東京女子師範学校ヲ東京師範学校ニ合併」するにより「体操伝習所ヲ附属」となり、独立機関としての地位を失った。また翌一八八六年四月に附属体操伝習所が廃止され、代わって体操専修科が高等師範学校の一つの学科として設置された。
(47)前掲「文部省へ授業要旨伺案並ニ往復書」(８２００１６―61)。
(48)石川遼子「大阪中学校・大学分校・第三高等中学校――明治前半期大阪における官立学校のゆくえ――」(大阪市史編纂所『大阪の歴史』第六〇号、九六頁)。

(49) 「体操場建築之儀ニ付伺」『明治十四年文部省伺指令本紙』(81008—7)。

(50) 『文部省第十年報』(一八八二年)、五頁。

(51) 注文は数回にわたって行なわれ、最終的にすべての器械が一八八二年五月にそろえられた。その内訳は、唖鈴五〇組、球竿三〇本、棍棒六〇組、木環五〇組、肺量器一個、握力器一個、胸周測尺一個、野球ボール五個などである(「東京体操伝習所へ体操器械依頼之件」『明治十五年諸学校往復書類附体操伝習所教育博物館音楽取調所』、82005—3)。

(52) 「体操教員雇入之儀ニ付伺」『明治十四年文部省伺指令本紙』(81008—18)。なお、文部省は同月六日許可を下した。ちなみに、友野は体操を教授する時、英語によって号令を発したようである。例えば、「ワンライン」(整列)、「ライトフエイス」(右向け)、「フオートマーチ」(前進)、「オールレデイ」(用意)、「ビギン」(始め)などが使用されていたという(幣原坦「三高寮話」、『会報』第二〇号、三高同窓会、一九六一年、四〜五頁)。

(53) そもそも予備門の学科に始めて体操科を取り入れたのは、早くも一八七九年一〇月までにさかのぼる。時期的にはそれが、「恐らく学校教育に体操科を加へたる最も早き試みの一例」ともいえる。しかし、それは、副課として寄宿生に限って、体操伝習所において実施されたものであった(『第一高等学校六十年史』、一九三九年、三九頁)。

(54) 「文部省所轄東京各学校体操」『体操伝習所第五年報』(『文部省第十一年報附録』所収、一八八三年)九二一頁。

(55) 人的条件として、予備門には体操科の専任教員はいなかった。それだけではなく、体操科の実施について東京大学側からの支持も得られなかった。実際、一八八一年七月に体操科が一旦正課として学科課程に編入されることが決まったのに対し、東京大学側は消極的な姿勢を示した。同年一〇月五日に加藤弘之総理は「体操科は一般に課し難き」と述べ、体操を「副課ニ差置」くようと文部省に伺った。それに対して文部省は、「伺之趣無余義」と回答しそれを容認した。大学側も文部省側も、予備門における体操科の実施に対しては積極的ではなかった姿勢を窺わせる(前掲『第一高等学校六十年史』、六一頁)。

(56) 『大阪中学校年報』一八八〇年九月—一八八一年八月、六八八頁。

(57) 前掲「文部省へ授業要旨伺案並ニ往復書」(82001 6—61)。

(58) 能勢修一は、折田が体操伝習所の体操法をモデルにして大阪中学校の体操科を設置したことを指摘している(能勢修

一『明治期学校体育の研究――学校体操の確立過程』、不昧堂出版、一九九五年、一七七頁)。
(59) 遠藤芳信「兵式体操の成立と軍の対応」(『北海道教育大学紀要』第三四巻一号第一部C、一九八三年)二一〇～二一一頁。なお、同論文は遠藤『近代日本軍隊教育史研究』(青木書店、一九九四年)に収録。
(60) 徴兵令に対する各府県における中等教育機関の対応などについては、掛本勲夫「徴兵令と教育」(『筑波大学教育学系論集』第五号、一九八一年)に詳しい。
(61) ちなみに体操教育の成果については、一八八二年の「大阪中学校年報」において以下のように記されている。「抑昨年九月始メテ此科ヲ設ケシニ当リテヤ、生徒中之ヲ一片ノ遊戯視シテ其就課ヲ慊シトセス、或ハ列ニ笑ヒ或ハ惰容アルヲ免レサリシカ、其漸ク習練シテ一挙手、一投足、屈伸動作節度善ク調ヒ、一隊一人ノ如キ、比ヒテハ所謂手ノ舞ヒ足ノ踏ヲ知ラス、気ヲ皷シ力ヲ極メテ操作シ、課了レハ冬日尚全身ニ発汗セサルモノナキニ至レリ。而テ其結果ハ疾病者漸ク少キヲ致セルノミナラス、食欲頓ニ進ミ従来ノ食量ニテハ耐ヘ難キヲ訴フルモノ多クシテ、為ニ寄宿生徒ノ食量ヲ増益スルニ至レリ。且寄宿舎取締ノ報スル所ニ由レハ、入舎生徒等読書課了リテ仮時遊歩ノ際互ニ手ヲ握リ腕ヲ撫シテ、其肥瘦硬軟ヲ評シ、己カ健康強壮ニ誇ルノ風ヲ成セリト云フ」(『大阪中学校年報』一八八〇年九月～一八八一年八月、八〇二頁)。
(62) 「文部省所轄東京各学校体操」『体操伝習所第五年報』(『文部省第十一年報附録』所収、一八八三年)九二一頁。
(63) 「歩兵操練授業法方ノ件」『明治十六年文部普通学務局往復附専門学務局』(8300048―27)。
(64) ただ、各階級の生徒数はばらばらで、一階級一組での実施は難しかった。後に一八八五年の「日課表」からも明らかなように、実際にはいくつかの階級をまとめて一緒に体操の練習を行なっていたと思われる。
(65) 「体操用銃器買入之義伺」『明治十七年文部省伺届原稿』(8400004―5)。
(66) 兵式体操のために使用されている銃器の有料「譲与」は、この後も踏襲されていった。
(67) 「体操器械購買ノ件」『明治十六年文部省伺指令本紙』(8300001―19)。
(68) 防衛庁戦史資料室所蔵『陸軍省大日記』、「明治十六年従十月至十二月諸省院庁」第二三二号。
(69) 「規則第二章、第十章改正ノ件」『明治十七年文部省伺指令本紙』(8400003―18)。
(70) 「日課時間表進達ノ件」『明治十八年文部省伺届原稿』(8500018―10)。

(71) 高安道成「楽シキ思出」(『三高八十年回顧』、関書院、一九五〇年)二一六頁。
(72) 学習院は一八七八年九月に、開校当初から青年舎・幼年舎に分けられた。それは中学生徒と小学生徒とを別々に収容したものであった(『開校五十年記念 学習院史』学習院、一九二八年、二六三頁)。
(73) 「大阪専門学校寄宿舎規則」(一八七九年八月制定)(『寄宿舎関係規則類』55012)。
(74) 「十三年九月ヨリ同十四年八月ニ至ル年報差出之件」『明治十四年文部省伺届原稿』(81004—55)。
(75) 田岡嶺雲『数奇伝』神崎清編『明治文学全集九六明治記録文学集』(筑摩書房、一九六七年)八八頁。一九一二年死去直前に書かれた同書の「序言」において田岡は、同書を「一種の墓誌」の「自伝」と述べている。一八八五年七月に定められた「幼年生取扱約束」第三款によれば、「菓子ヲ買ヒ与フルハ水曜、土曜ノ両日ト定メ、有害無益ヲ吟味シテ小使ヲシテ之ヲ買ハシム。但シ、一人一度価二銭ヨリ多カラシメス」(「大学分校寄宿舎取締約束」『寄宿舎関係規則類』、55012)とあるから、幼年舎の生活に関して田岡はかなり正確に記憶している。
(76) 寄宿舎整備や体操科の振興の他に、「最急務ナル者」六ヶ条に挙げられた項目も、その後順次具体化されていった。その大要は、『京都大学百年史』(総説編、一九九八年、海原徹執筆部分、四六~四八頁)を参照されたい。
(77) 幼年舎は一八八九年に第三高等中学校の京都移転後に廃止された。その廃止理由について『史料神陵史』では、「予科補充第二級を廃止してより実際幼年舎に入らしむべき年齢の者僅少となりしを以て、旧舎に於ける幼年舎・青年舎の区別を廃止した」と記述している(神陵史資料研究会編・阪倉篤義代表『史料神陵史——舎密局から三高まで』、神陵史資料研究会、一九九四年、七七四頁)。
(78) 前掲「文部省へ授業要旨伺案並ニ往復書」(820016—61)。
(79) 同右。
(80) 『創立六十年』(東京文理科大学、一九三一年)九頁。
(81) そういう意味で、森文政期の師範学校教育の特質の一つとしてよく取り上げられた寄宿舎制度そのものは、森有礼によって初めて師範学校に導入したものではなかった。しかし森有礼は生徒の編制法、敬礼の制、軍式の採用などを通じて、師範学校の寄宿舎を生徒の気質鍛錬の場に変えたといえる。
(82) なお、寄宿舎には、大阪専門学校時代から外国語辞書がおかれていた。例えば、一八七九年九月一日に以下のような告示が寄宿舎に掲示された。「寄宿生徒之儀必すしも各自字書を所持する者ニハ無之、且高価之字書類ニ至りてハ之ヲ所持するもの殆と無き程故、従来舎中ニ漢英之字書類一通り奉借し置きて生徒之縦覧を許されし事ニ候処、此度書籍規則御定相成候ニ付ては字書類ハ妄ニ奉借出来不申候御成規ニ候へ共、寄宿舎生徒之儀ハ昼夜ニ拘らす、不時ニ播(ママ、繙カ)閲（書物を読み調べること――引用者）仕度為念往々有之候て、定時之縦覧場（此度御設立の）耳ニてハ大ニ不便之廉可有之候ニ付、何卒格別之御詮議ニて特ニ寄宿舎中英漢字書類一通り御貸済相成候様仕度、此段仰高裁候也」と、高価な外国語図書を共有できるように、英漢辞書を寄宿舎に置くような内容だった（『寄宿舎関係規則類』、５５００１２）。

(83) 前掲「文部省へ授業要旨伺案並ニ往復書」（８２００１６―61）。

(84) 一八八二年七月発布の「大阪中学校規則」では、該当個所は「生徒修学及取締ノ便ヲ計リ寄宿舎ヲ設ク」と、大阪中学校原案のままとなっている（『大阪中学校一覧　明治十四年至十五年』、８２００９２）。

(85)「当校図面差出ノ件」『明治十六年文部省伺届原稿』（８３０００３―２）。

(86)「寄宿舎賄方命令書」『寄宿舎関係規則類』（５５００１２）。

(87) 喜田貞吉「六十年の回顧・日誌」（『喜田貞吉著作集』第一四巻、平凡社、一九八二年）五八～五九頁。

(88) 前掲筧田『旧制高等学校教育の成立』、四七頁。または寺﨑昌男「自治寮制度成立史論」（『旧制高等学校史研究』第一五号、一九七八年）三〇頁。

(89)「寄宿舎賄方命令書」（『明治二十年校規書類綴込』８７００７５）。

(90)「寄宿舎小使心得」によると、小使は「出勤時限ハ課業時間前三十分迄トス、退勤時限ハ課業済三十分後タルベシ」（第一条）と、全日勤務としている。また、「浴湯場ノ掃除」（第一五条）や及び面会時の案内（第九条）など、生徒にさまざまなサポートをしていた（「寄宿舎小使心得」『寄宿舎関係規則類』、５５００１２）。

(91) 一八八二年一二月の「洗濯修理代価記」によれば、シャツ（一枚ニ付四銭）や足袋（同二銭）等が記されている（「洗濯修理代価記」『寄宿舎関係規則類』、５５００１２）。

(92) 一八八四年一二月の「寄宿生必用物品売渡人命令書」から「寄宿生必用物品」の大概を窺うことが出来る。すなわち、「生徒必用ノモノ、即和漢洋筆、墨、紙ノ類、手帳、小冊、磨歯粉、楊枝、梳櫛、石鹸、靴墨、草履等ノ如キ品物ニシテ、飲食物、衣服類ハ厳禁タル可シ」という（「寄宿生必用物品売渡人命令書」『寄宿舎関係規則類』、５５００１２）。

(93) この時期の生活について、田岡嶺雲は「恐らく予の一生に於て、最も明るい最も快活な時代であったらう」と満足している（前掲田岡『数奇伝』、八八頁）。
(94) 「舎生行状点内規」『寄宿舎関係規則類』（550012）。
(95) 田岡前掲書、九三頁。
(96) 前掲「舎生行状点内規」（550012）。
(97) 佐藤秀夫『学事諮問会と文部省示諭』教育史資料一（以下、『教育史資料』と略す）、国立教育研究所、一九七九年。なお、本論文は佐藤秀夫『教育の文化史三　史実の検証』（阿吽社、二〇〇五年）に収録されている。
(98) 佐藤前掲『教育史資料』、三〇頁。また佐藤『教育の文化史三　史実の検証』、三〇九頁。
(99) しかし、この部分に関する各府県の議論の詳細はほとんど分かっていないという。その中、佐藤が示唆したように、群馬県の「学事諮問会記録」にその一部として、群馬県の「答議」が全文収録されている（群馬県教育史研究編纂委員会編『群馬県教育史』第一巻、群馬県教育委員会、一九七二年、六九六頁以下）。
(100) 師範学校、教育博物館、体操・音楽、東京大学、外国語学校、図書館、職工学校のように、参観順序の優位に、「当時の教育政策上の力点のおきどころが反映されていた」と佐藤が断言している（佐藤前掲『教育史資料』、一二頁。また、佐藤『教育の文化史三　史実の検証』、二七九頁）。
(101) 詳しい内容はそれぞれ、『東京茗渓会雑誌』第二号（六・八頁）、第三号（一一頁）、第四号（二七頁）に掲載されている。
(102) 佐藤前掲『教育史資料』、三一頁。また佐藤『教育の文化史三　史実の検証』、三一〇〜三一一頁。
(103) 「府県学務課長等招集ニ付教育事務上要用之儀示諭若クハ諮問ノ見込取調ノ件」東京大学所蔵『文部省往復』、明治十五年分五冊の内丙号、文書第六三八号。
(104) 外山正一は幕末に蕃書調書に学び、一八六六年幕命により英国に留学。文学博士号を取得。維新後、東京大学文学部教授・部長などを歴任した。
(105) 「文学部教授外山正一ヨリ各府県中学校ヨリ生徒ヲ予備門江貢進為致候義ニ付建言書ノ件」『文部省往復』、明治十五年分五冊之内乙号。

(106) この点について倉沢は、「府県の中学卒業後東京大学予備門へ入学志願の者をさらに予備門で英語を修業させる問題」と解釈している（倉沢剛『学校令の研究』、講談社、一九七五年、四四二頁）。後述するように、結果的には、ここで述べている府県中学校の予備門入学問題に関して、英語を強化させるような内容になっていった。しかし、この時点の文面からは、「英語を修業させる」ことにまったく触れていなかったことは、明らかである。

(107) 一方、示諭する側に外山文学部長の名前も挙げられているが、それは、示諭の内容に彼の建言によるものも含まれていたからである。彼の「貢進生」選抜案は、この時点において、依然として「示諭ノ大意」に含まれていたのである。

(108) 前掲「府県学務課長等へ示諭ノ件」（『文部省往復』、明治十五年分五冊の内丙号、文書第六八三号）。

(109) 経費の問題や公平原則の欠乏などは、外山の案が実現に至らなかった理由として考えられる。なお、外山のとりわけ高等教育に関する論調は、これで終わったわけではない。例えば、「高知県に高等中学を設立すべきの意見」（『東洋学芸雑誌』一八八八年）、または高等中学校廃止論への反論（『東京日日新聞』一八九一年二月二二日刊行）及び『藩閥之将来』（一八九九年）などが挙げられる。

(110) 「地方中学校卒業ノ生徒本学法理文学部ノ内へ進入ノ儀ニ付伺並指令」（東京大学所蔵『文部省准允』、一八八三年、文書第一号）。

(111) 『予備門第七申報（明治十五年九月～明治十六年十二月）』、八四一頁。

(112) 「鹿児島県学務課報告第二号」、一八八三年二月一日発行。「明治十六年諸向往復」より、予備門。

(113) 「文部省報告第一号」、一八八三年二月一日発行、公文録文部省、明治十六年自一月至十二月全。

(114) ここで注意されたいのは、予備門英語専修科へ進学する「中学」とは、府県立中学校に限定されていることである。言い換えれば、東京に集中している私立各種学校は、この制度から除外されたのである。中学・大学の接続問題について文部省は、公立中学校の学力水準向上を図るとともに、私立学校に対してはしばしば不利な政策を採っていた。それはやがて「私学撲滅論争」にまで発展していった過程については、後に詳述する。

(115) 『大坂中学校第十四回年報（明治十五年九月～明治十六年十二月）』『文部省第十一年報』（一八八三年）二冊、八一八頁。

(116) 四方前掲「『中学校教則大綱』学科課程の成立に関する一考察」、七二頁。また四方前掲書、三二頁。

(117)「中学規則ノ儀ニ付文部卿へ建白」『明治十八年文部省伺届原稿』(850018—37)。なお、この史料を中野実が、建白部分の全文を翻刻している(中野実「帝国大学体制成立前史(二)——大学分校を中心にして——」、『東京大学史紀要』第一八号、東京大学史史料室、二〇〇〇年、二七~二八頁。また、中野実『近代日本大学制度の成立』、吉川弘文館、二〇〇三年、四六~四八頁)。

(118) そこで、効率を高めるために、少数の高等科の生徒と初等科の生徒とで一緒に授業を行なうことがしばしば見られる。例えば先述した体操教育の実施においても、高等科二級と四級は初等科の生徒とともに授業を受けることになっていたのでる。

(119)「英語科課程撰定之義伺之件」『明治十四年文部省官立学務局等往復　附専門普通学務局内記局庶務局』(81000 9—42)。

(120)『文部省第十六年報』(一八八八年)、三五頁。

(121) 東京大学における教授用語の日本語採用は、早くも一八八三年四月に文部省より太政官へ上申された。そのためには「学術字典、本邦言語字典、訳纂用書編纂」等を着手する必要があると指摘された。しかし、この作業は金銭、時間を要するものであり、一八八四年五月に東京大学は「従今四年ノ後ハ主トシテ邦語ヲ以テ本科ノ教授ヲ始ムル」といった具合に止まっている(「東京大学其学科教授上ニ用ユル英語ヲ廃シ邦語ヲ用ヒ字典訳纂用書反訳等並ニ独逸学術ヲ採ルノ件ニ付上申」、国立国会図書館憲政資料室所蔵「大木喬任文書」、「東京大学予備門学科課程等改正之件」所収)。

(122) 中学校卒業生を直ちに大学へ入学させるという意見は、中等・高等教育の問題点の一つとして他でも注目されていた。例えば一八八三年三月二九日に、岩手県令島惟精は三條太政大臣宛に中学校と大学との接続に関して次のように「建議」した。つまり、各府県の「中学ノ規模ヲ拡充」し、「卒業生ヲシテ直チニ大学ニ入ラシムルノ方法」を定めるという方法である。しかしここで島が問題視したのは、東京大学への進学を目指した地方生徒の「上都遊学」という現象であった。すなわち、遊学生の多くが「往々学資ヲ蕩尽シ終ニ酒食ノ為ニ一生ヲ誤ルニ至リ、其能ク成業ヲ致シ郷里ニ帰ル者ハ千百中ニ一二ニ過キス」という。島の「建議」は、上京遊学がもたらした弊害を防ぐために行われた消極的な予防策に過ぎなかった。この点は、確たる理念と自らの経験に基づいて積極的に考案された折田の中学規則案とは、明らかにその趣旨が異なっていた(「三等出仕島惟精中学校卒業生ヲシテ直チニ大学ニ入ラスムルノ建議」『公文類聚』第八

編、学政門衛生門、生徒、文書第六、国会公文書館所蔵)。
(123) 折田の建白書が文部省に送付された事実は確認できるが、文部省においてどのように議論されたか、あるいは果たして議論されたかどうかは定かではない(前掲「中学規則ノ儀ニ付文部卿へ建白」)。
(124) しかし、「中学規則案」で示された提案の中、後の折田の教育構想で再現ないし実現を見た部分もある。例えば、中学校の修学年限を五年に設定した発想はその一つである。後述するように、折田が構想した「関西大学校」の予科、または「中学校令」発布後の尋常中学校では、いずれもその修業年限は五年となっていたのである。
(125) 「大学予備門へ生徒募集ノ期日問合セノ件」『明治十八年学校館所往復書類』(８５００５１―２)。
(126) 「当校生徒井川喜久蔵、吉田豊二郎予備門へ入学志願ニ付照会」『明治十八年学校館所往復書類校』(８５００５１―３)。
(127) 『文部省第十三年報』(一八八五年)、六〇頁。
(128) 前掲「当校生徒井川喜久蔵、吉田豊二郎予備門へ入学志願ニ付照会」(８５００５１―３)。

第三章　第二の「大学」としての大学分校

第一節　「関西大学校」構想と実現

ここまでは、折田校長が大阪中学校で行なった教育構想、及び中学校に関する改革案を中心に、彼の描いた中学校像を検討してきた。中学校の基礎が未だ確立されなかった明治初期において、折田が指導的な役割を果たしていたことが明らかになった。とりわけ彼が提出した「中学規則案」は、中学校から大学への直接入学を目指した試みとして特筆に値する。あらためて強調しておきたいが、中等・高等教育の接続問題は、当時において中学校側だけでなく東京大学側や文部省側にとっても一大関心事であった。したがって、この問題を検討する時には、多様な視点が必要である。先述したとおり、東京大学は予備門に英語専修科を設け、中学校卒業生の大学への道を広げた。しかし、これに従えば、府県中学校の卒業後、大学入学を果たすためにはさらに三年間をかけることとなる。折田の「中学規則案」は、それに対する不満から考案されたと理解することもできる。このように、中等・高等教育の接続をめぐって、中学校側と東京大学側からはそれぞれ解決策を提出した。それに対して、文部省側はいかに考えていたのだろうか。

(1)高等学校設置運動

「明治一七年の学制改革構想」

一八八二年末に学事諮問会の開催をきっかけに、文部省側も中等・高等教育の改革を考え始めた。とりわけ一八八四年末から一八八五年初にかけて、経済的な困窮の下での緊縮政策などを背景として、文部省は直轄学校の改組・整理に取り組み始めている。ここでは、文部省側の思惑を把握するために、まず一八八四年一〇月に提起された「明治一七年の学制改革構想」、とりわけ「府県聯合設立高等学校案」を検討しておきたい(1)。

「明治一七年の学制改革構想」とは、一八八四年の地方長官会議において文部省が提示した改革構想である(2)。周知のとおり、地方長官会議とは、明治政府が各府県の知事・県令を東京へ招集して開催されたものである。この会議は、中央と地方との意思を疎通させるための重要な場を提供することになる(3)。その席において、教育に関する事項も重要な協議内容の一つとして取り上げられていた(4)。一八八四年の会議において文部省は、下記のような「地方学政に関する垂問」を地方官に示諭した。

近来地方教育ノ景況ハ年一年ヨリ整備ニ趣ク国家ノ慶何物カ之ニ加ヘン、然リト雖モ学政ノ施設ハ一日モ注意ヲ怠ルヘカラス、其改良拡張宜ク時ニ及テ計画スル所アルヘキナリ。今ヤ将来ノ施設ニ関シ緊要ナルモノ数件ヲ起草セリ、即チ学齢児童就学督責ノ事、府県聯合設立高等学校ノ事、府県学事会ノ事、聯合府県立学校ノ事、準官立学校ノ事等是ナリ。適々諸君ノ出京アルニ際セシヲ以テ、茲ニ諸君ヲ会シテ前件意旨ノアル所ヲ述へ、以テ諸君ノ評論ヲ聴ント欲ス、幸ニ其得失ヲ開陳スル所アレ(5)。

この示諭は、一〇月二〇日付大木喬任文部卿の署名により、普通学務局長辻新次、専門学務局長浜尾新の連名で、同月二七日に各府県の知事・県令宛に通達された。例えば宮城県令松平正直宛の回付文は次のようになっている。「本月廿日当省卿ヨリ演達按写一通及御回付候、右ハ尤モ何レモ内議ニ属セル未定稿ニ候間、其旨趣ヲ以テ御披読相成度、此段申達候也」と、示諭は「内議」かつ「未定稿」であることが強調されている。その中で大木文部卿は、府県教育の「改良拡張」計画として、「将来ノ施設ニ関シ緊要ナル」項目を五つ挙げていた。具体的な項目として、「府県聯合設立高等学校」、「高等学校教則大綱」、「聯合府県立学校ノ事」、「聯合府県立学校条例」、「准官立学校准府県立学校ノ事」、「准官立准府県立学校条例」、「府県学事会ノ事」、「府県学事会規則」などが提示された。それよりやや遅れた一一月二〇日付で、普通学務局長辻新次の名により「就学督責ノ事」も示された。これらの内容を合わせて、「明治一七年の学制改革構想」と呼ばれているのである（掛本勲夫）。

ここで、先述した一八八二年末の「学事諮問会」と、この「明治一七年の学制改革構想」と比較しておきたい。両会はいずれも、「第二次教育令」体制下において府県の教育状況を把握するために文部省で開催された会議である。教育の将来について中央と地方とで意見を交換するという意味で、両者は共通している。しかし、会議において提示された内容面については、両者の違いは歴然としている。前者の「学事諮問会」は、府県の教育関係者を招集した上で開催された教育事項専門の会議であった。それに対して後者は、地方長官会議を構成する一部分であった。また、会議の内容については、前者においては、教育全般の原則をめぐって論じられていた。それに対して後者では、学校の設置に関する具体的な草案が出されていた。これは、後者の大きな特徴の一つであり、前者との違いは明白である。

この一八八四年の文部省「垂問」はいかなる経緯で作られてきたのか。その詳細については定かでない。とはいうものの、後述するとおり、文部省の「垂問」に対して地方官から回答文が送られている。「地方学政ニ関シ御垂問ニ付復申」という文章の中で、例えば「就学督責ノ事」の項目に対して、次のような見解が示されている。

小学教科ノ程度ヲ下スコトハ御省已ニ其議アル趣、前日森御用掛ノ演説モアリタレハ、此事ニシテ施行セラル、ニ至ラハ、児童就学ノ数ヲ加フルニ至ルヘキハ堅ク信スル所ナリ。

この文面から見る限り、少なくとも「就学督責ノ事」については「森御用掛ノ演説」が行われたことが分かる。すなわち、森有礼御用掛がそれに関わっていたのである。「諸学校令」以前の教育における森の関与について、従来の森研究ではほとんど推測の域を出ていなかった[6]。この「復申」は、森の関与を示した史料として、きわめて重要な史的意味を有していると思われる。少なくともこの時点で、森御用掛は文部省の政策制定にすでに一定程度関与していた、という事実が確認できるからである。これは、のちの「諸学校令」体制の源流を考えるにあたって、重要な示唆を与えることになると考えられる。つまり、「諸学校令」体制は、森が文相になってからいきなり出来上がったものとは必ずしも断言できず、その前にも既に一定の模索が始まっていたという仮説が浮かび上がってくるのである[7]。

「府県聯合設立高等学校案」

「明治一七年の学制改革構想」の中でも、「府県聯合設立高等学校案」（以下、「聯合高校案」と略す）は、従来になかった「高等学校」の設立を示唆したものとして特に注目されている[8]。すでに中野実は、一八八五年中頃に大阪中学校の改組をめぐって文部省が提案した「関西高等学校」構想が、この「聯合高校案」と関連していた可能性を強く示唆している[9]。ここでこの案の「高等学校」に関する規程を確認しておこう。以下は、「府県聯合設立高等学校（コルレージノ類）之事」の全文である。

> 教育令改正（一八八〇年一二月――引用者）以来普通ノ教育ハ漸次ニ行ハレ其業稍々緒ニ就ケリト雖モ、高等ノ教育ハ未タ普ネク国内ニ施設スルニ至ラス。是レ他ナシ学政ノ順序ニ先後緩急アルニ因ルナリ、然リ而シテ今ヤ熟々府県学事ノ申報（第十年報即明治十五年ニ係ルモノ）ヲ按スルニ全国ニ在ル中学校ノ数ハ百七十二箇ニシテ生徒ノ数一万三千八十八名アリ、此内中人以上ノ業務ニ志ス者過半トナスモ其余ハ概ネ高等ノ教育ヲ受ケンコトヲ望ム者タルヘシ。則チ之ヲ待ツニハ如何センカ、目下東京ニハ一二高等ノ学校アルモ自ラ定限アリテ多数ノ入学ヲ

許可スル能ハス、現ニ本学年東京大学予備門ノ生徒ヲ募集スルヤ之ニ応スル者千百五十五人、而シテ其入学ヲ許シタルハ僅ニ百九十七人ニ過キス。此ニ惟シテ将来ヲ想フニ中学校ノ設置愈々久シケレハ、高等教育ヲ受ケンコトヲ欲スル者愈々多ク、随テ之ヲ待ツノ学校ナキニ困ムコト愈々甚シキヲ加フルヤ必セリ。然レハ則自今高等教育ノ計画ハ一日モ猶予スヘカラスシテ時勢必須ノ事業タルヲ知ルヘシ、而シテ之カ計画タル果シテ如何、一ニ国庫ノ供給ヲ仰テ数箇ノ高等学校ヲ設置セン歟、国庫ノ実況此ノ如キ許多ノ歳出ヲ増スコトヲ得サルナリ。又府県各箇ノ資力ヲ以テ之ヲ毎府県ニ設置セシメン歟、府県ノ経済亦何ヲ以テ能ク堪ヘン、且必シモ此ノ如キ多数ノ高等学校ヲ要セサルナリ。然レハ則チ今日ノ時宜ヲ斟酌スレハ、全国ヲ数区ニ分チ、区内ノ府県ヲ聯合シテ其資力ヲ集メ、各々一箇ノ高等学校ヲ設置セシムルニ若クハナシ、果シテ此計画ノ如クセハ今日ノ需要ニ応スルニハ蓋充分ノ効アラン、且之ヲ各地ニ散設スルトキハ啻タ生徒ノ入学上ニ利便ヲ興フルノミナラス、地方向学ノ気風ヲ高クシ、文化ヲ全国ニ普及スルノ目的ヲ達スルニモ亦許多ノ裨益アラン。然リ而シテ此ノ如キ学校ノ組織権限等ハ亦尋常府県立学校ノ例ニ依リテ足ルヘキニ非ラス、必スヤ文部卿ヲ以テ総宰トナシ、聯合府県ノ長官ヲ以テ主任トナシ、其職員ノ責任章程及学規校則資金額等ノ如キハ文部卿之ヲ制定統督スルモノトナサンコトヲ要ス、乃チ其要項ヲ列記スルコト左ノ如シ。

第一項　全国ヲ七区ニ分チ其要地ニ一箇ノ高等学校ヲ設置ス。

第二項　高等学校ハ文部省ノ直轄トナス。

第三項　高等学校ノ職制章程及学規校則等ハ文部卿之ヲ定ム。

第四項　高等学校ノ職員ハ聯合府県長官協議申請ノ上文部卿之ヲ任免ス。

第五項　高等学校ノ経費ノ定額ハ一箇年金七万円以上十万円以下ヲ度トシ文部卿之ヲ定ム、但其十分ノ一ハ国庫ヨリ之ヲ補助シ其余ハ聯合府県ヨリ之ヲ徴ス。

第六項　高等学校ノ位置ハ文部卿之ヲ定ム。

ここで文部省はまず、普通教育の発達により「高等ノ教育ハ未タ普ネク国内ニ施設スルニ至ラス」と述べ、高等教育機関僅少の現状を認めている。一方で、中学校教育の発達により、「高等教育ヲ受ケンコトヲ欲スル者愈々多ク」なるという現象が起こっている。これらの卒業生を受け入れるためには、適切な高等教育機関が必要となる。ところが現実には「東京ニハ一二高等ノ学校」があるに過ぎず、それにこの学校の入学定員は非常に限られている。したがって、「高等教育ノ計画ハ一日モ猶予スヘカラスシテ時勢必須ノ事業タルヲ知ルヘシ」と文部省は指摘し、高等教育の増設が緊迫なる問題であるとの認識を示している。

具体的には、「全国ヲ数区ニ分チ、区内ノ府県ヲ聯合シテ其資力ヲ集メ、各々一箇ノ高等学校ヲ設置」することが提案された。すなわち、文部省が構想した高等教育機関は、従来の東京大学レベルの「大学」ではなく、新たな学校形態として設立される「高等学校」であった。この「高等学校」は、複数の府県が聯合して全国で七校を建設することが計画されている（第一項）。聯合設立の理由として、「国庫ノ供給」や「府県各箇ノ資力」など、当時の厳しい経済状況が挙げられた。一方、高等学校の管理は、「必スヤ文部卿ヲ以テ総宰」すると定められている（第二項）。つまり、国の管理という原則が鮮明に打ち出されたのである。事実、高等学校の「要項」で示されていたとおり、「職制章程及学規校則等」（第三項）や職員の任免（第四項）、設置場所の決定（第六項）など具体的な運営に関しては、すべて文部卿の権限範囲内に収められている。一方、経費の支弁については、国の負担はわずか「十分ノ一」にとどまり、残りは各府県に徴収される予定である（第五項）。[10]

この「聯合高校案」に関する規定の中で、全国を複数の区域に分け「其要地ニ一箇ノ高等学校ヲ設置」することや、経費の国庫・府県分担、文部省の管理下に置かれるなどの諸点は、のち一八八六年の「高等中学校」に関する規定と相似している。ところでそもそも、「高等学校」という従来にはなかった学校が、いかにして文部省の改革構想に取り込まれたのか。その由来について検討しておきたい。それはまさに、「高等学校」の割注に「コルレージノ類」と示されているように、欧米流の「コレッジ」がその源流であることが示唆されている。換言すれば、この学校は従来の東京大学やその予備門と異なり、一種の「コレッジ」のような教育機関として想定されたということである。

ただし、ここの「コレッジ」とは具体的に何をモデルにしていたのかは定かではない。それについて倉沢剛は、「おそらく森は英米のカレッジを学びとろうとした」のだろうと推測し、森との関与を示唆している(11)。果たして森がそれに関わっていたのか。それを立証するためにはさらなる史料の発掘が必要と思われる(12)。いずれにしても、この「コレッジ」は中学校卒業後なお「高等ノ教育ヲ受ケンコトヲ望ム者」を収容する教育機関として構想されたというのは間違いない。次は「高等学校教則大綱」を分析し、「コレッジ」の性格を確認してみたい。

第一条　高等学校コルレージノ類ハ高尚ナル専門学科ヲ研究予備ノ為メ、又ハ実地ノ業務ニ就クカ為メ必須ナル高等ノ普通学科ヲ修メシムル所トス。

第二条　高等学校ノ学科ヲ分チテ下等科、上等科トナス。

第三条　下等科ニ於テハ博ク諸学科ニ渉ラシメ、上等科ニ於テハ若干ノ学科ヲ撰ヒテ一層精密ニ研究セシムヘシ。

第四条　高等学校ノ学科ハ修身、和漢文、英語仏語若ハ独語、数学、画学、史学、物理学、化学、生物学、金石学、地質学、生理学、経済学、法学通論、哲学トシ、又体操ヲ課スヘシ。但第一条設置ノ趣旨ヲ達スルニ必須ナリトスルトキハ、他ノ学科ヲ加フルコトヲ得ヘシ。

第五条　高等学校ニ於テハ前条所定ノ外、別ニ他ノ専修科ヲ置クコトヲ得ヘシ。
第六条　高等学校ノ上等科卒業ノ者ハ大学ノ第三年級ニ入ルコトヲ得ヘシ。
第七条　高等学校ノ下等科ヲ修メントスル者ハ初等中学科卒業以上ノ学力アル者タルヘシ。
第八条　高等学校ノ修業年限ハ下等科、上等科各三年トス。

これで高等学校（「コレッジ」）の性格をある程度把握することができる。要するに、高等学校は、「高尚ナル専門学科ヲ研究予備」すなわち東京大学へ進むための予備教育を行なう、または「実地ノ業務ニ就ク」ために必要な「高等ノ普通学科」を学ぶ（第一条）という二重の目的を持つ教育機関であった。さらに、「専修科」の設置が認められる（第五条）。それは、完成教育機関という期待も課されていたことを意味する。また、高等学校の下等科（修業年限三年）及び上等科（修業年限三年）は（第八条）、当時の学校体系において、それぞれ初等中学科（修業年限四年）と［東京］大学（修業年限四年）三年生と接続している（第六条）[13]。つまり、高等学校は、のちの高等中学科（修業年限二年）が果たした後期中等教育の性格を持っていたと同時に、［東京］大学の二年までの課程が果たすべき高等教育機能も期待されていたのである。そういう意味で、学校体系におけるこの学校の位置づけは必ずしも明確なものではなかった。それに対して折田が一八八五年に構想する「関西大学校」は、従来の中学校に接続する四年制の大学とされており、明確な大学構想としてあった（後述）。

ここまでは、「府県聯合設立高等学校案」の内容を分析し、文部省による高等学校の増設構想の概要を検討してきた。あらためて強調しておきたいのは、この構想は東京大学同様の「大学」ではなく、新たに「高等学校」を増設するものであったということである。実際、「高等学校」（コレッジ）は東京大学よりはレベルが低かったものの、高等教育機能を果たすことが期待されていた。それに対して東京大学予備門は、純然たる大学予備教育を行なう機関であった。そういう意味で「高等学校」は、予備門とはまったく異なる教育機関として構想されたといえる。そうすると、先述した中等・高等教育の接続問題を考える際、文部省は東京大学側と地方中学校側とも異なった解決策を模索しようとしていた、という事実が浮かび上がってくる。

府県の反応

では、文部省のこうした構想に対して、一八八四年の地方長官会議ではいかに議論されたのだろうか。それを示す関係文章は「何一つ見当たらない」として、倉沢は「地方官側としては聞き置くに止め、格別に協議し答申した事実はなかった」と断言している。[14] しかし宮城県公文書館所蔵史料の中から、湯川嘉津美が地方長官側からの「復申」を発見した。[15]「地方学政ニ関シ御垂問ニ付復申」と称される意見書がそれである。この意見書は、一八八四年一一月付で大木喬任文部卿宛に出され、東京府知事芳川顕正を総代に合計二〇府県の知事・県令がそれに加わった。[16] 全部五項目の中で「聯合高校案」に関する回答は以下のとおりである。[17]

第二　府県ヲ聯合シテ高等ノ学校ヲ興サントスルトキハ、聯合各府県経費負担ノ額ニ於テ其多寡増減ノ論アルヘク、又其教員ヲ進退スルニ取捨適応ノ論アルヘク、協議一決スルハ容易ニ望ムヘカラス。是ヲ以テ目今ノ計タル中学ヲ卒業スルモ、尚予備門等ニ於テ数年ノ修業ヲ経サレハ、大学若クハ各種専門学校ニ入ルコトヲ得サルノ不便アルヲ以テ、中学教科ノ程度ヲシテ一層高カレシメ、中学ノ業ヲ卒フルモノハ直ニ大学若クハ各種専門学ニ入ルノ道ヲ得セシメハ大ニ便ヲ得ヘシ。且教育令ニ於テ、中学ヲ設クルハ土地ノ状況ニ随フヘキモノニテ、各府県一般必スシモ之ヲ設クヘシトノコトニアラサルヲ以テ、其府県ノ状況未タ之ヲ設クルノ場合ニ至ラストハ、府県会議員等ノ往々口ニ籍ク所ナリ。因テ自今中学ハ必ス之ヲ設クヘシトノ旨意ニ改メントスルノ議アリ。或ハ高等学校ノ設ケヲ要スルノ旨意ハ原按ニ同意ヲ表スト雖トモ、之カ経費ニ至テハ実ニ民力ニ堪ヘス、又政府ヨリ之カ幾分ノ補助セラルルコトモ容易ニ行ハルヘカラス、又仮ニ之ヲ設クルモ充分ノ費用ヲ支弁スル能ハサルヲ以テ完全具備ノ高等学校ヲ設クルニ至ルヲ保セス。且ソレ此校ノ設ケヲ要スルモ全国ノ地勢ニ仍リ、自ラ緩急アリ、東京近傍県々ノ如キハ、未タ此等ノ設ナキモ不便ヲ感スルノ場合ニ至ラスト雖モ、九州、中国、奥羽ニ於テ恰当ノ地位ヲ選ヒ、各一ヶ所ヲ置キ、其経費ハ国庫ヨリ之ヲ支弁セラレンコトヲ欲スルナリ。然ルトキハ補助金ヲ出シテ数個不完全ノ高等学校ヲ設クルニ優ルヘシトノ議アリ。或ハ今ノ地方税中ニ於テ更ニ国庫ノ支弁ニ改定ヲ仰クヘキモノナキニアラスト雖トモ、高等学校費ニ至テハ未タ民力ニ堪ヘサルモノトナスヘカラス。故ニ総テ本按ノ如ニシテ実施上妨ケナシトノ議等アリト雖トモ、要スルニ高等学校設立ノ必用ナルハ実ニ本案ニ示サレタル如クナルニ付、此発令アランコトヲ希望スルモ之ヲ誘導興起ニ止ムルトキハ決行ノ勢力薄弱ナルカ故、法律即チ命令ヲ以テ之ヲ設置セシムヘキモノトシ。且其補助金額十分ノ一ニ出サルトキハ、日今地方教育ノ費用逐年増加スルノ傾向アリテ、未タ之ヲ減却スルノ目的ナキヲ以テ、尚幾分ヲ加ヘラレンコトヲ欲スルハ多数ノ議ニ有之候(18)。

先述したとおり文部省は、複数の府県が聯合して高等学校を創るという構想を示した。それに対して各府県は、「経費負担ノ額」や「教員ヲ進退スルニ取捨適応」などをめぐって議論した上、「協議一決」することが容易ではないという見解を示した。その理由の一つとして、府県側は、当時における中学校教育の問題点を次のように挙げていた。すなわち、「中学ヲ卒業スルモ、尚予備門等ニ於テ数年ノ修業ヲ経サレハ、大学若クハ各種専門学校ニ入ルコトヲ得サルノ不便」ということである。これは明らかに、予備門（英語専修科）経由で大学入学という、現有の中学・大学接続制度に対する不満をあらわにしたものである。その解決策として、「中学教科ノ程度ヲシテ一層高カレシメ」すなわち中学校のレベルを高め、もって「中学ノ業ヲ卒フルモノハ直ニ大学若クハ各種専門学ニ入ルノ道ヲ得」るという案が提起された。府県側のこの提案には、当時の中等・高等教育のあり方に関する一つの注目すべき動向がみられる。それは、中学校の卒業後直ちに大学へ入学するという強い願望である。

このように、文部省の高等学校新設案に対して各府県は、むしろ中学校の水準向上を最優先課題にすべきという見解を示した。両者の思惑の違いはこれで明確となっている。高等学校の設置は、府県にとってはむしろ第二の選択に過ぎなかった。したがって府県側は、その「旨意ハ原按ニ同意」しながらも、例えば経費問題になると「民力ニ堪ヘス」として、必ずしも積極的に応じるように見えなかった。また同じ理由で、全国に七ヶ所も創るよりは九州、中国、奥羽の中から一ヶ所ずつ、且つ「其経費ハ国庫ヨリ之ヲ支弁」すると提案した。すなわち各府県は、経費上の理由などにより、国庫負担による少数の高等学校の設置という現実的な意見を述べている[19]。

この意見書には二〇府県も賛意を表明していたが故に、当時の中等・高等教育に関する府県の意見として注目に値する。そこで明示されたように、府県側は中学校の整備・拡充を最優先課題として据えていた。それを前提に（予備門を経由せずに）、大学への直接連絡を図りたいという強い願望が読みとられる。それが実現すれば、大学予備門（英語専修科）の存在が必要でなくなる。予備門のあり方に関する意見として、この発想は注目に値する。

そもそも「聯合高校案」には予備門に関する文句は一切、見られなかった。この点をあらためて強調しておきたい。果たして文部省も、予備門を必要としなかったのだろうか。「聯合高校案」で示されたとおり、中学校初等科→高等学校下等科→高等学校上等科→東京大学三年という進学ルートを文部省が考えていたとすれば、その可能性は否定できない。もしそうであれば、その頃から予備門の存在意義をめぐって、さまざまな意見が出始めたということが推測される。これは、のちの予備門改革につながっていく流れとして、注目に値する。

実現せぬ高等学校

いずれにしても、文部省の求めた「聯合高校案」について、府県側は必ずしも積極的な対応をしなかった。それを含む「明治一七年の学制改革構想」をめぐってその後、各府県はいかなる反応を見せたのだろうか。ここでは、当時の教育雑誌や新聞記事に依拠しながら、その動向の一斑を探ってみたい。

まずは「府県学事会ノ事」を見ておく。一八八五年四月三〇日に創刊された『教育報知』第一号の「一府十二県学事聯合会」という欄に、東京府を始めとする関東の一三府県の学事会が四月七日に千葉県で開催されたとの報道が見られる[20]。同学事会について、同年五月五日刊行の『教育時論』第二号においても、「府県聯合学事協議会」を題にその開催事実が伝えられた[21]。同記事は、文部省権少書記官野村綱の臨場や各府県から「諮問題」が提出されたことも報道している。一方、「第二回東北各県聯合学事会」が五月二〇日より山形県で開催されたという報道は、『教育時論』に見られる[22]。この会にも野村綱が出席したという。さらに、六月一日から一五日にかけて開催された「関西府県聯合学事会」をめぐって、『教育時論』第六号から第八号にかけて連続報道している[23]。

以上のように、府県聯合学事会の開催は、遅くとも一八八五年に入ってからは関東・関西・東北を含む、かなり広範囲にわたって開催されるようになった。しかもこれらの会には、文部官僚が出席していた事実も確認できる。一八八四年文部卿が示諭した内容の中、少なくとも「府県学事会ノ事」を文部省によって貫徹させていったのである。

一方、聯合府県学校設置に関しては、例えば先にみた「第二回東北各県聯合学事会」で議論されたという。すなわち、この会合において合計一四件の「討議題」が提出された。その中には、「第一　九県聯合シテ専門学校ヲ設置セントスルノ県（宮城県）」と「第五　府県聯合高等学校及府県学事会設置ノ件ニ付意見書ヲ文部卿ニ呈スルコト（福島県）」、または「第六　毎年一回学事会ヲ東京ニ開カレンコトヲ文部省ニ請フコト」などが含まれていたという[24]。つまり、宮城県からは、「聯合専門学校」の設置問題、また福島県からは、「府県聯合高等学校及府県学事会設置」に関する意見書がそれぞれ提出され、「討議」されたのである。

以上の事実に即していえば、「明治一七年の学制改革構想」の中、「府県学事会ノ事」についてはほぼすべての地域において議論され、実現を見たと思われる。また、「府県聯合学校設置」の問題についても、少なくとも東北地域においては複数の府県によって議論された。これらの議論は文部行政にいかに反映されていったのか。次はこの問題を検討していきたい。

まずは、「聯合府県立学校条例案」及びそれに関連する「聯合府県学事会規則案」が、一定の議論を経て大木文部卿より上申するところまで漕ぎ着けたことが確認できる。『文部省第十三年報』(一八八五年)によれば、一八八五年八月三日、「聯合府県立学校條例案及ヒ聯合府県学事会規則案ヲ具シ、其制定ヲ上請ス」という。それに関連して、一八八五年九月一五日刊行の『教育報知』第九号にも、「府県聯合学校設立の意見　同校設立の件に付大木文部卿より此程上申に及ばれしとの事なる」と報道されている。(25) また、同年一〇月三〇日に、『教育報知』第一二号には、以下のような記事が掲載されている。

府県聯合学校　該条例は文部省にて其案を草し参事院に廻はされし由までは已に聞き知る所なれとも、其後如何に相成りしや聞かす、希くは一日も早く該条例の発布ありて、完備なる府県聯合学校の各所に設立あらんことを因に言ふ。

この記事によれば、府県聯合学校に関する条例は文部省より参事院へ回付されることになっていたという。しかし、それに関する太政官の回答などは確認できていない。したがって倉沢は、公文録にこの上申書に関する文書が見えないことを理由に、この案は「太政官の決裁を得」ないままに「同年十二月の太政官廃止を迎えた」と述べている。(26)

一方、「府県聯合設立高等学校」を含む他の四項目については、少なくとも太政官まで提示することなく終わってしまったように思われる。この点については、先に見た一八八四年一二月各府県知事・県令の意見陳述から読み取れるように、各府県による経費の支出負担は現実問題として、容易に解決できるものではなかった。ところで、「高等学校案」について掛本勲夫は、井上毅が「高等学校令案」理由書において述べた「今高等中学校ノ由テ来ル所ヲ原ヌルニ、明治十七年大木文部卿ハ地方官ニ諮詢スルニ全国ヲ七区ニ分チ、其要地ニ一個ノ高等学校ヲ設置スルヲ以テシ、高等学校ヲ説明シテ「コレージ」ノ類トナセリ」（井上毅「高等教育令理由書」、一八九四年五月一二日）を理由に、両者には直接な関連があると暗示している。[27] 確かに、高等中学校の規程は、複数の学校を全国に創ることや、経費の国庫・府県負担といった意味で、「聯合高校案」との間に類似点が見られる。[28] しかし、修業年限と学科課程の差異や東京大学との上下関係などの違いを理由に、掛本勲夫は両者の性格は異なっていたという結論を出した。[29]

事実、「聯合高校案」から高等中学校までに、これらとは異なった高等教育構想が少なくとも二種類あった。一つは実際に実現をみた一八八五年前半の「関西大学校」（大学分校）案であり、もう一つは一八八六年初の「五大学校」案である。そこで、「聯合高校案」を高等中学校の「下敷」と推定する前に、[30] これらの構想を検討しておく必要があるだろう。以下、まずは「関西大学校」（大学分校）案をみることにしたい。

（2）「関西大学校」の設立構想

大阪中学校の改組をめぐる史料

一八八五年二月に大阪中学校長折田彦市が「中学規則案」を文部卿へ提出したことは前述した。あらためて確認するまでもないが、これは中学校に関する改革案であり、大学への昇格問題云々についてはまったく触れていなかった。ところが、同じく折田校長によって作成されたと思われる「関西大学創立次弟（ママ）概見」が現れたのは、そのわずか数ヶ月後であった。

表6　大阪中学校の改組に関する史料一覧表(1885年)

番号	史料名	作成日期	作成者	学校名	出典
Ⅰ－1	関西大学創立次弟概見	5月以降	大阪中学校	関西大学校	850018-66
Ⅰ－2	文部一局見込	5月以降	文部省	関西高等学校	850018-66
Ⅱ－1	［組織変更達］	6月20日	文部省	大阪大学部校	850018-66
Ⅱ－2	大坂中学校組織改更之儀伺	6月22日	文部省	大阪大学部校	公文録
Ⅲ－1	大学分校規則(草案)	8月5日	大学分校	大学分校	850018-66
Ⅲ－2	大学分校規則(修正案)	10月31日	大学分校	大学分校	850018-66
Ⅲ－3	大学分校規則(成案)	12月2日	文部省	大学分校	850018-66

注：京都大学大学文書館所蔵史料および国立公文書館所蔵『公文録』より筆者作成。史料Ⅰ－1とⅠ－2の作成日期はいずれも推定。Ⅱ－1の題目は作成者が付けた。なお、Ⅲ－1の草案が文部省に提出されたのは9月5日であった。また、Ⅲ－2の修正案が11月7日に正式に再提出されるまでに、大学分校側は9月15日に一度、Ⅲ－1に字句の修正を若干加えた案を提出していた。「850018-66」は「大学分校規則並授業用書附元中学生改編入伺ノ件」『明治十八年文部省伺届原稿』、「公文録」は『明治十八年公文録文部省自七月至十二月』、それぞれの略。

この文書では、大阪中学校を「関西大学校」へ改組することを前提に、それにかかわる諸問題を解決する方法が検討されている。要するに、関西において「東京大学と並ぶ最高教育機関を早急に設けることを趣旨」という。したがって、該史料は従来、関西における大学設立運動を示す史料として「高等教育史上重要な文書」と注目を集めてきた。[31]しかし、この史料を初めて原文のままで公開した中野実が指摘したとおり、作成時期を含めて該史料に関しては未だ解明されていない部分が多い。[32]以下、この史料をはじめ、大阪中学校の改組をめぐる各方面の計画書の内容を詳しく分析し、作成者側のそれぞれの思惑を探ってみたい。

大学分校への改組をめぐる史料は、折田の「関西大学創立次弟概見」に限らず他にも見られることをまず指摘したい。その概要を表6のように示しておく。

表中にある「学校名」欄は、構想による改組後の校名である。各史料の概要を以下のように説明しておく。

Ⅰ―1：「関西大学創立次弟概見」(以下、「関西大学校案」と略す)

この史料は、大阪中学校名入りの公用罫紙を使用した浄書であり、作成者と日付がいずれも明記されていない。ただ欄外朱筆「大阪中学校意見」からみれば、この文書は大阪中学校側が作成したと判断できる。この史料の存在については今まで、三高同窓会の『神陵小史』（阪倉篤太郎編、一九三九年）及び『稿本神陵史』（作成年不詳）において紹介されている。また、二見剛史の研究は、一次史料ではなく、これら「神陵史」の関係部分を引用していることが確認できる。[33] 近年阪倉篤義を代表とする「神陵史資料研究会」は、三高関係史料を本格的に取り上げてきた。しかし、同研究会が編集した『史料神陵史』では、この史料の一部を現代文に読み下しているのである。[34] 一方、この史料の原文を初めて紹介したのは中野実である。中野は「関西大学校案」及びそれに対する文部省の回答（「文部一局見込」）の全文を翻刻した。[35]

しかし、中野はこの史料に関する数多い謎を提示しており、「関西大学校案」の作成時期や意図などについての詳細は未だ明らかになっていない。例えばこの史料の作成時期について中野は、『京都大学百年史』において海原徹が主張した「一八八五年三月説」をそのまま踏襲して、さらなる検討を避けている。[36] 他には、この史料の作成意図や形式などについても疑問が数多く残されている。本章では、中野の研究を踏まえながら、さらに新しい史料を加えることによって、この史料の全体像を解明していくことを試みたい。

I―2：「文部一局見込」（以下、「関西高等学校案」と略す）

これも同じく大阪中学校罫紙による浄書で、作成者・日付はともに明記されていない。欄外朱筆「文部一局見込」という文句からは、「文部一局」によって作成されたものと判断できる。一八八五年二月九日に文部省の各局課掛が改正される際、従来の「官立学務局」は「学務一局」（浜尾新局長）へ、また「普通学務局」は「学務二局」（辻新次局長）へとそれぞれ改称された。[37] この「文部一局」とは文部省の「学務一局」を指すと思われる。したがって、この文書は官制改正後、すなわち一八八五年二月九日以降に出されたものと判断される。

II―1：「組織変更達」

この史料は中野実を含めて、今までの研究では言及されてこなかった。題目が付いていなかったが、その内容から文部省より大阪中学校へ発した内達と判断できる。そこで仮に［組織変更達］と称することにする。日付は「一八八五年六月」となっており、日期は欠いている。ただし、後述する「六月廿日文部卿ヨリ当校へ被達候其校組織云々ノ件」という文面から、六月二〇日に文部卿からある通達を受けたと判断できる。さらに、「其校組織云々」という通達の内容を考慮すれば、「文部卿ヨリ当校へ被達」とはこの史料を指していると思われる。したがって、この史料の作成日は六月二〇日であると推定できる。

Ⅱ—2：「大阪中学校組織改更之儀伺」

題目どおりこれは、大阪中学校をめぐる文部卿から太政官への伺文である。日付は一八八五年六月二二日となっている。

Ⅲ—1：「大学分校規則」（草案）

Ⅲ—2：「大学分校規則」（修正案）

Ⅲ—3：「大学分校規則」（成案）

いずれも大学分校の規則に関する構想を示す内容である。そのうちⅢ—1とⅢ—2はいずれも、大学分校への改組が決まった後に大阪中学校が作成・修正した草案であり、Ⅲ—3はそれらに対する文部省の裁可案である。それぞれの内容に関する詳しい分析は、次節「大学分校規則案」に譲る。

「関西大学校案」と「関西高等学校案」の内容

では、大阪中学校の改組をめぐっていかなる構想が展開されていたのか。まずは史料Ⅰ—1（「関西大学校案」）とⅠ—2（「関西高等学校案」）の内容を分析し、折田側と文部省側の思惑の違いを明らかにしたい。

「関西大学校案」において大阪側は、「大阪中学校ヲ改称シテ関西大学校トナサンニハ、其施設執行スヘキノ事固ヨリ少カラス」と述べ起こし、大阪中学校を「関西大学校」に改組する点を強調している。「関西大学校」と名づけられたことは、改組後の学校は「関西における大学校」であるという思い込みが含まれていると思われる。よって、新しい「大学校」構想としてこの案は注目に値する。そして、改組における重要な項目を「第一校名改称ノ発令ナリ、第二設校地所ノ相定ナリ、第三建築工事ノ企図ナリ、第四学科教則ノ撰定ナリ、第五中学生徒ノ処分ナリ」という順番で挙げている。それに対して文部省側は、「関西高等学校案」において、五つの項目について順を追ってそれぞれに応答している。

まず第一の校名の変遷から双方の思惑を追っていこう。「校名改称ノ発令」について大阪側は、新学期が九月より始まることから、「関西大学校」への改称は「本年七月十日以前ニ於テ」行なうべきと訴えている。それについて文部省は次のように対応している。

学校改置ノ事ヲ示達スルハ該考案ノ通ニテ異議ナシ、尤其名称ハ関西高等学校トナスヲ可トスベシ。

文部省側がここで問題視しているのは、改組に関する発令時期のことではない。改組そのものについては文部省が「異議ナシ」といった態度を示したからである。問題は、改組後の校名に対する両者の違いである。折田の「関西大学校案」に対して文部省は、校名を「関西高等学校」とすべきと述べ、その修正を求めたわけである。これは、改組後の学校の性格について両者の考えが異なっていたことを意味する。基本的には大阪側は「大学」を目指していたのに対して、文部省が明確に「大学」との考えを必ずしも持っていなかった。言い換えれば、「学校改置ノ事」そのものについては両者が共通した認識を持っていたが、いかなる学校に改組するかについては、両者の理解には差異が見られる。

「関西高等学校」という名称には、地域の高等学校というニュアンスが強く含まれているように思われる。とすればそれは、先述した一八八四年に文部省で取り上げられた「府県聯合設立高等学校」案、つまり地方における高等教育機関との関連を容易に想起させる（中野実）。一方、「関西大学校」という名には、関西地域における「（東京）大学」というニュアンスが含まれており、また後の「学科教則」に見られるように、それは予科五年に本科四年といういわゆる「大学」構想である。続いてⅠ—2（「関西高等学校案」）とⅡ—1（「大阪中学校組織改更之儀伺」）では、同じく文部省の文書にもかかわらず、校名が前者の「関西高等学校」から後者の「大阪大学部校」へと変化している。ただし、「大学部校」という名称にしても、東京大学と並列するものではなくそれに附属するニュアンスを含んでいるという点において、のちの「大学分校」という名称に連なる曖昧さをはらんでいる。

次に第二の校地選定をめぐって、大阪側は「本年中ニ於テセサル可ラス」と述べ、その早期決定を求めている。具体的に、「校舎ノ規模、結構及方向、位地」、それに「新設ノ費額」などの項目が改組準備として挙げられている。これらは「改称ニ亜キテ速定ヲ要スル」として、大阪側は文部省に迅速な対応を求めている。それに対して文部省は、次のように明確に回答している。

該校地ハ大阪府内ニシテ市区ヲ距ルコト概ネ一二里ノ所ニ於テ相定スルニ若カサルベシ、蓋シ該府ハ関西ノ最大輻湊地ニシテ四国中国九州等ヨリノ交通盛ナルノミナラス、往年諸藩倉屋敷ノ設ケモアリシ所ニシテ、各地方トノ関係甚タ親密ナルヲ以テ、子弟ノ茲ニ来リテ修学スルハ、頗ル便ナル所アリ。且将来医学科ヲ設クル場合ニ於テハ、該生徒ノ研究、病院ノ設置等必ス如此キ輻湊ノ地ニ於テスルヲ便トスベク、其他法学生徒ノ裁判所ニ出入スル等ノ便ヲ慮《（ママ）》モ亦該学校ハ此地ニ設置スルヲ可トスベシ、而シテ校舎ノ新築成ルトキハ現在ノ中学校舎ハ支校、又ハ病院等ニ充用シテ可ナルベシ。

「関西ノ最大輻湊地」という交通の利便さを理由に、改組後の学校を大阪市内に置くべきと文部省は考えている。そのため候補地は、「市区ヲ距ルコト概ネ一二里ノ所」というように、大阪市中心地に限定する考えを見せている。また、同じ理由で、将来的には医学科や法学科を設ける意思のあることも明らかにしている。さらに、「現在ノ中学校舎ハ支校、又ハ病院等ニ充用」させると述べ、新学校は既存の中学校校舎を利用するわけではなく、新たに校舎を建築する方向を示唆している。

しかし、新築に伴う第三の「建築工事ノ企図」をめぐって、その計画や経費の捻出などの問題について両者の違いが歴然と現れてくる。大阪側は、「工事ハ十九年度ヨリ起手シ、遅クモ廿一年度中ニハ竣功セサル可ラス」と述べ、具体的な計画案を提示した。また、外国人教師の招聘を念頭に、「外国教師ノ館舎及理学教場ノ粧《ママ》置等」を完備させる必要もあると指摘している。一方文部省は、工事着手の必要性を認めつつ、「其設置スベキ学科ノ多寡及其設置ノ遅速ニモ関スベシ」、また「其設施ノ難易、経費ノ給否等」を考慮する必要もあると回答している。これらの状況を踏まえた上で、建築工事の予定を決めるべきとの見解を示している。したがって、「当初ニ於テハ先ツ現今ノ中学釐正シ、予備科タルニ適セシムルコトヲ務メ」ることを優先させたい、と文部省は主張する。つまり、現存の中学校を新学校の予科として改組していくことが、優先的に考えていく方針である。文部省側は、あくまでも中学校の改組を念頭においていたように思われる。その上で本科については、「殊ニ緊要ナルノ学科二三科ノ設置ニ止メテ可ナルベシ」と指摘し、徐々にそれを設置していく計画を示した。

具体的には文部省は、舎密局を前身とする大阪中学校の歴史を踏まえ、「当初既ニ理学ノ教育場タリシノミナラス、近年一旦専門学校トナリシトキモ、理医二学科ヲ設ケタルモノニシテ、自ラ理科ニ係ル教授上ノ準備等ハ既ニ多少具ル所アル」と理学の伝統を強調している。従って、「其本科ヲ置カントセハ、右理科ニ係ル学科ノ如キハ稍施設シ易キ所アルベシ、故ニ其本科ハ先ツ物理学、化学、数学ノ如キ理科ニ係ル学科二三科ヲ設置スルコト、シ」と、「理科」に関する学科の設置を先行させたい理念を表明している。それらを理由として文部省は、「建築着手、竣功ノ期限等ハ宜ク別議ニ付シ、此際一時ニ決定セサルモノ可ナルベシ」と最後に述べ、工事着手に関する詳細に言及することを避けている。

この「建築ノ事」に関する大阪中学校側と文部省側の姿勢の違いは、学校改組をめぐる両者の思惑のズレを浮き彫りにしている。大阪側は、一八八八年度に本科授業を開始させることを前提に、その建築工事の開始と予算の編成を要請している。それに対して文部省は、学校の建築を否定しないものの、あくまでも現在の中学校を改造することにこだわっている。また、次に見られるように、本科の設置についても、大阪は「法、理、文三学科」の一括開始を提起している。一方文部省は、従来の経験も踏まえつつ、まず理学に関する学科の設置を先行させる見解を示した。一言でいえば、積極的に学校の決定・建築を進めたい大阪側に対して、文部省側は曖昧な姿勢のまま、いささか消極的な対応に終始している。この点については、次に見られる新しい学校における学科・教則の設置、いわゆる「学校ノ骨子、精神タル者」に関する両者の交渉から、一層明確になってくる。

第四の学校の学科設置についてまず折田の「関西大学校案」では次のように記されている。

関西大学校ニハ本科及予科ヲ置キ、其本科ノ修業年限ヲ四ヶ年トシ、一ヶ年ヲ以テ一学級ニ配シ、其初一年ハ共ニ同シク高等ノ普通学科ヲ修メシメ、後三年ハ法理文三学科ノ中、其一学科ヲ撰ミテ之ヲ専修セシムヘシ。又予科ノ修業年限ハ当分ノ中五ヶ年（即五階級）トシ、二十年九月ヨリハ其最下級ヲ廃シテ四ヶ年トナシ、二十二年九月ヨリハ更ニ其最下級ヲ廃シテ三ヶ年トナスヘシ。是他ナシ、目今本地方ニ於テハ三ヶ年若クハ四ヶ年ナル大学予科ノ最下級ニ進ム迄ノ楷梯《ママ》ナルヘキ学校ナキカ故ニ、一両年間ハ予科ノ年限ヲ永クシテ其最下級ノ程度ヲ卑クシ、以テ入学ノ門路ヲ平易ニシ置キ、年ヲ逐ヒテ漸々下級ヲ除却スルヲ便トスルノ事情アルト。加之二十年九月ヨリ本科ニ入ルヘキ生徒アルヲ以テ、此ト同時ニ予科ノ最下級ヲ廃スルトキハ其教場ナリ、其教員ナリ之ヲ本科ニ転用スルヲ得テ、経費上亦益スル所多カレハナリ。此予科ノ課程ハ較和漢文ノ時間ヲ多クスルト、独逸語ヲ交ヘサルトノ外、都テ彼ノ東京大学予備門第二級以下ノ課程ト同一ナルモノニシテ、則此本科第四級即第壱年生ハ彼ノ予備門第一級生ニ均シク、此ノ本科卒業生ハ恰モ東京大学法理学第二級卒業生ト匹敵スヘキモノトス。而テ教員ハ本科及予科ヲ通シテ専内国人ヲ須ヰ、本科ニ於テハ特ニ欧米人弐人ヲ加ヘ、之ヲシテ一ニ英語及英文学ヲ担当教授セシム。抑予科ニ於テ早既ニ外国人ヲ須ヰス、本科ニ至リテ始メテ之ヲ須ヰル所以ノ者他ナシ、我本科ヲ修ムルノ生徒ハ蓋遂ニ進テ東京大学等ニ入リ、更ニ高尚ナル学科ヲ研究スルノ志望アルモノ多カラン。

関西大学校では、「本科及予科ヲ置キ、其本科ノ修業年限ヲ四ヶ年トシ（中略）予科ノ修業年限ハ当分ノ中五ヶ年」と規定されている。予科五年に本科四年という修業年限から、この学校は大学として構想されていたと思われる。本科には医科こそ含まれていなかったが、法、理、文の三学科を設ける予定である。専門学科を設置するという意味でこの案は、先述した一八八四年一〇月に文部省が提起した「府県聯合設立高等学校」案とは、明らかに異なっている。この学校のレベルを東京大学のそれと比べれば、このことは一層明瞭になるだろう。すなわち、関西大学校の「予科ノ課程ハ較和漢文ノ時間ヲ多クスルト、独逸語ヲ交ヘサルトノ外、都テ彼ノ東京大学予備門第二級以下ノ課程ト同一」という。これによれば、関西大学校の予科レベルが予備門よりは一年低いということになる。したがって、「本科第四級即第壱年生ハ彼ノ予備門第一級生ニ均シク、此ノ本科卒業生ハ恰モ東京大学法理学第二級卒業生ト匹敵」という結果になる。つまり、関西大学校の本科も、東京大学よりはレベルが一年低いと推定できる。さらに、東京大学との接続関係については、「我本科ヲ修ムルノ生徒ハ蓋遂ニ進テ東京大学等ニ入リ、更ニ高尚ナル学科ヲ研究スル」と規定されている。本科卒業生の進学先として東京大学を予想したこの規定は、東京大学を「高尚ナル学科ヲ研究スル」教育機関として別格に扱っているような姿勢を窺わせる[38]。関西大学校は、東京大学よりも低度な大学として構想されたことを、あらためて確認しておきたい。

ところで、関西大学校の予科と、従来の中学校との接続関係はいかなるものだったのだろう。それについて、先の予科課程に関する規定ではまったく触れていなかった。そこで、両者それぞれの予備門との位置関係を比較することを通じて、両者の相互関係を推測してみたい。

まず、中学校と予備門との接続関係を確認しておこう。一八八三年に英語専修科の新設により、府県中学校卒業生の中、初等科は予備門第三級、高等科は第一級相当へと、それぞれ接続できるようになった。つまり、高等科卒業生は理論的には予備門第一級に進学できる。一方、関西大学校予科と予備門との接続関係は次の通りである。先に考察してきたとおり、予科卒業生は、予備門第一級につながっていく設定である。予備門との接続関係から相対的に比較すれば、関西大学校予科は、中学校高等科に相当するという結論を出すことができる。

それに従えば、関西大学校の本科は、従来の中学校高等科の上に置かれる教育機関であったと理解できる。言い換えれば、「関西大学校」は、実質的には中学校高等科と接続する大学として構想された、ということである。一方、「府県聯合設立高等学校」は、中学校初等科と東京大学三年とを接続する教育機関であったことを前述した。学校体系の中の位置づけという意味で、両者の違いは明瞭である。

さらに、東京大学と比較する時、「関西大学校」は単にレベルが一年低いだけではない。「関西」における大学の持つ意味をさらに吟味する必要がある。先の「予科ノ修業年限ハ当分ノ中五ヶ年」という規定を、今もう一度検討してみたい。規定によれば、予科の修業年限が三年となるはずだが、当面はさらに二階級を加えて合計五階級を設けることになる。注目すべきはその理由である。すなわち、「目今本地方ニ於テハ三ヶ年若クハ四ヶ年ナル大学予科ノ最下級ニ進ム迄ノ楷梯ナルヘキ学校ナキ」ということである。要するに、予科に接続できる「中間教育機関」が「本地方」つまり関西地域にない、ということがその理由である。予科五年制は、その現実に対応するために採られたいわば臨時的な措置であるという思惑が窺える。

この思惑について注意されたいことが二つある。一つは「本地方」という地域性が強調されていることである。すなわち、予科の「階梯」を考える時に折田は、「本地方」にその学校の有無を念頭においていた。例えば東京の私立予備校などから生徒を受け入れる図式を、当初から想定していなかったのである。そういう意味で「関西大学校」は、「本地方」すなわち関西、または西日本にある「中間教育機関」に在学している生徒を受け入れる「大学校」として考案された、ということが言える。折田は、地域に密着する大学として「関西大学校」を構想したのである。

そしてもう一つは、予科生徒の五階級編成ということである。これは、先述した一八八五年二月に折田が提出した「中学規則案」に示した理想の中学校の修学年限と一致している。つまり、折田の改革を経た中学校は「関西大学校」の予科を担うことになる、という図式が容易に浮かび上がってくる。中学校の修業年限を五年にする構想は、やがてのちに「中学校令」において、尋常中学校に限って実現を見たと考えることもできる。両者の関連性を検討することは、重要な課題として認めねばならない。

これで折田が目指した大学像が明確に浮かび上がってくる。それは、東京大学にほぼ匹敵する、五年制の中学校と接続できる、なおかつ地域密着型の大学構想である。この目標を達成するために、折田は外国人教師の招聘を求めている。すなわち、「本科ニ於テハ特ニ欧米人弐人ヲ加ヘ、之ヲシテ一ニ英語及英文学ヲ担当教授セシム」るべきだ、と彼は力説している。実際に一八八一年六月以来、この学校における外国人教師の空白を埋めようとしている。先述したように、予備門進学にあたり大阪中学校卒業生が直面した最大の問題の一つは英語力の不足であった。この点は、先の折田の「中学規則案」における英語力補強策と通底している。

一方、大阪中学校側の提案に対して文部省側は、「関西高等学校案」において次のような対応を見せている。

学科教則ノ事ハ、既ニ前項ニ述ベタルカ如ク、当初ニ在テハ先ツ現在ノ中学科ヲ釐正シテ、予備科タルニ適セシムルコトヲ務メ、其本科ハ姑ク方今殊ニ緊要ナルノ学科ニシテ、且稍施設シ易キモノ二三科ノ設置ニ止メテ可ナルベシ。而シテ其予備科ニハ東京大学入学志願ノ者モ亦入学スルコトヲ許シ、該予備科ヲ卒リタル者ハ該大学予備門第一級ニ転入スルヲ得セシムルコト、ナシテ可ナルベシ。而シテ教員中欧米人ヲ須ヒテ英語及英文学ヲ教授セシメントスルハ固ヨリ可ナリト雖モ、既ニ右英語及英文学ヲ教授シテ東京大学トノ連絡宜キヲ得セシメントセハ、独リ本科ニ於テ始テ然カスルノミナラス、予備科ニ於テモ亦然カセサルベカラストスルナリ。

文部省は、「現在ノ中学科ヲ釐正シテ、予備科タルニ適セシムルコトヲ務メ」ることを優先させる考えを表明している。本科については、「緊要ナルノ学科」を選び、「且稍施設シ易キモノ二三科ノ設置ニ止メテ」漸進的に設置していく方向性を示した。さらに「予備科ヲ卒リタル者ハ該大学予備門第一級ニ転入スルヲ得」という規定は、両者の学力レベルを決めるものであり、結果的に大阪中学校の主張を追認した形になっている。ただ、文部省が注目していたのは、むしろ予備門への転入という両者の接続関係であろう。文部省はあくまでも予備門を通じて東京大学への人材供給ルートを確保するというシナリオを描いている。このシナリオにより文部省は、本科の設置よりも、現存の中学科を改革・釐正して予科に充てることを優先的に考えていたのである。事実、本科については文部省はただその設置方針を示したことにとどまっており、修業年限など具体的な言及はまったく見られなかった。このことから、文部省は主に予科を念頭において検討していたことが明らかである。したがって、外国人教師の招聘に関しては一切、言及していなかった。対して先に見た「関西大学校案」は、とかく本科を前提に論じていたのである。両者の思惑の相違が、これでより一層明確になってきたといえよう。

以上の分析から、改組後の学校の位置づけに関する大阪側と文部省側のそれぞれの思惑を明確にすることができた。折田側は、東京大学にほぼ匹敵する、五年制の中学校と接続でき、かつ地域の人材を育成する大学を強く志向していた。一方文部省は、現存の体制をもとに、予科を充実させながら徐々に本科を取り入れていく姿勢をみせた。言い換えれば、文部省はあくまでも予科の母体となるべき中学校の改組問題を考えていたのである。

最後に、第五の在学生の処置について、双方の対応の違いを確認しておきたい。まず大阪側の処置法を以下のように確認しておきたい。

初等中学科生徒ニシテ当校ニ留学ヲ望ム者ハ、更ニ英語科ノ力ヲ検シ、関西大学予科第二級以下ニ入学セシメント欲スルナリ。此クノ如クスルトキハ、本年九月ニ於テ既ニ予科第二級生、同第三級、第四級、第五級各若干組ヲ得、十九年九月ニ於テハ各級皆昇進シテ、其最ナル者ハ第一級ニ達シ、二十年九月ニハ又進ミテ、其最ナル者ハ予科ヲ卒業シテ斯ニ本科一組ヲ得、二十一年九月ニハ又更ニ一組ノ予科卒業者ヲ得テ合セテ二組ノ本科生徒ヲ得ヘキノ予図ハ、蓋敢テ過ラサルヘキヲ信スルナリ。

大阪中学校に在学している初等科の生徒を、関西大学校予科第二級以下に編入するという計画である。英語力の検定を求めることは、将来的に大学への進学を意識して行なわれた措置だと思われる。計画どおりに進めば、関西大学校は一八八七年九月に初めての本科生を有し、翌一八八八年にはさらに一組を得ることになる。それにあわせた建築工事の進度は、先にみた第三の「建築ノ事」の内容とは一致している。この在学生に対する大阪側の処置については、文部省側は「異議ナシ」と追認した。ただし、改組に伴う予算問題について、「右ノ如クナレハ其費用モ当分格別多額ヲ要セサルベシ、尤其詳細ノ予算ハ本案ノ大体決定ノ上ニテ調査スベシ」と述べ、「本案ノ大体決定」後に費用について調査する旨を伝えた。

以上、大阪中学校の改組をめぐり、折田と文部省が提出したそれぞれの意見書を中心に、その内容を詳しく分析してきた。そこから、新しい学校に対する期待に関して、折田側と文部省側との間にはズレが生じていたことが明らかになった。すなわち、大阪の本科中心構想に対して、文部省はあくまでも予科を念頭においた改組を考えていたということである。

「大学分校」の決定過程

先の大阪側と文部省側の議論を経て大阪中学校の改組は、「大学分校」を建設することで一八八五年七月に決着した。では、いつ、どういう形で、文部省と大阪中学校との両者は「本案ノ大体決定」に達することになったのだろうか。また、その内容はいかなるものだったのだろうか。以下、これらの疑問点を逐次に解明していく。

「本案ノ大体決定」の具体的な時期については、「関西大学校案」と「関西高等学校案」の作成日が確定されない以上、確言することは難しい。ただし、六月二〇日に出されたと思われる以下の文部省通達は、改組後の学校に関する概要を示している。まずはその内容を確認しておこう。

今般其校組織ヲ変更シ大阪大学部校ト改称スヘキ見込ニ付、左記ノ條々ニ基キ、先以テ従来ノ教科改正方等取調、且右ニ付来十八年度ノ経費予算改調ヲ要スル分、並ニ十九年度所要経費予算ヲモ取調、至急可伺出、此旨相達候事。

一　大阪大学部校ニハ本科及予科ヲ置クモノトシ、予科ハ此際直ニ之ヲ置キ、其本科ハ予科最上級生徒ノ卒業スベキ時期ニ於テ之ヲ実設スル事。
一　予科ハ従来ノ中学科ヲ之ニ改定スルモノトシ、東京大学予備門第二級ヲ該科最上級ノ標準トシテ其教則ヲ定ムル事。
一　本科ハ理学科及文学科ヲ置クモノトシ、校舎其他実際ノ都合ニ因リ先ツ理学科ヲ置キ、次テ文学科ヲ置ク事。
一　理学科、文学科ノ修業年限ハ各四ヶ年トスル事。
一　従来在学ノ中学生徒ハ其初等科生ハ予科生ニ編入シ、其高等科生ハ東京大学予備門ニ転入セシムル等適宜措置スル事。(39)

ここで、「左記ノ條々」に示された文部省の改組方針を、先にみた「文部一局見込」すなわち「関西高等学校案」と比較しながら確認していきたい。本科設置については、従前の曖昧な表現から一段と具体化された。すなわち、設置時期は「予科最上級生徒ノ卒業」後にすること、専門科には理学、文学を設けること、修業年限は四ヶ年であることなどと明確に決められている。また、予科レベルを予備門第二級までにすることも決められた。これらの措置は、大学設立を前提としているため、「関西高等学校案」よりは一歩前進したといえる。言い換えれば、文部省は「関西大学校案」で示された意見を大いに採り入れたということが言える。

一方、在学生の処置について文部省は、「従来在学ノ中学生徒ハ其初等科生ハ予科生ニ編入シ、其高等科生ハ東京大学予備門ニ転入セシムル等適宜措置スル事」という方針を示した。これは、在学生の処置に関しても大阪中学校側の意見を、文部省が全面的に受け入れたように見える。ところが、この文面における「適宜措置」という言葉をめぐって、やがて大阪側と文部省側は対立していくことになる。大阪中学校側はこれを「無試験入学」と解釈したのに対して、予備門側はあくまでも試験入学の原則を固持したからである。この争いは、東京大学総理の裁断にまで持ち込まれていく。この時、文部省が予備門を支持する立場にまわったために、折田は苦汁をなめることになった。この点については、後に詳述する。

大阪中学校の改組については、先述したとおり、一八八五年六月二〇日までに文部省と大阪側との間で一定の合意に達した。その翌々日の二二日に、文部省は「大阪中学校組織改更之儀伺」を太政官に提出し、大阪中学校の改組について正式に打診した。(40) 次にその内容を分析することにしたい。

「大阪中学校組織改更之儀伺」

近来普通教育逐次上進シ子弟ノ高等教育ニ就クヘキ者漸ク増加候処、右高等教育ヲ授クルノ学校ハ東京ニ於テ一二三ノ設置有之ノ外、各地方ニ於テハ殆ト其設無之、随テ右等子弟ハ一二東京ニノミ輻湊スルノ傾向ニ候得共、東京モ亦有限ノ学校悉ク之ヲ入学セシムル能ハス、教化隆興ノ進路ヲ阻礙スル小少ナラス、就テハ当省所轄大阪中学校ノ儀ハ従来各地方中学ノ模範ニ供スルノ旨趣ヲ以テ持続致来候得共、今日ニ在テハ右高等学校ノ須要ニ比スレハ稍、軒輊モ有之候ニ付、今般該校ノ組織ヲ更革シテ大阪大学部校ト改称シ、逐次法、理、医、文等高等ノ学科ヲ設置シ一大学トナスノ見込ヲ以テ、差向予備科及一二高等学科ヲ設置致度、此段相伺候條至急仰裁可候也。

この伺書は、先の二〇日付通達の内容に基づいて発したものである。ただし、高等教育機関を設置する理由については新たに付け加えられた。すなわち、普通教育の進歩によって高等教育への期待が高まっている中、東京に限らず「各地方ニ於テ」も設けることが必要であるという趣旨である。それにより、「東京ニノミ輻湊スルノ傾向」を解消するとともに、「教化隆興ノ進路」を広げる効果も期待できるという。さしあたって、「従来各地方中学ノ模範」であった大阪中学校を改組し、「大阪大学部校」に昇格させるよう求めている。具体的には、まず「予備科及一二高等学科ヲ設置」させ、逐次に「法理医文」という高等学科を設け、もって「一大学トナスノ見込」という大学設置を目標として掲げた。

ところが、この伺書について中野実は、「奇異な印象を与える」と指摘し、以下のような三点を挙げている。[41] 第一に「地方教育の振興とはこれまでまったくなかった視点であること」である。第二点は、「大阪大学部校」というこれまで「まったくなかった名称が採用され」たことである。第三は「大学設置構想が予め示されていること」である。以下、これらの疑問に対して逐次検討してみたい。

第一点で取り上げられたのは、地方教育の振興という視点の有無である。先に分析したとおり、文部省が府県において高等教育機関を設置する理由として挙げていたのは、生徒の東京一極集中という問題の改善である。またそれによって「教化隆興ノ進路」を広げることであり、地方教育の振興に寄与する云々については、直接言及していなかった。

一方、生徒の東京一極集中に対する危惧は、一八八〇年以降に自由民権運動の高揚に伴い、常に明治政府を悩ませる種の一つとなっていた。その改善策としては、生徒や教員に対して政治結社や街頭演説への参加禁止など取り締まりの対策も打ち出した。すなわち、一八八〇年四月に「集会条例」が発布され、軍隊関係者・警察などとともに「官立・公立・私立学校の教員・生徒」が「政治に関する事項を講談論議する集会」への参加が禁止された（第七条）。文部省も一八八一年以降、学校における政治集会開催の禁止や教員や生徒の政治参加への制限に関する通達を次々と打ち出した。中でも一八八三年一一月二日の文部省達第一八号や一八八五年一月二三日の文部省達第二号及び翌日の文部省達第四号などにより、政治集会への臨会や参加など官公立学校生徒の「不都合行為」を規制し、それによる退学者の再入学禁止などを厳しく規定し、生徒の取締りを一層強化した傾向が見られる。

府県における高等教育機関の増設問題は、まさにこの時期に提起されたわけである。先述した一八八四年一〇月の「府県聯合設立高等学校」構想も、「各地ニ散設スル」計画として、その具体的な提案の一つと理解することができる。したがって、高等教育機関の地方増設は、今になって初めて現れた視点とはいえない。従来の府県教育の実態を踏まえてあらためて提起したものと理解できる。そういう意味で、この伺ならびにこれに基づき考案された「大学分校」構想は、折田によって突発的に出されたものではなく、それまでの教育とりわけ中等・高等教育をめぐる諸問題の中で出てきたものと考えられる。

中野実が問題視した第二点は、「大阪大学部校」の名称の由来である。確かに新学校の名称について、「関西大学校案」では「関西大学校」と呼ばれており、対して「関西高等学校案」では「関西高等学校」と記されている。ではなぜ「大阪大学部校」だったのか。「大阪」は、東京に対して関西や特定の地域を現わすものとみられる。したがって、「府県聯合設立高等学校」に対して「大阪」という名称が使われたのではないか、と中野が示唆している。また、同じ理由で中野が指摘した三点目の「大学設置構想が予め示されていること」も、大阪（折田）側が示した「大学」設置方針を文部省は容認した結果である、とみるのは不自然ではないと思われる。

そして文部省が六月二二日に提出した伺書に対して太政官は、七月一〇日に「伺ノ趣聞届候事／但校名ハ大学分校ト称スヘシ」と許可したが、校名を「大学分校」へ修正するよう求めた。

「関西大学校案」の作成時期・目的及び作成者

ここで、あらためて各史料の作成時期について確認しておきたい。まずⅡとⅢの五点については、それぞれ日付がついているため明瞭である。史料Ⅰ―2（「関西高等学校案」）は、

Ⅰ―1（「関西大学校案」）に対する回答と見られるため、両者の前後関係は明らかである。問題は史料ⅠとⅡとの前後関係である。そこで両者の中に出てきた学校名を分析し、この問題を検討してみたい。一八八五年七月二日、文部省学務一局（官立学務局）浜尾新局長が、参事院議官補郷田兼徳宛に送った次の照会が手がかりとなる。

大阪中学校組織改更之件ニ関シ、過日（六月二二日――引用者）文部卿ヨリ伺出相成候末、其内名称之儀ニ付御談示之次第モ有之候処、右ハ貴院ニ於テ結局大阪大学部校ノ名称ニテハ不穏当トノ儀ニ候得ハ、単ニ大学分校ト相成候テモ宜敷トノ省議ニ有之候。尤モ右大学分校トスルモ固ヨリ東京大学ノ分校タル儀ニ無之、全ク単立ノ学校ニ有之候間、右様含御相成度候也。(42)

この照会から、改組後の新学校の名称について最初、文部省が六月二二日の「大阪中学校組織改更之儀伺」において「大阪大学部校」と提示したことが分かる。それに対して参事院は「不穏当」とし、文部省としても「省議」を経て「大学分校」に変えることにしている。ただ、参事院はいかなる理由で「大阪大学部校」の名称を「不穏当」と判断したのかは不明である。そして、文部省は議論を経た上、「大学分校」という名称に変えた。ところが、この名称は東京大学の「分校」という誤解を招きかねないため、浜尾局長は新学校の性格を「東京大学ノ分校タル儀ニ無之、全ク単立ノ学校」と定義づけ、東京大学に対する独立性を強調し、「大阪分校」という名称が伴う曖昧さを払拭させようとしていた。一方文部省は、あくまでも東京に対して大阪にある「大学」と考えていた見解を示した。「大学分校」に改名させられたにしても、これは「東京大学ノ分校」たらざる独立色を強調したかったからであろう。同年七月二日、参事院は三条太政大臣宛に審査を求めたところ、一〇日付で「伺ノ趣聞届候事。但校名ハ大学分校ト称スヘシ」との指令が出され、了承された。

以上の流れで確認できるように、六月二二日から七月二日までの間、学校名の議論が参事院そして文部省内にも行なわれ、最終的に「大学分校」に決まったわけである。この一〇日間といった短い間に、「大阪大学部校」（六月二二日）に代えて「関西大学校案」（Ⅰ―1）が出され、そして文部省が「関西高等学校案」（Ⅰ―2）を出して、さらにそれが「大学分校」（七月二日）へと変わっていった可能性は極めて低い。もし「関西大学校案」が提出されていたなら、この名称をめぐる一連の議論の中にも、「関西大学」への言及があったと考えるのが自然だからである。したがって、「関西大学校案」（Ⅰ―1）の作成時期は、「大阪中学校組織改更之儀伺」（Ⅱ―2）の六月二二日よりも前だと推定できる。題目なしの六月二〇日付の文部省通達（Ⅱ―1）にも学校名が「大阪大学部校」とされたため、「関西大学校案」の作成はこの前と思われる。

他方、第二章で述べたように、一八八五年五月六日に吉田豊二郎の予備門無試験転学にあたり、大阪中学校側はその理由を「階級消滅」としていた。そこでは組織変更云々に関する文言は、まったく見られなかった。これは、後述する烏丸千佳之二の予備門転学に際して、「大学分校」への改組問題がその理由として取り上げられたことと対照的である。すなわち、吉田が転学していた頃は、改組問題が未だ取り上げられていなかったと思われる。以上により史料Ⅰ―1の「関西大学校案」は、五月六日から六月二〇日の間に提出されたと推定できる。

一方、作成目的について、「関西大学校案」は「関西大学校」を作るための必要事項という趣旨から、大学を作ることが目的であることは推測に難しくない。これを折田の「中学規則案」の趣旨と比較することが必要である。先述したとおり、二月提出の「中学規則案」は大阪中学校に関する改革案であり、自ら大学昇格云々については全く触れていなかった。中学改革に意気揚々だった折田は、いかなる理由でこの直後に大学を目指そうとしたのだろうか。この問題を解決する手がかりは、中野実の見解にある。この点について中野は、「関西大学校案」における、「大阪中学校ヲ改称シテ関西大学校トナサンニハ、其施設執行スヘキノ事固ヨリ少カラス」云々から始まる不自然な書き出しを重要視している。それは「まるで文部省からの指示に応答しているように読める」と推測されるからである[43]。この点に関しては、「関西大学校案」に先立ったはずの文部省の指令といったものが見出せていないので確言できないが、ひとまずは中野の考えに従っておくことにする。また、「茲ニ逐件概要ヲ摘ミテ、卑見ヲ陳述スルコト左ノ如シ」といった文面は、この意見書の作成者は大阪中学校側、ひいては折田校長と理解することが出来る。ただし、先述したとおり、校名や教科課程の設置など学校設立に関する基本的な要件をめぐっては、両者の意見が異なっていた。この事実から、文部省の「指示」は、「大阪中学校ヲ改称」するといったような改組の方向を示す程度のものに過ぎなかったと思われる。具体的に改組後の学校のレベルや位置づけなどについては、ほとんど折田側によって立案した上で改組運動が進められていったと考えられる。

なお、この点については、東京大学の改革（理学部の移転問題）や予備門の分離・独立問題や教育令改正に関する文部省の教育改革とのかかわりで考えるべきだ、と海原徹は指摘している[44]。換言すれば、大阪中学校の改組は文部省による一連の教育改革の一環としてあったと解釈できる。この時期における予備門の動向を、あらためて注目する必要があるだろう。

東京大学予備門の改組問題　周知の如く、東京大学予備門は、一八七七年東京大学が設置される時に附設された教育機関である。名称どおり、予備門は東京大学の「各学部に入るべき学生に必要なる予備教育を施す機関」としてあった[45]。これは、当時において大学に接続できる中間にあるべき学校が充分に整備されていなかった中で、いわば採らざるを得なかった措置である。そういう意味で予備門は、あくまでも臨時的なものであり、「近代的教育制度の未完成の過程における過渡的な」教育機関であったともいえる。

予備門は、一八八六年森有礼文政に伴って第一高等中学校に改組されるまで、東京大学への予備教育機関であった[46]。しかし、予備門のもっていたこの性格は、その卒業生の進路が東京大学に限定されていたこと、また予備門が東京大学へ進学できる唯一の教育機関であることのいずれをも意味するわけではなかった。この点をあらためて強調しておきたい。前者については、予備門から出た生徒が、東京大学以外にも就職することも見られたことを意味する。例えば群馬県の場合、先述した一八七二年末に開催された学事諮問会の席において、本県出身の予備門卒業者の就職状況について、「予備門卒業二名、各中学校三等教諭トス」と回答していた[47]。一方、後者については、東京大学の学生は全員予備門出身とは必ずしも限らなかったことを意味する。これは、東京大学の九月の入学者数は、同年度の七月の予備門卒業者数と一致していなかったことから推定できる。例えば、一八八一年九月に東京大学の入学者の六七人に対して、同年七月に予備門を卒業した生徒数は二五人に過ぎなかった[48]。それは、少なくとも四二人が、予備門を通らずに直接に東京大学への入学を果したということを意味する。同じく一八八二年の場合三六人に対して一九人[49]、一八八三年は一五四人に四七人[50]という結果である。これらの学生の出身について定かではないが、東京の私立予備校から出た人が多かったのではないかと推測される。

ところで、実際に予備門が果たした主な教育機能の一つは、英語を中心とした外国語力の養成であった。それは、東京大学本科の授業は英語を中心とした外国語で行なわれていたからである。この「伝統」は、明治初期の大学南校の時から、教科書の原書使用から建物や教室の建築様式まで、ことごとく外国の制度を模倣するという方針に基づいて形成されたのである（佐藤秀夫）。したがって一八八〇年代までは、東京に集中している私立予備校は特に英語教育に力を注いだ。例えば東京英語学校では一八八五年以降、予備門長だった杉浦重剛が校長として迎えられ、ほかにも複数の海外留学経験者などが教授を担当していた[51]。それが故に、予備門への入学という面では、私立予備校のほうが地方の中学校よりも実績を上げていた。事実、東京大学への進学を目指す地方中学校の生徒の多くは、一旦退学（卒業）してから私立予備校に入る道を選んでいた。言い換えれば、東京の私立予備校は、地方中学校生徒を受け入れる教育機関として、予備門への進学機能を果たしていたのである。

以上のような状況により、一八八〇年代には、地方中学校の中途退学者が多くみられ、またその中で大学志向のものは東京に集中していくという現象を招致する結果になった。先述した予備門専修科の設置は、地方中学校における英語力の不足を補う目的で設置されたものであったことから、これはこの現象を少しでも改善していく努力の一環であったと理解することができる（もっともそれが、私立学校や自由民権運動への対応策として捉える視点も必要であろう）。先述したとおり、文部省は一八八五年初めには、東京大学や予備門を含む教育全般において、さらなる改革を推進していくことになった。この中で同年三月二六日に杉浦重剛予備門長は、予備門の改革案を提出し、次のように書き出している(52)。

過日御内諭之次第モ有之、大学及ひ予備門革正之義ニ就キ種々熟考候処、大学之義ハ当局者モ有之已ニ充分之意見陳述被致候事と存候得ハ、小官儀ハ予備門将来之方向ニ付聊卑見陳述候条、何卒可然御取捨相成度候。

ここで杉浦は、自分の意見書は、文部省の「内諭」で示された「大学及ひ予備門革正之義」に対応した「予備門将来之方向」に関する意見陳述であることを宣言している。文部省の「内諭」とは何であるのかその内容は定かではないが、大学及び予備門の改革に関する意見であることは推測しうる。それに対して杉浦は次のように述べている。

従来予備門ハ大学之附属ニして実際上各学部之予科ヲ教授致候場所に外ならさる姿ニ有之候得共、一方より之を見れハ純然たる一個之普通学校ニて、殆ント模範中学校之体裁を具へ居何分其性質判然不致候、然るに大学之本分ハ学生ヲ養成し及ひ新理推究専一ニ可有之、予備門の如きは一時不得已之都合より附属ニ相成来候得共、時機到着次第右附属物ハ他ニ譲リ専ラ其本分を尽すこそ当然之義と存候。

ここで杉浦は、予備門の性格は「模範中学校」と（東京大学に対する）「附属物」という二点にあると捉えている。後者つまり東京大学の予科教授という「姿」は、「一時不得已之都合より附属」させたものであるとの見解を示している。それはあくまでも一時の都合によるものだったがために、「時機到着次第」にそれを除去しなければならないと指摘している。そうすることで、予備門のもっている「模範中学校」、つまり「純然たる一個之普通学校」という「本分」をはじめて発揮できるという立場である。その認識に基づき杉浦は、夏期に予定されている東京大学理学部の移転に伴い、予備門の分離・独立を主張している。[53] この「独立之学校」は、名づけて「東京中学校若しくハ東京普通学校」という。東京中学校の名義の使用について中野実は、「教育制度上において正系に位置付けられた大阪中学校を意識しつつ、これまでの実態に沿って予備教育機関としての独立を求めていた」と指摘している。[54] すなわち、独立後の予備門は以下のような教育を行なう教育機関として想定されているのである。

該学校之主意ハ中学綱領ニ基き普通教育を旨とし、専門学ニ入るの階梯を為し、猶其上地方中学卒業生を練習為致候見込ニ有之候、然る上ハ他官立専門学校ニて従来予科を備置候ものも、其予科を該学校一手ニ引受候ハ、経済上大ニ便宜を得へくと存候。

ここで述べている「中学綱領」とは、「中学校教則大綱」のことを指すと思われる。[55] しかしここで杉浦は「普通教育を旨」としながら、予備門の「専門学ニ入るの階梯を為し」すなわち予備教育機能を強調している。その上で、「他官立専門学校ニて従来予科」たる予備教育機能を「一手ニ引受」ると杉浦は要求している。東京大学だけでなく、あたかもすべての高等教育機関の予備教育を予備門に独占させよう、という杉浦の狙いが見られる。それに、「地方中学卒業生を練習」させるつまり英語専修科を通じて、地方中学校に対する上位関係を確実にすることもできる。このように考えた杉浦は「御内諭之主旨ニ相適可申と存候」と述べ、それが文部省の意思でもあると自信を見せている。

杉浦案に従えば、地方中学校と高等教育機関とを接続するほぼ唯一の専門予備教育機関として、新たな予備門が独立することになる。一八八二年以来予備門に君臨してきた杉浦の野望が浮き彫りとなった。しかし、杉浦の自信とは裏腹に文部省は、予備門の改革に優先させて大阪中学校の改組を取り組み始めた。ほぼ同時期に出された「大阪中学校ヲ改称」に関する「指示」がこれであった。先述したとおり、文部省の「指示」を受けて折田校長は「関西大学校案」を提示し、最終的に「大学分校」を成立させることに成功した。大阪中学校の改組決定を受けて七月一六日、文部省は予備門をめぐる改組案を太政大臣へ提出した(56)。この案は同月三〇日に認可されたが、それは、杉浦が提案した時からはすでに四ヶ月以上の歳月が経っていた。

一方、八月一四日に文部省は独立後の予備門に対して、「東京法学校予科及東京外国語学校仏独両語学科ノ儀、自今其門へ転属候条、此旨相達候事」と発令した(57)。こうして予備門は、東京大学四学部に限らず、東京法学校や他の専門学校の予備教育機関として新たに出発した。官立専門学校の予科を「一手ニ引受」ることは、杉浦の望んだとおりである。だが果たしてこれは、杉浦案を文部省がそのまま受け入れたことを意味するのだろうか。杉浦は後日、この時の経緯を次のように回想している。

私は予備門長たること四年、明治十七年大木文部卿の下に、森有礼君が御用掛となって来た時、私は東京大学より予備門を分離し、之を高等中学校と称すがよいという建白書を出したが他に当局者と意見の合はぬ事があって十八年辞職した(58)。

杉浦がここで言及している「建白書」は、一八八四年以降の予備門の分離に関する趣旨であることから、先にみた三月二六日付の「予備門分離案」であるとほぼ断言できる。杉浦の案は、結局文部省に採択され、予備門も専門予備教育を一挙に担う予備教育機関となったことは先述した。さらに杉浦は、後に第一高等中学校の創設を、「私の意見は結局採用されたものと見てよからう」としている。この文句から、杉浦は第一高等中学校を「専門たる予備教育機関」と認識していたことが推測できる。

以上の叙述を杉浦の視点からまとめてみると、①彼の建白書＝②「専門たる予備教育機関」＝③第一高等中学校という図式となるはずである。しかし、ここで杉浦はまた「当局者と意見の合はぬ」と述べ、それを一八八五年に予備門を辞職した理由としている。とすれば、②が①の彼の提案どおりだったことは明白である以上、それが、「当局者」の意見を反映した③との間にズレがあった可能性が高いと考えられる。換言すれば、③第一高等中学校は、彼が望んでいた②「専門たる予備教育機関」として文部省が考えていたわけではなかった、ということである。だからこそ、杉浦にとっては「当局者と意見の合はぬ事」として捉えられるのではないだろうか。言い換えれば、杉浦が力説した「専門たる予備教育機関」としての強力な予備門の出現を、文部省は必ずしも望んでいたわけではなかったのである。

では、杉浦が述べている「当局者」とは誰のことだったのだろうか。この特定な人物を確定するには、先の杉浦の回想が手がかりになる。すなわち、建白書の提出時期について彼は一八八四年以降としながら、「森有礼君が御用掛となって来た時」と強調している。ここで特定の人名が出されたことに注目されたい。野心が「当局者」に阻止され憤然として辞職した当時の杉浦の心境を配慮すれば、これが上記の特定の人物（森有礼）であると推測できる。事実、杉浦は一八八五年一二月に「辞職」し、代わって野村彦四郎がその後任を担った。この人事異動は、果たして予備門の将来像などをめぐって、森との意見が異なっていたことを意味すると思われる。この推測を裏付けるように、後に述べる一八八五年一二月末に森文相が「文部省大変革」を断行する際、杉浦は森文政の人事プランに含まれていなかった。

(3)大学分校の実現

「事業拡張予算案」

以上、一八八五年初頭における文部省直轄学校をめぐる改革動向を考察してきた。実質的には文部省は、予備門に優先させた形で大阪中学校の改組を取り組んでいた。一方、改組後の学校の性格をめぐって、折田校長と文部省はそれぞれ異なる思惑を持っていた事実も明らかになった。このようにして、折田側がまず具体的に提案して、それに対して文部省が修正を施して徐々に計画を進める過程の一端を描き出すことができた。要するに、大阪側は新しい「関西大学校」を建築することを前提に立案したのに対して、文部省側は現存の体制を充分に生かしながら、徐々に「関西高等学校」へ進めていく方針で対応した。最終的には一八八五年七月に、「大学分校」が大阪の地に設置されることが決まった。

先に見てきたとおり、「大学分校」というのは、いかにもぎこちない名称であった。しかし、世間一般には、これは東京大学とは違った、大阪におけるもう一つの「大学」だと認識されていた。この事実は世間にいかなる影響を与えたのだろうか。少なくとも大学を目指して日々苦学している、とりわけ関西地域の学生にとっては、これは一大慶事だったに違いない。例えば金子登は、当時の心境を、「時偶々大学分校に於て予科第一年の臨時入学の募集広告を新聞で見て大学分校はやがて大学となる前提であらうと云ふので急に思い立ち何の準備もなく、早速願書を出して置いて郷里(松山)を出て大阪に来ました」と語っている。(59) また博多久吉は、「関西方面特に京阪神方面に於ては、十八年の初頭より学生やその父兄の間に、関西学界に一道の光明が現れたとしてその開校が待たれたものである（中略）大学といふ登竜門が、間近に開かれるといふことを歓迎したのも無理からぬ事である。学生も又角帽が冠れるといふことに魅力がありました」と、後に当時の感激ぶりを回想している。[60] つまり、大学分校は「やがて大学となる前提であらう」と認識されていた。したがって当時、それは「関西学界に一道の光明」と見られ、広く社会の注目を集めていたのである。「角帽が冠れる」魅力を感じさせたこの学校は、内実の面においても、果たして期待どおりのものだったのだろうか。この点については後述するが、ここでは新学校の建設予算案、教員の招聘、校舎の建築などを分析し、大学分校が実現に至った過程を明らかにしたい。

先述したとおり、一八八五年の中頃はちょうど、文部省は経費の削減を実施しようと考えていた時期であった。すると「大学分校」建設の経費を調達することも、やがて大きな現実問題として浮かび上がってくるのである。予算問題について、例えば前述した文部省の「関西高等学校案」の最後に、「右ノ如クナレハ其費用モ当分格別多額ヲ要セサルベシ、尤其詳細ノ予算ハ本案ノ大体決定ノ上ニテ調査スベシ」と締めくくられていた。新しい学校の建設は、相当な予算を用意した上で構想したわけではなく、決定を受けてからはじめて調査に踏み込む姿勢が窺える。事実、大阪側は未だ校名が未確定の段階で、学校建設の予算を調査した上、次のような「事業拡張予算案」を文部省へ提案した。題目も付いていなかったこの史料は、今までの研究では言及されてこなかった。さしあたってここでは、その内容により「事業拡張予算案」と仮称する。やや長文ではあるが、その全文を次のように翻刻しておく。

中学校ヲ某校ト改称センニハ、随テ事業ノ拡張ヲ要スルモノ三アリ。即英語教授ノ為メ目下外国教員弐人若クハ之ニ代用スルノ内国教員弐人ヲ要スルコト、教場八個室ヲ増築セサル可ラサルコト、及ヒ寄宿舎ヲ移築セサル可ラサルコト是ナリ。蓋生徒ヲ増加スルトキハ随テ教場ノ増築ヲ要スルハ勿論ノコトニシテ、其教場ヲ増築スルノ位地（ママ）ハ今ノ寄宿舎ノ土地ヲ舎（ママ）テ、他ニ便利ノ処アルナシ、故ニ教場ノ増築ニ先チテ寄宿舎ノ移築モ亦止ヲ得サルモノト云フヘシ。今斯ニ事業ノ拡張ニ付キ従来ノ定額ニ増額ヲ要スル費項ヲ左ニ掲ク、

一　明治十七年度経費ニ於テハ敢テ増額ヲ要セス。

一　明治十八年度経費ニ於テハ金千円ノ増額ヲ要ス。此訳十八年度ニ於テハ必ス寄宿舎ヲ移築セサルヲ得スシテ、此移築ニ係ル費途予算三千五百余円ヲ要スレトモ、幸ニ十七年度ニ於テ極メテ用度ヲ節倹セシヲ以テ、壱千五百余円ノ残額ヲ生スヘキノ見込ナレハ、此壱千五百余円ヲ十八年度ヘ据置ノ允許ヲ得テ、尚十八年度ノ経費ノ中ヨリ壱千円ヲ支出シ合テ弐千五百余円ヲ得、之ニ本文増額壱千円ヲ加ヘテ惣計三千五百余円トナシ、移築ノ事業ヲ完了スルノ見込ナリ。

一　明治十九年度ノ経費ニ於テハ金弐千円ノ増額ヲ要ス。此訳十九年度ニ於テハ必ス教場ノ増築ヲ要スルコトニシテ、其数ハ少クモ四個室、即八拾坪及ヒ之ニ属スルノ廊下ナカル可ラスシテ、此費途予算弐千五百余円ヲ要スレトモ、五百余円ハ従来ノ定額中ヨリ操合（ママ）セ支出シ、本文増額ニ合セテ弐千五百余円トナシ、増築ノ事業ヲ果サントスルノ見込ナリ。但其前年度即十八年度ニ於テハ定額中ヨリ壱千余円ヲ支出シ、此年度ニ於テハ五百円ノ支出ニ止ル所以ノモノハ他ナシ、此年度ニ於テハ生徒増加、教師増員、又更ニ図書ヲ購求セサル可ラサルノ見込ナレハナリ。

一　明治二十年度ノ経費ニ於テハ金弐千円ノ増額ヲ要ス。此訳二十年度ニ於テモ亦教場ノ増築ヲ要スルコトニシテ、其数亦四個室ナラサル可ラス（尤此増築ハ前年度ニ纏メテ竣功スルヲ便トスレトモ、経費ノ一時ニ多カラサランコトヲ要スルカ為メ、殊更此ク二回ニ割リ合セシナリ）シテ、其坪数廊下及増築費額等皆前年度ニ異ナラサルノ見込ナリ。

右ハ畢竟外国教員ノ俸給ヲ算入セサルモノナレハ、尚左ニ外国教員俸給ノ予算ヲ掲ク。

一　明治十七年度ニハ勿論外国教員ヲ要セス。

一　明治十八年度ノ経費ニ於テハ銀貨三千六百円｛（ママ）即紙幣四千三百弐拾円（弐拾銭差ノ見込）｛（ママ）ヲ要ス。此訳外国教員弐人即毎人一ヶ月俸給銀貨弐百円ノ見込ナリ。

一　明治十九年度以降ニ於テハ銀貨四千八百円｛（ママ）即紙幣五千七百六拾円（弐拾銭差ノ見込）｛（ママ）ヲ要ス。此訳前年度ハ九ヶ月ナルヲ以テ三千六百円ニ止ルモ、本年度以降ハ十二ヶ月ナルヲ以テ斯ク多額ヲ要スルナリ[61]。

この「事業拡張予算案」は日付がなかったため、作成日は確定できない。ただ、「中学校ヲ某校ト改称センニハ」から書き出されていることから、中学校の改組問題が既に議論に載せられた段階で作成されたと判断できる。さらに、校名が「某校」とされたことから、まだ最終的には確定していない時期だと考えられる。先述したとおり、新学校の名称について、大阪側と文部省側とではそれぞれ「関西大学校」と「関西高等学校」と意見を異にしていた。ところが六月二〇日付文部省の［組織変更達］では、改組後の学校名が「大阪大学部校」と示されていた。これが、学校名をめぐって文部省と大阪中学校側との間に合意を達したことを意味するならば、この「予算案」は六月二〇日以前に出されたと推定できる。

さて、学校名が未定のまま大阪中学校は、「事業ノ拡張」の必要事業として、英語教員の招聘、教場の増築およびそれに伴う寄宿舎の移築などの諸点を挙げている。中でも、「英語教授ノ為メ」の教員招聘はその筆頭に立っている。人選については、「目下外国教員弐人」と外国人の招聘を示唆したが、「之ニ代用スルノ内国教員弐人」というように、特にこだわっているわけでもないように感じられる。しかし、具体的な予算については、「外国教員俸給ノ予算ヲ掲ク」と示されたように、やはり外国人の招聘は最優先課題として掲げているように思われる。

一方、教場の増築をめぐっては、その用地は従来の寄宿舎の土地で充てると書かれている。この点は、従前の諸史料の中には見られなかったものである。先述した文部省の「関西高等学校案」の最後に示されたとおり、「詳細ノ予算ハ本案ノ大体決定ノ上ニテ調査スベシ」との手順が指示されている。この事実から、予算案は具体的な計画に基づいて提出されたものと考えられる（現にその後まもなく寄宿舎の移築が始まる）。次は「事業拡張予算案」に基づいた具体的な建築計画を検討していく。

外国人教師の招聘計画　外国人教師の招聘に先立ち、それを受け入れる教師館を新たに建設しなければならない。明治期においては外国人教師には専用の住宅を提供することが慣例となっていたからである。大阪側も、大学分校の建設決定直後の七月一五日に教師館建設の伺いを文部省に提出し、それが七月三〇日に許可された。直後の八月三日、大阪側は外国人教師の招聘に関する次のような伺書を文部省に送っている。

当省所轄大阪中学校之儀、今般其組織ヲ改更シ大学分校ト相称シ候ニ就テハ、予科英語教授ノ為メ外国人弐名ヲ要シ候ニ付、本年ニ於テ壱人来十九年九月ニ於テ壱人、共ニ来帆結約之日ヨリ向二ヶ年ヲ期限トシ、月給壱圓貨凡弐百五拾圓ヲ以テ米国ヨリ招雇致度、此段至急相伺候也。

外国人教師の招聘は「予科英語教授ノ為メ」という目的が、ここで初めて明確になっている。その給料は月に銀貨二五〇円で、来日時期はそれぞれ一八八五年内と翌年九月となっている。先の「事業拡張予算案」では、二人の月給は二〇〇円と決められていた。そのうち、一八八五年度に来日予定の一人は、その給料支出が「九ヶ月ナル」とされていた。学期の始めは九月からと考えれば、この教師の来日時期は一二月になっていたことが予想されたと思われる。実際には、二年契約で月給を二五〇円に増額し、また招聘先は米国にというように、外国人招聘計画はさらに具体化していく。この招聘案が八月一三日に、「伺ノ趣聞届候事」と文部省に許可された。

それを受けて早速折田校長は、翌九月に九鬼隆一駐米公使（九鬼は、ワシントン赴任まで長期にわたって文部行政を担い、渡米直前は文部少輔だった）に適任者の斡旋を依頼している[62]。九鬼は、スミソニアン協会に人選を求めようとした。彼は米国滞在中、スミソニアン協会に関心を持っており、外国人教師の人選もその協会に打診した模様である。その結果、スミソニアン協会のワシントン国立博物館人類学部主幹だったグッドリッチ（Joseph King Goodrich）、及び同博物館顕微鏡部長だったヒッチコック（Romyn Hitchcock）の二名が、それぞれ一八八六年四月と九月に来日した。このように、大学分校の外国人教師の来日は当初の計画よりは大幅に遅れ、実際には大学分校が消滅し、代わって第三高等中学校が発足した後のことであった。

一方、七月末に許可された教師館の建築が、予定通り一〇月一三日に工事着手、一二月一五日に竣工した。それは二階建の洋風木造の建築であった[63]。このように、明治国家における第二の「大学」は、開校に向けて着々と準備を進めていった。

寄宿舎の移築

一方、教場の増築については、大阪側が寄宿舎の土地を利用して計画をたてていたことを先述した。それに従えば、この工事はまず寄宿舎の移築から始まらねばならない。早くも六月二〇日、大阪側は文部省に次のように伺った。

当校寄宿舎之義ハ従来教場ト密接シテ建造有之候ニ付、毎ニ火災等之懸念有之。然ルニ尚又今後教場建増ヲ要シ候見込有之候処、教場ヲ建増ス可キ候置ニ於テハ従来寄宿舎ノ場所ヲ措（ママ、借カ）テ他ニ恰当ナル好場所無之。就テハ従来ノ寄宿舎ヲ文庫北手ナル空地ヘ引移候ヘハ、一ニハ火災ノ懸念ヲ除キ一ニハ教場建増ノ好場所ヲ得、所謂一挙両得ト存候ニ付、当夏季休業中ニ寄宿舎引移シ申度。而シテ其費額ハ大約金三千六百円以内ニテ成工可致。尤該費用ハ当校本年度経費残額ト来十八年度経費ノ中ニテ全ク支弁可致見込相立候ニ付、乃別紙図面並仕様書相添、此段伺上候条、至急御高裁ヲ仰キ度候也。(64)

先述したように、大阪中学校の寄宿舎は教場と体操場との間に挟まれていた。大阪中学校は、改組に関する太政官の裁可を待たずに、最初の工事である寄宿舎の移築を一方的に始めようとしている。そのためか、この工事を「火災ノ懸念」や教場の増築など一般的な理由をもって上申している。移築先は、「文庫北手ナル空地」と指定された。ちなみに文庫とは、大阪専門学校から大阪中学校へ改組する度に一八八一年、元「第六番教師館」から改称されたものである。(65) ここで注目すべきは、言及した予算の金額と拠出するところである。総額「大約金三千六百円以内」とした費用は、「当校本年度経費残額ト来十八年度経費」より支弁すると定められている。

一方、先に挙げた「事業拡張予算案」では次のように示されている。つまり、「移築ニ係ル費途予算三千五百余円」であり、総額三五〇〇円の内一五〇〇円は一八八四年度の予算残額を、残りは一八八五年度の経費よりそれぞれ支出するという採算である。両者の計画がほとんど一致していることから、先の「事業拡張予算案」に基づいて、大阪中学校が移築を計画したと思われる。これに対して文部省は、一週間後の六月二七日に許可した。夏休みの休暇を利用して、寄宿舎の移築工事は早速七月二一日に始まり、九月二五日に竣工を迎えた。

校舎の建設と新校地の選定　それに対して教場の増築作業は、一八八六年度より始まると計画されていたのである。ここでもう一度「事業拡張予算案」を確認しておこう。

大阪側の予定としては、「教場八個室ヲ増築」させることであった。しかし、「経費ノ一時ニ多カラサランコト」を配慮し、二回に分けて建築することを計画している。すなわち、一八八六年度に「少クモ四個室」、一八八七年度にも「四個室」という採算である。教室一つあたりとしては、その大きさは教室の二〇坪とそれに属する廊下となっており、またその費用は六〇〇円以上と計上している。しかし、大学分校の将来像を考える時に、この増築案では到底応えることができないように思われる。将来的には大学分校に本科を充実させ、入学定員も増加させていく方向が定められていたからである。より広い敷地を求めるために、折田校長は大学分校の新築を正式に文部省に申し入れ、許可された。一八八五年九月以降、折田校長は候補地の調査に動き出した。その調査結果を『検地功程記』にまとめ、折田は一一月七日、以下のように文部卿伯爵大木喬任宛に上呈した。

謹白彦市先日ニ大学分校新築ノ企図ニ関シ允許ヲ得テ、兵庫県下广耶山及兜山傍辺並京都府下伏見陸軍兵営、大阪府下信太山及阿部野附近ノ地ヲ相検シ了レリ、乃茲ニ各地ノ実況ヲ具陳シ、且薄力卑見ヲ加へ之ヲ検地功程記トナシ、敬テ閣下ノ電覧ニ供シ、伏シテ高明ノ簡択ヲ仰ク。頓首再拝。(66)

文部省が元々大阪市中心より一、二里（四から八キロメートル）の範囲内で新校地の予定を立てていた（「関西高等学校案」）。しかし、実際にはそれはほとんど期待できるものではなかった。そのため、折田は兵庫県、京都府、大阪府など複数の地域へ足を運び、次のような結論を出すに至った。まず兵庫県の原田村（三ノ宮と住吉の中間）については、「総面積」は「三万坪ニ過キス」がために不充分とされた。しかし、その「西隣ナル筒井村ノ地ヲ合併シテ一区トナサハ優ニ六、七万坪ノ面積ヲ得ヘシ」と計算された結果、「新校建築ノ地之［原田村］ヲ舎キテ復他ニ尋着シ易カラサルヲ信ス」という結論を出すことになった。すなわち、折田は新校地の候補を、この『検地功程記』の中でいきなり兵庫県の原田村を挙げることにしたわけである。そのため、「四隣ノ地理及別地価ノ委曲ハ別紙図表ニ詳ナリ」というように、詳しく情報を提供している。

一方、同じく兵庫県の生田川旧河床（神戸区生田神社の東北）及び上ヶ原（西ノ宮の北方一帯）は、地理の関係で

「新校設置ノ地ニ適セサルコト」と判断された。また、大阪府の小野新田（和泉の南隣）は、「運輸便ナラス故ニ終ニ新校敷地ニ適セサル」と否決された。同じく大阪府の阿部野（天王寺南）地域は、その近所に「流行病避病院アリ」、また「火葬及埋葬地アリ」という理由で、またもふさわしい候補地として認められなかった。最後に京都府の伏見兵営跡（附射的場）は、「恨ムル所ハ地方病ノ多キト高地ノ広カラサルトノ二不便宜アル」というように、衛生上及び敷地の狭さによって否定されたわけである。

以上の検地報告から見られるように、新校地について折田は、面積、周辺の地理、衛生上の問題などの要素でその適否を判断しているように思われる。具体的に面積については、従来の大阪中学校が有していた一万一七〇〇坪の敷地の五倍ぐらいの五～六万坪を要求している。例えば、先に述べた大阪府の阿部野が所在する大阪府東成住吉郡長桜井義起宛に一八八五年一〇月二二日、折田は以下のように問い合わせた。

当校這回規模ヲ拡大ニシ新ニ校地トシテ建築可致企図有之、其要地五、六万坪を《（ママ）》要候ニ付、現ニ尋索中ニ有之候義シ、貴郡下之郡村中ニ右ニ適応之場所ハ無之乎。乍御手数至急御取調之上、何分之御回報候致度、時宜ニ□早速当方ヨリ出張実地相検可致候。右御依頼旁及御問合候也。

それに対して桜井郡長は翌々日に早速、「東成郡天王寺村南方ニ当リ阿部野村西方ニ近接シ、高燥平坦ニシテ六万坪余適応ト認候」というように、阿部野を候補地として折田に報告している。それを受けて折田は教諭大野孝徳を派遣し、一〇月三〇日にそこの実地調査を実施した。さらに一一月二日に樹木などを含む地価調査まで行ない、地価六、六八九円に家屋、樹木三、五一四円と合計で一万円あまりの金額を算出することになった。かなり本格的に実地調査を行なった姿勢が窺える。

以上の分析で明らかなように、折田校長は将来的に本格的な大学建設を意識して大学分校の新築を企画した。その第一歩として、関西一円に足を運んでその実地調査を行なった。その結果、一八八五年一一月に兵庫県の三ノ宮と住吉の中間にある原田村は、もっとも有力な候補地として挙げられることになった(67)。しかし、実際の候補地の選定は、一八八六年以降文部省が高等中学校の設置を示唆してからはじめて本格化していった。

第二節 「大学分校規則」案

(1)「大学分校規則」草案

「大学分校予科仮規則」

大学分校は「角帽が冠れる」魅力を感じるものであったが、内実の面においても期待どおりのものだったのだろうか。ここであらためて「大学分校」の校名の意味について確認しておきたい。果たしてそれは文字通り、東京大学の「分校」を意味するのだろうか。これについてさしあたって、設置決定当時の文部省の公式見解を参照しなければならない。先述した一八八五年七月二日、文部省学務一局(官立学務局)浜尾新局長が参事院議官補郷田兼徳宛に送った次の照会が手がかりとなる。「大学分校トスルモ固ヨリ東京大学ノ分校タル儀ニ無之、全ク単立ノ学校ニ有之候間」ということである(68)。ここからは、この「大学分校」はまったく一つの独立した大学だったことが明らかとなる。

しかし当然ながら、校名に対する解釈よりも、教育カリキュラムや規則などを検討し、その実態を把握して初めてその正体を摑むことができる。この点については従来、本科を持たないままで一八八六年四月に森有礼の「中学校令」の発布とともに第三高等中学校へ改組された経緯を理由に、大学分校は実質的に大学予備教育機能しか持たなかったと断言されてきた(二見剛史・海原徹)。しかし、そもそもこの「大学分校」はいかなる学校像を目指していたのか、まずこの点を明確にしておく必要があるだろう。以下、大学分校の規則をめぐる大阪側の草案、修正案と文部省の裁可案を比較分析し、その内実を明らかにしたい。

大学分校決定直後の一八八五年七月一七日に、大阪側は大学分校予科の仮規則を文部省に提出した。この「大学分校予科仮規則一斑」は以下のような内容となっている。

一　学科ハ修身、和漢文、英語、数学、地理、歴史、生理、動物、植物、経済、記簿、習字、図画、及体操トス。

一　学級ヲ五階ニ分チ一階級ヲ以テ一学年ノ課業トナシ、五学年ヲ積ミテ全科ヲ卒業スヘキモノトス。

一　学年ハ九月十一日ニ始マリ翌年七月十日ニ終ル、之ヲ分チテ三学期トナス。（以下、略）

予科の教科目は、従来の大阪中学校で行なわれていたものと、まったく同様であったことに注意されたい（第一条）。さらに第二条で示されている五階級を踏まえて、この新しい大学の予科は、折田がかつて提案した五年一貫性の中学校そのものだったと考えることができる。つまり折田は、一八八五年二月に「中学規則案」で提示した理想の中学校を上積みした形で「大学」を作ろうとしていたのである（「関西大学校案」）。折田の中学校・大学の理想像は、これによってはっきりと浮かび上がってきた。言い換えれば、現存の東京大学とは性格の異なる「大学」、いわば現在の中学校から直接に接続できるような「大学」を、折田は作ろうとしていたのである。

「大学分校規則」草案

さて、肝心の大学分校本科はどのような学校として構想されていたのだろうか。まずは一八八五年九月五日付で文部省に提出された「大学分校規則」草案の構成を、次のように確認しておきたい（なお、この伺案とまったく同様の内容の規則案が存在する。日付が「八月五日」となっているため、九月の伺案のもとはすでに八月の段階で作成されたと考えられる）。

目次

ここでは第一章から第四章に示される内容を分析し、構想された大学分校像を探ってみたい。

第一章　総則

第一条　大学分校ハ文部省ノ直轄ニシテ、其建在地ハ当分大阪城西馬場トス。

第二条　教科ハ大学科及之ニ進ムノ予備科トス。

第三条　修業期限ハ大学科ヲ四ケ年予備科ヲ三ケ年通計七ケ年トス。
　但大学科ハ現今理学、文学ノ二科ヲ置キ、漸次他ノ学科ヲ増設スヘシ。
　但予備科ハ当分ノ中二ケ年ヲ加ヘテ五ケ年トス。
第四条　大学科ハ又本科ト呼ヒ之ヲ修ムル者ヲ学生ト称シ、予備科ハ又予科ト呼ヒ之ヲ修ムル者ヲ生徒ト称ス。
第五条　大学科卒業ノ者ニハ得業生ノ称号ヲ付与ス。
第六条　男子生徒タルヲ得ル者ノ資格左ノ如シ。
　㈠男子ニシテ天然痘又ハ種痘ヲ了ヘ、品行方正身体健康ノ者。
　㈡生徒ハ年齢満十四歳以上、学生ハ年齢満十七歳以上ノ者。
　㈢試業ニ及第ノ者。
第七条　学生生徒ニハ二人ノ保証人ヲ要ス。（以下、保証人資格については略す）
第二章　大学科教則
　此章ハ現今取調中ナルヲ以テ暫ク欠如ス。
第三章　予備科教則
第一条　学科ハ修身、和漢文、英語、数学、地理、歴史、生理、動物、植物、経済、記簿、習字、図画及体操トス。
第二条　学級ヲ三階ニ分チ一階級ヲ以テ一学年ノ課業トナシ、三学年ヲ積ミテ全科ヲ卒業スヘキモノトス。
　但当分ノ中二階級ヲ加ヘ五学年ヲ以テ卒業スルモノトス。
第三条　学科課程及教科用書左ノ如シ。（以下、「大学分校予備科課程表」及「大学分校予備科用書表」を略す）

第四章　学年、学期、時間、休日（略、ただし、「大阪中学校規則」同様のこと）
第一条（略、ただし、「大阪中学校規則」同様のこと）
第二条　授業時間ハ毎週三十一時間以内トス。
第三条　休業日ヲ定ムルコト左ノ如シ。（略、ただし、「大阪中学校規則」同様のこと）

まず第一章「総則」に記されている内容を分析していきたい。大学分校は官立学校とし、その場所は「当分大阪城西馬場」と臨時的に決められている（第一条）。とはいうものの、大学科とその予科を有する（第二条）ことから、大学分校が立派な大学として構想されていることは明白である。その中、理学、文学の二科を設けることやその修業年限が四ヶ年である（第三条）こと、また大学科は今の段階では「欠如」していること（第二章）などは、先述した六月二〇日付の文部省通達と一致しているように見える。また、当分五年とする予科の修業年限については通達に記されていなかったが、「関西大学校創立次弟概見」に見られる「関西大学校案」と共通している。そして、大学科と予科の修業年限は、予備門と東京大学との合計年数と比べれば、一年短いことも「関西大学校案」の内容と一致している。

しかし、第五条「大学科卒業ノ者ニハ得業生ノ称号ヲ付与ス」に示される卒業生の称号授与に関する規定は、今までの諸案にはまったく見られなかった。学位を「学士」ではなく「得業生」にしたのは、東京大学卒業生に与えられる「得業士」の称号よりも一段低い称号として考案されたからではないか、と中野実は解釈している。(69)

次に、「予備科教則」（第三章）と「学年、学期、時間、休日」（第四章）の内容を検討したい。学科科目の内容は、「中学校教則大綱」に基づく当時大阪中学校の教科科目と一致している。三年構成、当面五年の修業年限は、先述どおり「関西大学校案」同様である。しかし、「授業時間ハ毎週三十一時間以内トス」（第四章第二条）という規定は注意に値する。これは、一八八五年二月に折田が提出した「中学規則案」の中で提示した授業時間数と一致しているからである。当分五学年の学級編成と加えて、この点からは先述した如く、大阪中学校を大学分校の予科に充てる、という図式が浮かび上がってくる。

以上の分析で明らかなように、九月の「大学分校規則」草案は、六月二〇日の文部省通達に配慮しながら「関西大学校案」の構想を下敷きにして作成されたと思われる。つまり、予科五年に大学科を上積みするという大学構想が再確認されたのである。

（2）「大学分校規則」修正案

この草案は、一八八五年九月五日をもって正式に文部省へ提出されることになった。ただし、わずか一〇日後の同月一五日、大阪側はその一部分の修正を求め、新たな案を文部省に送った。すなわち、「当校規則中教場監事、図書掛、器械室、器械掛、寄宿舎取締、会計掛等名目ノ義、別紙末欄ノ通改称ヲ要シ候条、乍御手数右規則夫々御訂正ニ預リ度」ということである。これは、例えば「寄宿舎取締」を「舎務課」に改称したように、強制的・消極的な意味合いを含ませた用語を、一般的な性格の用語に切り替えたものと理解することができる。いわば用語に関する細かい修正であった。ところが、それよりもおよそ一ヶ月半後の一〇月三一日に、学校当局はさらに次のような「引換ノ儀御照会」を起案し、一一月七日に文部省に送った。

客月五日附中第千三号ヲ以テ当校規則之義伺出置候処、右ハ尚少々改正ヲ要シ候処有之候、乃茲ニ更ニ別冊弐部貴官迄差出候条、乍御手数最初之分ト御引替ニ預リ度、此段御依頼旁及御照会候也。(70)

「別冊弐部」の詳細については不明だが、九月伺書に対する修正案であることが確認できる。この修正案をもって九月五日伺の草案と「引替」えたいという内容だった。では、伺書に対して「少々改正」を加えた大学分校規則修正案は、いかなるものに変っていったのだろうか。九月案と同じく、第一章〜第四章の内容を確認しておこう。

第一章　総則
第一条　大学分校ハ文部省ノ直轄ニシテ、其建在地ハ当分大阪城西馬場トス。
第二条　教科ハ本科及之ニ進ムノ予備科トス。
　但本科ハ現今理学、文学ノ二科ヲ置キ、漸次他ノ学科ヲ増設スヘシ。
第三条　修業期限ハ本科ヲ三ケ年予備科ヲ三ケ年通計六ケ年トス。
　但予備科ハ当分ノ中二ケ年ヲ加ヘテ五ケ年トス。
第四条　本科ヲ修ムル者ヲ学生ト称シ、予備科ヲ修ムル者ヲ生徒ト称ス。
第五条　男子生徒タルヲ得ル者ノ資格左ノ如シ。（略）
第六条　学生生徒ニハ二人ノ保証人ヲ要ス。（以下、保証人資格については略す）
第二章　本科教則
　此章ハ現今取調中ナルヲ以テ暫ク欠如ス。
第三章　予備科教則
第一条　学科ハ修身、和漢文、英語、数学、地理、歴史、生理、博物、物理、化学、記簿、図画及体操トス、
　但当今ノ中習字ヲ加フ。

第二条　学級ヲ三階ニ分チ一階級ヲ以テ一学年ノ課業トナシ、三学年ヲ積ミテ全科ヲ卒業スヘキモノトス。
　　但当分ノ中二階級ヲ加ヘ五学年ヲ以テ卒業スルモノトス。
第三条　学科課程左ノ如シ。（略）
第四章　学年、学期、時間、休日。（略、ただし、九月伺案同様）

この内容から明らかなように、九月伺書に対して同月一五日の修正は字句の変更にとどまったのに比べ、今回は実に大幅な修正であったといわざるを得ない。まず何よりも注目されたいのは、「大学科」が「本科」へと修正されたことである（第一章第二条）。それに、卒業生に得業生の称号を与えることも削除された。また、本科の修業年限が、四年から三年へと一年短縮された（第一章第三条）。一方、学校の性格や立地（第一章第一条）、本科の専門学科の内容などは前案どおりである（第一章第二条但書）。予科の修業年限も、従来通り、三年に当面二年を加えて合計五年である（第一章第三条）。全体的には予科に関する規定はほとんど変更せず、代わりに九月案の「大学科」の名称と修業年限が修正されたという印象をうける。中でも修業年数が一年間短縮されたことは、本科のレベルを若干ながら引き下げたとの印象を持たせる。

では、大阪中学校はいかなる理由で九月案に対して、自ら修正を施したのだろうか。六月二〇日文部省通達でさえ本科の修業年限を四年と定めたのに、なぜこの時になってこのように変更したのか。文部省は予科の整備を優先させ、本科のレベルについては必ずしも確たる方針を持っていなかったと思われる。しかし大阪中学校にとって、五年の予科の上に本科をおくという「大学」へのこだわりは、本質的なものとして安易に切り捨てられるものではなかったからであると考えられる。

(3)「大学分校規則」の成立

ところが文部省は一一月二一日、「引換ノ儀御照会ニ拠リ本冊及御返仕候也」と九月伺案を大阪中学校に返却し、代わって一二月二日に「大学分校規則」の裁可案を下した。それは、大学分校が一一月七日に再提出した修正案に対する指令である。大阪側の草案、修正案に対するこの案は、以下のような内容となっている。

第一章　総則

第一条　大学分校ハ文部省ノ直轄ニシテ、其建在地ハ当分大阪城西馬場トス。

第二条　教科ハ本科及之ニ進ム予備科トス。

但本科ハ現今理学文学ノ二科ヲ置キ、漸次他ノ学科ニ増設スヘシ。

第三条　修業年限ハ本科三ヶ年予備科ヲ一ヶ年通計四ヶ年トス。

但予備科ハ当分二ヶ年ヲ加ヘテ三ヶ年トス、且従前入校ノ生徒ニシテ直ニ予備科ニ編入シ難キ者ハ、編入ノ期マテ姑ク別課予備生トシテ在学セシム。

第四条　本科ヲ修ムル者ヲ学生、予備科ヲ修ムル者ヲ生徒ト称ス、其資格左ノ如シ。

㈠男子ニシテ天然痘又ハ種痘ヲ了ヘ品行方正身体健康ノ者。

㈡生徒ハ年齢満十四歳以上、学生ハ年齢満十七歳以上ニシテ入学試験ニ及第シタル者。

この案を一一月修正案と比較してみよう。学校の性格、立地、本科の名称、専門学科の種類、それに修業年限に関してはいずれも変化が見られない。しかし、予科の修業年限が三年から一年へと大幅に削られている。これをもって、大学分校は本科三年に予科一年の「大学」と変わった。入学年齢からみれば、大学分校卒業生は、東京大学予備門のそれと同じようになると中野実が指摘している。(71) つまり、大学分校は予備門と同じレベルの「大学」として文部省に規定されたのである。

ただし、学校体系における位置づけについては、両者の性格がまったく異なっていたのである。この点をあらためて強調しておきたい。先述したように予備門は、東京大学からの分離・独立をもって、専門のいわゆる予備教育機関としての性格が一段と強まっている。一方、大学分校は、東京大学との接続関係は一二月の裁可案に反映されておらず、また地方中学校との関係も明記されていなかった。確認できるのは、「理学文学ノ二科ヲ置」くこと、そして「漸次他ノ学科ニ増設スヘシ」という専門教育への追求ということである。この点は、また予備門との大きな違いの一つとして注目に値する。

ここで、大学分校規則に関する流れをもう一度確認しておきたい。大阪中学校は八月五日に「大学分校規則」草案を作成し、同案をそのまま九月五日に文部省へ伺った。まもなく該案に対して細かい修正を施した後、一一月七日にさらなる修正案を文部省に提出した。その結果、本科の名称が「大学科」から「本科」へ、修業年限が四年から三年へと変わっている。一方、予科に関する規定は、当時の大阪中学校のそれを基本にしながら修業年限を五年間に設定する、という内容で再確認された。すなわち、五年制の大阪中学校を予科として、その上に本科を重ねるという計画で大学分校が構想されたのである。しかし、文部省一二月の裁可案は、本科三年に予科一年（当面二年）といった内容だった。

両者のやり取りを踏まえた上、さらに「関西大学校案」から文部省の対応と合わせてみると、両者の思惑のズレが最初からあったことが窺える。つまり、一八八五年春、大阪中学校に対して文部省が改組の旨を示唆した。受けて折田は五月以降、「関西大学校」の設置をもって「関西大学創立次弟概見」を提示したが、文部省は「見込」において「関西高等学校」へと修正意見を述べた。ついで六月の文部省通達により、大阪中学校の大学への改組方針が固まった。それを受けて大学分校規則をめぐって、両者のやり取りが繰り広げられた。その結果、大阪の八月案は、九月、一〇月を経て一二月になると大幅に退歩する結果となった。大学の設置を前提にした当初の構想から、中野が指摘したように、実質的には予備門相当の教育機関へと変わっていったからである。

言い換えれば、文部省はあくまでも大阪中学校の改組を中心に据え、本科の具体化については積極的に対応しているように見えなかった。しかしこれはあくまでも文部省の見解であり、当事者の大学分校側はこの過程の中で、五年制の予科の上に大学本科を置くことに一貫してこだわり続けた。折田にとって大学分校とは、従来の中学校に接続する大学として他なりえなかったからである。では、この大学分校においてどのような教育が行なわれていたのだろうか。次はこれについて検討する。

第三節　大学分校の特質と「五大学校」構想

(1)入学生の決定と無試験入学

大学分校の規則について文部省が裁可を下したのは、一八八五年一二月だったことを先述した。それは、全国第二の大学として九月に開校してから、すでに二ヶ月以上が経ったのである。すなわち、当面の間は、大学分校は予科規則に則って予科の授業を始めたわけである。一方、教職員は従来の中学校時代のスタッフをほとんどそのまま受け継いだ。唯一の増員は、後述するように、一八八五年一一月に歩兵操練の教員として迎えられた遠藤治吉である。ところで、大学分校長に任命された折田彦市は、同年一二月二八日付で文部権大書記官に転出し、代わって大書記官中島永元が着任した。後述するように、折田の文部省転出は、内閣の発足に伴う文部省の人事刷新の一環として行われた。

ところが、大阪中学校の改組には、解決しなければならない問題が一つあった。従来の大阪中学校在学生をいかに処置するかということである。大学分校は、先の文部省通達の内容に基づき、「初等科生ハ予科生ニ編入シ、其高等科生ハ東京大学予備門ニ転入セシムル」という方針だった。具体的には、七月一六日に大阪中学校は、以下のように改組の基準を示した。


従来在学ノ生徒ハ左記之通改易編制可致候条、其許保証ノ生徒ニシテ此上猶在学ヲ望ム者ハ来八月卅一日迄ニ其旨可申出候置、右期限迄ニ申出無之時ハ退学シタル者ト見做候事。

高等第四級、初等第一級―予科第二級。

初等第二級、同第三級、同第四級―予科第三級。

初等第五級、同第六級―予科第四級。

初等第七級、同第八級―予科第五級。(72)


このように、旧大阪中学校の生徒を大学分校の予科へと改編することになった。実際には、初等中学科第七、八級の七一名が別課予備科第二級へ、同第五、六級の八五名が別課予備科第一級へ、同第三、四級の六五名が予備科第三級へ、第一級の一六名が予備科第二級へと編入されることを希望した（「生徒在学退学一覧表」）(73)。その結果、初等科生徒二五〇人の中二三七人は大学分校予科へと移行することになった(74)。大学分校の新設に伴う退学者は僅かに一三名にとどまっている。かつて一八八〇年に大阪専門学校から中学校へ改組する時に起こった退学者続出の事態と比較すれば、今回の退学者は非常に少なかったといえる。この事実は、改組により生徒側の大学昇格に対する期待感の絶大さを、如実に物語っているのである(75)。

予備門への無試験入学問題

一方、高等中学科には一八八五年七月当時、九人が在籍していた。その中、高等科第四級に進学した八人は全員、大学分校予科第二級に転学した（第二章「大阪中学校初等中学科卒業生一覧表」のグループDを参照）。ところが、当時ただ一人の高等科第三級生烏丸千佳之二の処遇をめぐって、大阪中学校側と東京の予備門との間で問題が生ずることになった。すなわち、同年七月一八日に折田校長は予備門宛に、「当校這回組織変換、校名改称相成候ニ付テハ曾テ文部卿ヨリ達セラレ候旨趣モ有之候条、茲ニ当校高等中学第三級生烏丸千佳之二貴門へ転学之為差出候」と照会し、烏丸の無試験転学を求めた[76]。

折田は文部省との合意に則って、学校の「組織変換」を背景に、高等科生徒の予備門への「無試験」転学を求めている。同日に学務一局長浜尾新宛にも願出を発し、「本省ヨリ御門へ可然御訓示相成候様御取計ニ預リ度」との希望を述べた。折田としては、文部省との合意に基づいた改組に伴う転学であり、当然認められるべき要求だと考えていた。しかし予備門側は、従前の通り無試験入学を断ってきた。これに対して折田は七月二四日、予備門に次のような照会を発した。

畢竟当校ヨリ転学為致候次第ニ有之、尋常自己ノ志願ノミヲ以テ貴門へ入学願出候者トハ相異候義ニ付、勿論無試験ニテ貴門ニ入籍可致義ト存居候処、本日烏丸生ヨリ電報ニテ申越候趣ニ生ノ為メ入学試験御施行可相成旨ニ付、不取敢電報ヲ以テ右試験ニ応スルコトハ差扣可申旨達置候。抑本省ノ都合ヲ以テ学校ノ組織ヲ変換セラレシ為メ、方向ヲ転スルノ生徒アルニ遇ハバ、勉メテ之カ就学ノ便ヲ計ラサルヲ得サルハ勿論ニシテ、既ニ当校カ曾テ専門学校ヨリ中学校ニ変換セラレシ時モ、大学医学部別課並大学三学部（法、理、文）等へ転学為致候適例モ有之候事ニシテ、殊ニ今回ノ如キハ明ニ文部卿ノ達モ有之候義ニ付、決テ右様試験御施行ハ無之事ト確信致居候得共、全文烏丸生ヨリ電報ノ次第モ有之候間、為念重ネテ及御照会候也[77]。

この照会において折田校長は、「当校ヨリ転学」と「自己ノ志願」による入学願出とは、明らかに事情が異なっているとの見解を示している。「当校ヨリ転学」であるがために、「勿論無試験ニテ貴門ニ入籍可致」と彼は強く訴えている。根拠としては「文部卿ノ達」を持ち出しているが、さらに折田がこのように強硬な主張を譲らなかった要因は、「本省ノ都合ヲ以テ学校ノ組織ヲ変換セラレシ為メ、方向ヲ転スルノ生徒アルニ遇ハバ、勉メテ之カ就学ノ便ヲ計ラサルヲ得サルハ勿論」という文言によく表れているだろう。それは、高等教育機関への接続に関する文部省の無策が学生に多大な困難を与えている、という現状に対する憤りが伝わる文言である。

ここにいう「文部卿ノ達」とは、先に分析した六月二〇日付文部省通達と考えて間違いない。つまり、「高等科生ハ東京大学予備門ニ転入セシムル等適宜措置スル事」という一文である。ところが、「適宜措置」という言葉をめぐって、大阪側と文部省側とは理解が真っ向から対立してくる。

(2)「適宜措置」をめぐって

先述したとおり、文部省は大阪中学校の在学生の処置において、「適宜措置」を採るという立場を見せていた。この「適宜措置」という言葉を、大阪中学校側は「無試験入学」と解釈した。それに対して予備門側は、あくまでも試験入学の原則を堅持しようとした。この争いは東京大学総理の裁断にまで持ち込まれていく。すなわち同年八月四日に校長折田は、高等科生徒の転学に関して「大学総理之決裁ヲ請求」する旨を、以下のように文部省に申し入れた。

蓋同門ニテハ六月廿日文部卿ヨリ当校へ被達候其校組織云々ノ件中、最末ノ一項ニ所謂「従来在学ノ中学生徒ハ其初等科生ハ予科生ニ編入シ其高等科生ハ東京大学予備門ニ転入セシムル等適宜措置スルコト」トノ本省ノ御主義ヲ領セサルニ因ル義ト被存候間、右当校へ御達之御主義ニ符合スヘキ旨趣ヲ以テ、此際至急明ニ予備門ニ御達示有之候様御取計ニ預リ度、右御依頼旁及御照会候也。(78)

折田は六月二〇日付文部省の通達を盾に、予備門の「本省ノ御主義ヲ領セサル」ことの非を非難している。しかし東京大学からは、「十四年一月中理文学部へ転入セシ旧大阪専門学校生徒之例ヲモ参酌シ、先ツ仮入学差許、追テ学年試業之成績ニ応シ、本入学之許否ハ確定可致候条、此段及御答候也」という曖昧な回答が寄せられた。それに対し折田は、大阪中学校発足当時の生徒処置が先例として今回の参考になるという。事実、一八八一年、発足直後の大阪中学校は、折田校長の斡旋で、東京大学三学部へ一五人、別課医学部へ一九人とそれぞれ「無試験転学」させている。(79) したがって、折田は予備門の回答を納得せず、さらに東京大学側を説得しようと試みた。先述したように、当時はちょうど予備門の東京大学から分離・独立にあたる時期であった。東京大学からの回答を得られる前の八月一四日に予備門は独立している。同月二二日に予備門は、「無試業本入学ハ何分来意ニ難応候」という以下のような回答を寄せた。

貴校へハ文部卿ヨリ如何様之達相成居候歟、当門ニ於テハ存知不申候処、最初ヨリ御往復及候通、無試業ニテ即時本入学ト申事ハ到底難相整義ニ付、商議斟酌之上旧大阪専門学校生徒転入ノ例ニ拠リ、仮入学可差許事ニ相決候義、故無試業本入学ハ何分来意ニ難応候。尤仮入学ト申候テモ、其学力当門第三級中英語学専修生徒ニ適当スルヤ否ヲ試ミ候迄ニ止リ、縦令仮入学タリトモ当門生徒ノ名籍ニ入リ候上ハ固ヨリ第三級（一ヶ年ノ課程ヲ卒リタル学級）ノ生徒タルコトハ確然ノ義ニシテ、他ニ対シテハ諸事同級一般生徒ト同様取扱候条、右様御了知相成候、此段当門ヨリ及御回答候也。(80)

予備門は、六月二〇日付文部省通達に関知していないことを理由に、生徒の無試験入学を拒否した。仮入学に際してもせいぜい「第三級中英語学専修」に編入することしか考えられない、という最終決定を下した。それは、今まで繰り返して触れてきたとおり、中学校初等科卒業生が英語専修科三級編入という原則に基づく措置である。烏丸は高等科第三級に在籍していたとはいえ、未だ卒業をしていなかったからである。それに対して折田は、九月四日に「到底貴問之仮入学生トナランヨリ仮令一等下ケタル階級ニ編入セラル、トモ、寧ロ大学分校予備科ニ在学致度」と述べた上、「貴門ニ転学ノコトハ御取消相成度」と転学取り消しの意向を通知した。

ここで「一等下ケタル階級」とは予備門第三級を指している。問題となっている生徒は大阪中学校で高等科に在籍していたため、大学分校の改組計画によれば、大学分校予科第二級へ編入される。大学本科入学までの必須年数を考えるとき、予備門第三級編入のほうが一年遅くなる。新設の大学分校へ進学した方が、いわゆる「大学」へのより近道だと折田は判断したと思われる。このように判断した折田は、烏丸の予備門入学を断念させ、代わって大学分校への進学に転じたのである。

これまで、烏丸の予備門転学をめぐる大阪側と予備門側のやり取りを考察してきた。この過程の中で、「適宜措置」に関する文部省側と大阪側の認識の違いが明らかになった。折田は結局、烏丸の予備門三級への試験転学を断わった。それは、将来の進学先として、東京大学よりも大学分校のほうが必要年数が一年短いというメリットがある、と折田は判断したからである。こうした判断の前提には、大学分校を東京大学と同じく「大学」にする、といった折田の認識があったと思われる。しかし、現実は折田の思ったとおりには進まなかった。この点については、先述した大学分校規則をめぐる両者のやりとりからも、すでにその行方の前途多難さを読み取ることができるだろう。事実、一八八五年末に文部省では大改革が断行され、やがて「五大学校」の議論を経て、大学分校は高等中学校へと変わっていったのである。

（3）「五大学校」構想

「文部省大変革」

これまでは、大阪中学校の改組をめぐる文部省側と大阪中学校側との構想を考察してきた。あらためて確認しておくと、折田は従来の中学校に上積みして「大学」を構想した。それに対して文部省は、むしろ現状の施設をできるかぎり利用しながら、徐々に高等の学科を増設して「高等学校」へと改組していく方針を示していた。結局、当初折田が構想した「大学」像と裏腹に、実際にできた「大学分校」は、かつての東京大学予備門とほとんど同じレベルの「大学」に過ぎなかった。しかし、その学校の実情はともかくとして、明治国家の第二の「大学」としての「大学分校」が、関西の地において実現に至ったという事実は間違いない。ところが実際には、別の地域においても文部省が高等教育機関を作ろうとしているという風評が、一八八六年初頭から新聞紙上に流されていた。「五大学校」設立案がそれであった。それは内閣制発足直後の出来事である。

周知のごとく、一八八五年一二月に、伊藤博文総理大臣のもとで日本近代史上初めての内閣制度が発足した。約束の通り森有礼は、三八歳の若さで初代文相に就任することになった(81)。この森は文相就任前から、教育についてさまざまな発言を繰り返してきた(82)。中でも一八八五年七月に提出されたと思われる「教育令ニ付意見」は、「森の教育に関する意見の最も早期に出されたもの」として注目される(83)。その中での学校別で法令を制定することや教育における経済主義などが、実際に創出された「諸学校令」体制の中に反映されていると思われるからである(84)。

さて、森の文相就任後の教育改革は、文部省の官制改革とそれに伴う大規模な人事刷新から始まった。一八八五年一二月二八日、文部省の官制に関し、従来の「学務一局」（「官立学務局」、浜尾新局長）、「学務二局」（「普通学務局」、辻新次局長）体制が廃止され、新たに大臣官房、学務局、編輯局、会計局が置かれることになった。学務局の下に四課が置かれる。すなわち、第一課は「大学校、大学分校ニ係ル事」、第二課は「中学校、大学予備門及び高等女学校ニ係ル事」、第三課は「師範学校、小学校、幼稚園及通俗教育ニ係ル事」、第四課は「専門学校、各種学校、書籍・博物館及教育会、学術会等ニ係ル事」という構成である[85]。大学分校は東京大学と同じく「第一課」の所管となる一方、予備門は中学校とともに「第二課」に所管されていることを注意されたい。つまり、この時点では大学分校は、東京大学と同様に「大学」として扱われていたのである。

官制改革と同日、文部省で大規模な人事刷新が行われ、文部次官以下の従来のポストが大幅に入れ替えられることになった。実際に一二月二八日、文部大書記官辻新次ほか三二名が森によって任命された[86]。大学分校長に就任した折田彦市も学務局次長心得に任命された。一方、御用掛神津専三郎以下一七名が非職された。新たに任命された文部省官僚の中で、新設の視学制度により五人の視学官が入っていたことも、注目に値する。それは、五つの地方部に視学官が一人ずつ設けられたことによるものである。ちなみに地方部は、一八八五年七月一一日の学務二局（地方学務局）庶務概則改正により、従来の六つから五つへと変わってきている。

森大臣の改革断行への決意は、以上のような人事刷新からも窺い知ることができる。今回の人事異動について、当時の教育界は次のように捉えている。すなわち、「省中の分局も従前に比すれば頗る減少し、官房、学務、会計、編輯の四局となり。辻新次君は官房局長心得となり、学務局長心得をも兼任せられ、久保田譲氏会計局長心得となり、伊沢修二氏ハ編輯局次長申付られたり。此度の改革は実に維新以来の変事なりと云ふべし」と、今回の人事異動の性格を捉えている[87]。

人事刷新を手始めとして、森文相は教育制度の改革に着手しはじめた。周知のように、一八八六年三月から四月にかけて、「帝国大学令」をはじめ「師範学校令」「中学校令」「小学校令」などいわゆる諸学校令が次々と発布されることになった。森文政の基幹を構成するこれらの法令が、いかなる経緯で制定されていったのか。この問題の解明は、森文政の意義を検討するためには不可欠な作業である。しかし、寺﨑昌男や中野実が指摘しているように、文部省の動向を示す資料は、一八八五年一二月から一八八六年二月まではほとんど残されていない。この間の状況は、わずかに新聞雑誌紙上に報道された内容によって推測するしかない。以下、『教育時論』や『時事新報』など当時有力な教育に関する全国紙誌の報道を中心に、この間の動向を追跡してみたい。

諸学校条例に関する報道

一八八五年一二月から翌年三月にかけて、当時有力な全国紙誌では、「小学校条例」「中学条例」「大学条例」に関する報道が流された。学校別に条例を制定するという森文政のもっとも重要な特徴の一つは、まず新聞、雑誌によって世間に知らされることとなった。例えば「小学校条例」について、一八八五年一二月二〇日刊の『教育報知』(第一五号)において、以下のような記事が記されている。

> 諸学例とも発布を急がるゝに付其掛官にハ早出居残にて取調らるゝ由ハ聞及しか、昨今更に聞く所によれバ小学校条例ハ本年内か来年一月初めには必ず発布せらるべしといふ。

「諸学校条例」について検討されており、「小学校条例」が近々発布されるという報道である。また、「中学条例」については、例えば一八八六年一月五日発行の『教育時論』(第二六号)において、「中学条例」を題とする記事は以下のように記している。

> 中学条例は本年三月頃迄には発布せらるべしとの世評もありしが、聞く所によれば該条例は其速成を期するよりも寧晩成にして完全ならんことを期し、向後屢条例に変改を生じて学問の方向を改めしむる如き弊を塞ぐの主趣なれば、至急には発布せらるまじとの噂あり。

この報道は、「中学条例」の発布時期について、一八八六年三月にも発布されるとの予想を流している。また、完全な条例になるためには、その「速成を期するよりも寧晩成」をとるべきというように、早急な発布に対しては慎重的な論調を張っている。また、二月一五日刊の『教育報知』（第一八号）では、「小学令」という記事の中で次のように書かれている。

今般其の筋に於ては小学令なるものを制定し、小学に関する諸般の制度を示し、又中学令等をも定められ、是迄の教育令を廃さるべし抔と風説するものあり、殊に小学令の草案は已に文部書記官の会議もありて、略議定したり云々と伝ふ。

この報道は、遅くとも二月中旬の段階で、小学校だけでなく、中学校についても新たに制定されていたことを示唆している。この中、一八八六年二月二二日刊の『時事新報』は、府県中学校のあり方について以下のように報道している。

府県中学校　従来各府県とも三四乃至七八の公立中学校の設立ありて、就中書籍、器械の完全して随分高尚の学科を教授する目的のもの多かりしが、此迄の経験に拠れば或は民力に堪へず、維持の頗る困難なる者ありて、自然良教員を聘し充全なる教育を施し難き実状もなる由、就ては今度其節にて中学条例を発布したる後に一府県下に一の県立高等中学校を置き、其他の中学は総て其学科を簡易にし費用を節減せしむる筈なりと云ふ。

ここでは、「経済主義」を理由に、「一府県下に一の県立高等中学校を置き」という方針を語っている。この情報は、実際に発布した「中学校令」の内容と一致しているため、注目に値する。二月下旬には、小学校に合わせて中学校に関する条例は、着実にその輪郭が見えつつあった。

一方、大学についてはいかに報道されたのだろうか。ここでは、これと関連のある「五大学校」構想に関する報道を中心に、その行方を探ってみたい。

「五大学校」構想

まず現れたのは、一八八六年一月二五日刊の『時事新報』による報道においてである。つまり、「今度政府にては東京大学の外に、全国便宜の場所に四個の大学校を設け、都合全国に五大学校を置くやの説あり」と、全国に「五大学校」を設置することが初めて報道された。先述したとおり、「小学校条例」の発布に関する報道は「大学」のそれよりも一ヶ月ほど前にすでに見られた。新聞報道を見る限りでは、大学に関する条例の制定が、必ずしも他の学校条例よりも先行していたとは言えない。少なくとも諸学校条例は、ほとんど同じ時期で議論されていたように思われる。この点は、のちに詳述する「高等中学校」がなぜ設置されたのか、という謎の解明にも一定の影響を与えると思われるため、注目に値する。いずれにしても時間が経つにつれ、二月はじめには『時事新報』に限らず、他の新聞や雑誌にも「大学」に関する詳しい情報が報道されるようになっていく。例えば二月三日に、『東京日日新聞』と『時事新報』は五大学校の位置に関する記事を掲載した。前者は次のように報道している。

文部省　同省にてハ全国へ五大学校を設立せんとの計画あるよし、其の位置ハ第一東京、第二大阪、第三金沢、第四広島、第五鹿児島なりと聞く。

五大学校の位置については、地域的にいえば関東、関西、北陸、中国及び九州となっている。東北はこの時点では含まれていなかったことが注目される。二日後に、『教育時論』（第二九号）においても、「大学校の増設　東京大阪の二大学のみにては全国教育の需要に充つるに足らずとて更に三大学を増設して、大に人材養成の道を開かんとするの計画ある由に聞れど如何にや」と報道されている。「東京大阪の二大学」とは、東京大学と大学分校を指していると思われる。現有の大学を先行に、さらに五つまで大学校を全国へ広げていくという計画が浮かび上がってくる。

　この頃には、さらに具体的な大学構想が報道されるようになった。例えば二月六日付の『東京日日新聞』には、「文部省にて編制中なりとの噂高かりし、大学條例ハ脱稿したるよしなれバ遠からず内閣へ差出さるゝ由に聞けり」というように、大学条例の完成を思わせる報道がなされていた。さらにより具体的な内容を示す記事として、次のような二月九日の『大阪日日新聞』がある。

　大学校　東京大学改革の事に就てハ種々の風説あることとなるが、今聞く所に依ば現今の東京大学ハ此□（度カ）更らに最高等の大学と為し、外国の名儒を増聘して英、仏、独三種の教官を各部に置き、専ら各学科中最高尚なる部分をのみ講授するの所と為し、別に第二等に位する大学を東京、大阪、金沢、広島、鹿児島等の各地に置き、現今の大学科第二年級位までは皆是等の地方大学にて修学せしめ、その卒業を待て東京大学（高等大学）に入学せしむるの計画ありと云ふ。左れば前号の紙上に五大学校と題して記載せし事項ハ多分是れと同一の話なるべし。

　この記事に従えば、東京大学を「最高等の大学」と位置づけ、他に「第二等に位する大学」五ヶ所を各地方に設置するという計画であった。また、これらの大学は「地方大学」と明確に位置づけられている。この場合の設置地域は、先の二月三日に報道された内容と一致している。そして、「地方大学」の学力レベルは「現今の大学科第二年級位まで」とされ、また卒業後は東京大学へ進学できると計画されているという。この点は、先述した一八八四年末の「府県聯合設立高等学校」案を想起させられる。さらに、これよりも詳しい報道は、二月一五日刊行の『教育時論』第三〇号に見られる。

大学と大学　全国に五大学を置くと云へる噂は諸新聞にも見へ、前号の時論にも大学を増設するの風説あるよしを掲げしが尚篤と探索せしに、或人の話に森大臣の意見は全国に五ケ所の大学校を設け、此五大学を総括するに一の大学と云ふ者を以てし、大学は之を東京に設け他の大学よりは一層高尚なる者となし、各地の大学を卒業したるのみにても専門の学士として名誉を享くべきなれども、尚一層高尚なる学理を窮め、一層高き名誉を享けんとする者は東京に来りて大学の学籍に入り、二三年の学習を積みて其試験を受け始て何々学士の栄号を享くる順序となさんとの趣向にして、勿論大学の学生たる者は恰も彼の英国のケンブリッジ大学の生徒の如く、既に十分なる学力を有する者の入るべき所なれば、其教授も極めて簡単なる者とし、大概は自修にて学習する様なることならんと云ふ、若し此説の如くなれば我国大学教育の区域を広めて一大進歩を為すに至るべしと思はる。

この記事において、「五大学校」構想に関する森の関与が初めて言及されている。「森大臣の意見」としては、「全国に五ケ所の大学校を設け、此五大学を総括するに一の大学」を東京に設けるという計画である。「大学校」と「大学」とを区別したのは、両者には異なった教育機能が期待されたことによると推測される。つまり、各地にある「大学校」（地方大学）を卒業すれば、「専門の学士」という名誉を取得することができる。しかし、「一層高き名誉」を手に入れるためには、「地方大学」卒業後さらに勉強を重ねる必要があるという。東京にある「大学」（中央大学）は、この要求に応えて用意されるものである。すなわち森の「大学案」は、五つの「地方大学」と一つの「中央大学」によって構成されていたのである。

さらに「中央大学」の教育については、「教授も極めて簡単なる者とし、大概は自修にて学習する」と予想されている。講義中心ではなく、学生の自主的な学習による研究スタイルを窺わせる。つまりこの「中央大学」は、「地方大学」とは異なり、「一段と高い研究機関」として位置づけられているのである[88]。これが森の「大学案」の全貌であった。この内容は、すでに中野実の紹介した「帝国大学案」の構想とほとんど一致している[89]。すなわち、『教育時論』の報道は「或人の話」によるものの、きわめて信憑性の高いもので信頼に値するのである。

このように、遅くとも二月一五日までには、森は大学案の構想を固めていた[90]。それだけではなく、「小学校」及び「中学校」に関する条例の完成を報道された（『教育報知』第一八号、二月一五日刊）のも同じ頃だったことは先述したとおりである。したがえば、「大学条例」に限らず、「小学校条例」と「中学条例」を含めた諸学校条例はすべて、二月中旬までには「脱稿」されていたと推定される。この点をあらためて強調しておきたい。

しかしこれらはあくまでも机上の案であり、森の意見が実際に受入れられたかどうかは、この段階では断言できない。現実的には「中央大学」を現有の東京大学を拡充してこれに充てることが考えられるが、問題は「地方大学」にある[91]。五校が予定されている「地方大学」は、何をモデルにいかに作っていくのだろうか。現有の学校の中、大阪にある大学分校は唯一、その構想に近い教育機関としての意味を持っていたと考えられる[92]。一方、東京大学から独立した予備門は、進学予備教育を行なう機関であったため、「地方大学」とは一定の距離がある。しかも、それを加えても五校のうちに二校しか実体が存在しなかった。それは、新しい「地方大学」をさらに三校も増設することを意味している。その際、財政上の困難を過少視することはできなかった。事実、二月一九日付の『時事新報』によれば、「大学条例　同条例は過般脱稿の上内閣へ差廻せし処、この程却下になりしとの説あり」として、大学条例の却下を報道している。わずか五日後に、帝国大学令が制定されることになる。

帝国大学令は二月二四日において閣議決定された。もし大学令の中に「五大学校」に関する条目も書き込まれたとすれば、ここで却下されたのは「五大学校」に関する部分だと思われる。これについて、『時事新報』二月二五日において、「大学条例　同条例はこの程内閣より却下されたりとの事は前号に記せしが、同条例中全国に五大学校を設置するの件は非常の入費を要するを以て採用にならざりしなりとか云へり」と報道されている。「非常の入費」という文句は、大学条例の却下は財政上の理由によることを示唆している。

文部省の官制改革

ここでもう一つ注意されたいことがある。内閣に上程されたのは「大学条例」だけだったのか、という問題である。先述した新聞記事によれば、「大学条例」とほぼ同じ時期に他の学校条例も議論され、制定されたはずである。したがって、諸学校条例が同時に上程された可能性も否定できない。いずれにしても、「五大学校」に関する条目の否決によって、「大学条例」も含めて諸条例の修正が余儀なくされる。とくに大学と同じく扱われていた「大学分校」の処置が急務となったはずである。

大学条例の却下に伴い、文部省では新たな官制改革が行なわれた。すなわち、二月二六日に従来文部省にあった四局から大臣官房が廃止され、新たに学務局、編輯局と会計局体制で再発足した。学務局は従来どおり四課構成となっている。しかし、この所管範囲には大きな変動が起こっている。すなわち、改革後の「第一課」は、「帝国大学ニ関スル事務ヲ掌ル」となり、対して第二課は、「大学分校、中学校及高等女学校ニ関スル事務ヲ掌ル」ことになっている。先述した一八八五年末の官制改革で、東京大学と同じく「第一課」に所管された大学分校は、今度は中学校と同様「第二課」の所管に変わってきたわけである。この改革は、帝国大学を管理する「第一課」

が、別格な存在であることを明確にしている。と同時に、「大学」の範疇を帝国大学のみに限定する意図を示している。したがって、文部省直轄学校としての大学分校の位置づけも、それによって変わっていくことを余儀なくされた。ただし、この時点では大学分校がまだ存在していたことも注目される。四月発布の「中学校令」では、この大学分校が、高等中学校へと改組されることになっていくのである。

小　結

本章では、大学分校の誕生過程（学校設立）を中心に、一八八四年末から一八八六年初めにかけて中等・高等教育の模索過程を考察してきた。この短期間において、「府県聯合設立高等学校」を始め、実にいろいろな高等教育機関の設置構想が見られた（府県聯合高等学校→関西大学校→大学分校→「五大学校」）。また、これらの構想をめぐって、文部省、府県中学校、そして東京大学それぞれが思惑を持っていたことが明らかになった。

前章で述べてきたとおり、英語専修科の設置は、府県中学校との接続をより緊密にすることによって、実質的に予備門の教育機能をさらに強化する結果をもたらしたといえる（東京大学の構想）。この構想は、実質的に東京への中央集中を一層強化させる結果につながっていくのである。しかし、教育機関の地方分散化を重視する立場からは、予備門の存在意義そのものが疑われた（府県の要求）。それらに対して文部省は、英語専修科の設置を決定した一方で、独自に学制改革を模索し始めた。一八八四年末に提示された「学制改革構想」はその一端を表している。中でも「府県聯合設立高等学校」案は、この改革案の目玉とも言うべきものであった。この案によると、府県の教育要求を満たした上で、東京大学の期待にも応えることができる。しかし、この高等学校の設立は府県に多大な財政負担を求めたために、府県はこの案に対しては消極的であった。

この流れの中で折田は、従来の中学校を充実させる改革案を文部省に提出した。それは、文部省が提示した高等学校案に対して実質上、反対する意思を表明していた。折田の「中学規則案」は結局文部省の都合により受入れられなかったが、折田の試みはこれで終わったわけではなかった。「関西大学校案」で示された予科課程は、実質的には「中学規則案」で示された五年制中学相当になっているからである。つまり折田は、従来の中学校を改革した上、それに接続する大学として「関西大学校」を構想したのである。大学を関西につくるという意味で、折田の構想は高等教育機関の地方分散化を目指していたものとして捉えることができる。これは、東京大学の予備門強化構想とは、決定的に異なっている。しかし文部省は、むしろ現状の施設をできるかぎり利用しながら、徐々に高等な学科を増設して「高等学校」へと改組していく方針を示していた。結局、実際にできた「大学分校」は、予備門と同じレベルの「大学」として規定されていった。しかし、その学校の実情はともかくとして、明治国家の第二の「大学」としての「大学分校」が関西の地において実現された事実は重要である。

さらに内閣制発足直後、別の地域においても高等教育機関を作ろうとして、文部省が「五大学校」構想を打ち出した。注目すべきは、これらの「大学校」は、東京にある「大学」（中央大学）と性格を異にしており、いわゆる低度な「地方大学」という性格を持っていたことである。つまり、森の構想とされる「大学案」は、一つの「中央大学」と五つの「地方大学」によって構成されていたのである。現実的に「中央大学」は東京大学を充てることが考えられるが、「地方大学」のモデルとしては東京にある予備門よりも、大阪にある大学分校がその構想に近い教育機関であった。

実際「五大学校」案は、財政上の理由で挫折するに至ったが、これに代わって五つの高等中学校の設置が一ヶ月後に決定された。したがって、次章で取り上げる高等中学校の設置理由を考える時、一八八四年以来文部省のなかで一貫して高等教育機関の設置動向があった事実は、極めて重要なことと考える。

（1）時間軸でいえば、①「英語専修科」の設置（一八八三年一月）、②「府県聯合設立高等学校」案（一八八四年一〇月）、③「中学規則案」（一八八五年二月）、④「大学分校」の設置（一八八五年七月）という順番になる。しかし、本書では、②と③を順番入れ替えで論述していく。それは以下の理由による。先述したとおり、①「英語専修科」の設置は、東京大学との接続を図るものとして地方中学校向けに考案されたものであった。そういう意味でこれは、③「中学規則案」と同じく中学校の進学をめぐる改革の一部として捉えることができる。一方、②「府県聯合設立高等学校」案は、高等教育機関の設置という意味で、④「大学分校」の設置をめぐる動向の中に位置づけられる。つまりこれは、当時における中等・高等教育をめぐる動向を、より明確に叙述するために採った手法である。

（2）掛本勲夫「明治一〇年代中学校政策に関する一考察」（東京教育大学大学院『教育学研究集録』第一三集、一九七四年）を参照。

（3）従来、明治政府が地方の実情を把握する際、巡視官の地方派遣が主な手段であった。それに比べて地方長官の招集は、政府高官が直接訓示できるだけでなく、地方の意見を即時に聞けるという利点もある。この地方長官会議は、一八八一年から始まり以降一八八四年まで毎年の年末に開催されたが、一八八五年以降は上半期に開催されるようになった。一方、先述した教育に関する「学事諮問会」の開催は、一八八二年の一回のみで終わった。

（4）中でも例えば一八九〇年二月に開催された地方長官会議は特に有名である。その席で府県知事・県令によって提出された「徳育ニ付キ建議」が、やがて「教育勅語」の起草の契機となったからである（佐藤秀夫）。

（5）「府県聯合設立高等学校コルレージノ類之事」『諸官省内達綴　学務課』一八八四年、〇〇六二、宮城県公文書館所蔵。なお、倉沢は、埼玉県文書書館所蔵『第一種公文書類、学務部、学校、自明治十六年至同二十年』を使用している（倉沢剛『教育令の研究』、講談社、一九七五年）。

（6）例えば遠藤芳信は、一八八五年一一月頃に文部省が打ち出した「当省ニ於テ兵式体操ヲ施設スルノ方法」について、木場貞長の回想を根拠に起草者を森と推定している（遠藤芳信「兵式体操の成立と軍の対応」『北海道教育大学紀要』第三四巻一号第一部C、一九八三年、二一二頁）。なお、同論文は遠藤『近代日本軍隊教育史研究』（青木書店、一九九四年）に収録されている。

（7）例えば一八八六年「諸学校令」の一部として「諸学校通則」（勅令第一六号）が発布された。その第一条には、設置・

維持費を文部省や地方へ寄附することを条件に、個人・民間設立の学校が、「官立又ハ府県立ト同一ニ之ヲ認ムル」を定められている。いわゆる官立・府県立に準ずる学校の設置奨励である。ここで示された「官立・府県立に準ずる」理念は、「明治一七年の学制改革構想」にみられた「准官立学校准府県立学校ノ事」のそれと共通している部分があると思われる。ちなみに「諸学校通則」に適用する学校については、荒井明夫の研究が先駆的である。代表的な研究としては以下のようなものを挙げておく。「明治二〇年代初頭における中学校設立をめぐる『公共』観の展開――福島県会津中学校を事例として――」(『日本の教育史学』第三一集、一九八八年)、「明治中期府県管理中学校における『官』と『民』――京都府尋常中学校を事例として――」(『日本教育史研究』第九号、一九八九年)、「山口高等中学校の性格と歴史的役割――高等中学校研究に関する地方教育史的アプローチ――」(『地方教育史研究』第二三号、二〇〇二年)。

(8) 倉沢剛は「聯合高校案」の内容を紹介した上、それが「この時期の教育政策として格別注目すべき」構想と評している(倉沢剛『学校令の研究』、講談社、一九七五年)。これに対して掛本は「紹介の域を出ていない」と断言し、この案の成立過程を中心にさらに詳細な検討を行なった。そこで掛本は、「聯合高校案」を「(明治)一四年以降一九年までに至る間の明治政府の教育政策の中にサブリーダー養成策」の一環として捉えている(掛本勲夫「『府県聯合設立高等学校』案に関する一考察」『筑波大学教育学系論集』第二巻、一九七八年、四八頁)。

(9) 中野実「帝国大学体制成立前史(二)――大学分校を中心にして――」(『東京大学史紀要』第一八号、東京大学史史料室、二〇〇〇年)二六頁。また、中野実『近代日本大学制度の成立』(吉川弘文館、二〇〇三年)四四~四五頁。

(10) ちなみに高等学校の経費については、「定額ハ一箇年金七万円以上十万円以下ヲ度トシ」と定められていた(第五項)。この金額は、後の高等中学校の定額(二〇、五〇〇円~四五、〇〇〇円)よりも大幅に超過している。

(11) 倉沢前掲書、八八四頁。

(12) ちなみに、森は英国のロンドン大学(London University)に留学し、のち米国へわたって生活した経験を持っている。後者については林竹二による詳しい研究があるが、前者についてはほとんど知られていない。

(13) 「聯合高校案」には、高等中学科に関する言及が見られなかった。文部省は、従来の初等科―高等科体制を存続させたまま、初等科―高等学校下等科―高等学校上等科―東京大学三年という進学ルートを考えていたのだろうか。さらなる解明が必要とする。

(14) 倉沢前掲書、八八八頁。

(15) 「明治一七年の学制改革案」における「復申」の意義について、湯川嘉津美「一八八四年の学制改革案に関する考察」(『上智大学教育論集』第四〇巻、二〇〇五年)に詳しい。

(16) 東京府を筆頭とした二〇府県のほかに、長崎県、函館県、千葉県、茨城県、静岡県、滋賀県、宮城県、岩手県、秋田県、石川県、富山県、鳥取県、岡山県、徳島県、高知県、大分県、宮崎県、鹿児島県、根室県が加わっている。倉沢が調査した埼玉県はそれに名を加えられなかった。そもそも埼玉県が地方長官会議に参加したかどうかは定かではない。いずれにせよ、この「復申」の審議に参加し同意しなかったため、この文章は埼玉県には送られなかったと推測される。

(17) ほかには、第一(学齢児童)「就学督責ノ事」、第三「聯合府県立学校ノ事」、第四「聯合府県立学校学事会ノ事」、第五「準官立学校準府県立学校ノ事」に関する意見がある。なお、回答文の長さからみた限り、各府県の関心はむしろ第二、第三にあると推測できる。なぜなら、第一、第四については簡単に触れたに過ぎず、第五については、「只其発令ヲ望ムノミ」を述べるにとどまっており、ほとんど議論された形跡が見られないからである。

(18) 前掲「府県聯合設立高等学校コルレージノ類之事」(『諸官省内達綴　学務課』一八八四年、〇〇六二、宮城県公文書館所蔵)。

(19) 当時の教育、とりわけ中等教育の向上や高等学校の増設に関して、経費問題が大きく影響していたことを、あらためて確認できる。

(20) 『教育報知』創刊号、一八八五年四月三〇日刊。

(21) 『教育時論』第二号、一八八五年五月五日刊。

(22) 『教育時論』第五号、一八八五年六月五日刊。

(23) 『教育時論』第六号、一八八六年六月一五日刊、同第七号、六月二五日刊、同第八号、七月五日刊。

(24) 前掲『教育時論』第五号、一八八五年六月五日刊。

(25) 『教育報知』第九号、一八八五年九月一五日刊。

(26) 倉沢前掲書、八八九頁。

(27) 掛本前掲「『府県聯合設立高等学校』案に関する一考察」、五八頁。

(28) それを理由に倉沢剛は、後年「中学校令」の中にある高等中学校規程に関する森有礼の胸中には、「聯合府県設立高等学校の構想が一貫していた」と断言している（倉沢前掲書、八八九頁）。
(29) 掛本前掲「『府県聯合設立高等学校』案に関する一考察」、五八～五九頁。
(30) 同右、五八頁。
(31) 二見剛史「明治前期の高等教育と大阪中学校」『日本の教育史学』第一七集（教育史学会、一九七四年）四一頁。
(32) 中野前掲「帝国大学体制成立前史(二)」、二五頁。また、中野前掲書、四四頁。
(33) 二見前掲「明治前期の高等教育と大阪中学校」、四一頁。
(34) 神陵史資料研究会（阪倉篤義代表）編『史料神陵史――舎密局から三高まで』（神陵史資料研究会、一九九四年）。
(35) 中野前掲「帝国大学体制成立前史(二)」、二九～三二頁。また、中野前掲書、四九～五二頁。
(36) 従来の研究の中で、『京都大学百年史』では「杉浦案（「予備門長杉浦重剛ノ予備門分離案」、一八八五年三月二六日――引用者注）とほぼ同時期」と推測している（『京都大学百年史』総説編、六三頁、海原徹執筆部分）。これに対して中野実は異議を示していなかった。しかし、一八八五年三月とする根拠については、両者とも明示していない。一方、西山伸はこの作成時期を、「一八八五年五月頃」と推測している（西山伸執筆「京都大学年表」『京都大学百年史写真集』、一九九七年）。西山の「五月説」は、もっとも合理性を持っていると思われるが、その根拠が示されていない。
(37) 『明治十八年公文録文部省自一月至六月全』、文書第二、国立公文書館所蔵。
(38) 中野前掲「帝国大学体制成立前史(二)」、二〇頁。また、中野前掲『近代日本大学制度の成立』、三六頁。
(39) 「大学分校規則並授業用書附元中学生改編入伺ノ件」『明治十八年文部省伺届原稿』（８５００１８―66）。
(40) 「明治十八年公文録文部省自七月至十二月」、また、前掲８５００１８―66にも収録。
(41) 中野前掲「帝国大学体制成立前史(二)」、二二頁。また、中野前掲書、三八頁。
(42) 「大阪中学校組織改更ノ件」『明治十八年公文録文部省自七月至十二月全』、国立公文書館所蔵。
(43) 中野前掲「帝国大学体制成立前史(二)」、二五頁。また、中野前掲書、四四頁。
(44) 『京都大学百年史』総説編、六二頁、海原徹執筆部分。また、中野実も、大阪中学校の改組をめぐる動向を考察する際、杉浦重剛の予備門分離・独立案を取り上げている（中野前掲「帝国大学体制成立前史(二)」、一八頁。また、中野前掲書、三三頁)。

(45)『東京帝国大学五十年史』上冊（東京帝国大学、一九三二年）八五一頁。

(46)例えば二見剛史は、予備門の性格について、「(明治一〇年代になると、) 実質的な大学予備教育機関は東京大学予備門一校に集約される結果となったのである」と述べ、予備門の果たした進学機能を高く評価している（『日本近代教育百年史』第三巻、国立教育研究所、一九七四年、一一八三頁、二見剛史執筆部分)。

(47)「学事諮問会記録」群馬県教育史研究編纂委員会編『群馬県教育史』第一巻（群馬県教育委員会、一九七二年）六九七頁。

(48)『文部省第九年報』（一八八一年）中、「東京大学第一年報」及び「予備門第五申報」による。

(49)『文部省第十年報』（一八八二年）中、「東京大学第二年報」及び「予備門第六申報」による。

(50)『文部省第十一年報』（一八八三年）中、「東京大学第三年報」及び「予備門第七申報」による。

(51)『日本中学校五十年史』（日本中学校、一九三七年)。なお、東京英語学校は、一八九二年に日本中学校に改称された。

(52)「予備門長杉浦重剛ノ予備門分離案」、一八八五年三月二六日、大木喬任文書、書類之部、東京大学予備門罫紙二枚、国会図書館憲政資料室所蔵。

(53)東京大学理学部の移転については、中野実「帝国大学体制成立前史——第一期東京大学末期の状況——」(『東京大学史紀要』第一六号、一九九八年)、また中野前掲書においても詳述している。

(54)中野前掲「帝国大学体制成立前史(二)」、一八頁。また、中野前掲書、三三頁。

(55)なお、「中学校教則大綱」によれば、中学校の目的は、「中人以上ノ業務ニ就クカ為メ」または「高等ノ学校ニ入ル為ニ必須ノ学科ヲ授クル」と掲げられている。

(56)「東京大学予備門分離ノ件」(『明治十八年公文録文部省自七月至十二月全』、国立公文書館所蔵)。

(57)前掲『東京帝国大学五十年史』、八六四頁。

(58)国民教育奨励会編『教育五十年史』（民友社、一九二二年）八四頁。

(59)『会報』一一号、三高同窓会、一九三九年、一八七頁。

(60)博多久吉「追憶随記」『三高八十年回顧』（関書院、一九五〇年)。

(61) 前掲「大学分校規則並授業用書附元中学生改編入伺ノ件」(85001８―66)。

(62) 『明治二十一年四月　外国教師一件綴込　第三高等中学校』(88004７)。なお、大学分校における外国人教師の招聘については、田中智子「明治前期の官立学校における外国人教員雇用――第三高等学校前身校を事例に――」(『洋学』第一一号、洋学史学会、二〇〇三年)に詳しい。

(63) 実際にかかった建築費は、金九二五円となっていた(『明治十八年以降　営繕関係書類　文部省直轄大阪中学校』、850056)。

(64) 「寄宿舎移築工事落成之義御届」『明治十八年文部省伺届原稿　文部省直轄大阪中学校』(850018―47)。

(65) 「本校所属第六番教師館ヲ文庫ト改称之件」『明治十四年文部省伺届原稿』(81000４―43)。

(66) 『明治十八年　学校移転ノ件』(850055)。以下、校地に関する叙述は、この簿冊の文書による。

(67) 設置場所の選定に関するこの間の動向をめぐって、田中智子「第三高等中学校設置問題再考――府県と官立学校――」(『京都大学大学文書館研究紀要』第三号、京都大学文書館、二〇〇五年)に詳しく分析されている。

(68) 前掲「大阪中学校組織改更ノ件」。

(69) 中野前掲「帝国大学体制成立前史(二)」、二二頁。また、中野前掲書、四一頁。なお、東京大学における学位制度の成立については、中野実「帝国大学体制形成期における学位制度の成立に関する考察」(『東京大学史紀要』第一七号、一九九九年)を参照されたい。

(70) 前掲「大学分校規則並授業用書附元中学生改編入伺ノ件」(850018―66)。

(71) 詳しくは、中野前掲「帝国大学体制成立前史(二)」(二一～二三頁)、または中野前掲書(四〇～四一頁)を参照。

(72) 「大学分校ト改称ニ付生徒階級改編ノ件」『明治十八年　雑事書類　大阪中学校』(850058―12)。

(73) さらに、学力検定により別課予備科第二級は甲・乙・丙・丁の四組、同第一級及び予備科第三級はそれぞれ甲・乙・丙の三組に分けられることになっている。

(74) 「大学分校年報」『文部省第十四年報』(一八八六年)三七九頁。

(75) 一方、一八八五年九月に実施した入学試験では、関西地域を中心に四三一人の応募者を得た。それに対して合格者は一〇五人にとどまっている。比べて前年度の中学校入学試験の場合、応募者一七七人の中で合格者は七九人だった。大学分校への応募者数が大幅に増えただけでなく、入学競争率（四・一倍）も、大学中学校のそれ（二・二倍）よりは明らかに激しくなったのである（同右「大学分校年報」）。

(76) 「同（当校生徒——引用者）烏丸千佳之二前回件（予備門へ入学志願）ニ付該門（予備門）へ照会」『明治十八年学校館所往復書類』（８５００５１—４）。

(77) 同右。

(78) 同右。

(79) 「専門学校予科生徒之中大学医学部別課学へ入学之件」『明治十四年文部省官立学務局等往復　附専門普通学務局内記局庶務局』（８１０００９—43）、「前項附属之書類」（８１０００９—44）及び「元医学本科生徒東京大学三学部へ転学之件ニ付回答」『明治十四年諸学校往復類』（８１００１４—３）。

(80) 前掲「同烏丸千佳之二前回件ニ付該門へ照会」（８５００５１—４）。

(81) 森有礼の文相任命にあたり、元田永孚をはじめとするいわゆる宮中派などの保守派から激しい反対を受けたといわれる。その中で伊藤総理は、責任を持って彼を擁護したと言われる。なお、教育をめぐる伊藤と森の交渉については、一八八一年いわゆる「明治十四年政変」以降、伊藤が憲法取調べのためヨーロッパへわたり、その時に駐イギリス公使森とパリで会談したことは有名である。その会談の中で、特に教育における「治安維持」という点は双方が共鳴するポイントであった。後に森はさらに「教育片言」を伊藤に送り、将来出来上がっていく明治国家における国民教育に関する森の教育方針を確認した。それらを踏まえた上で、伊藤は文部大臣のポストを森に任せることを約束したといわれている。そういう意味で、森文政は伊藤内閣の重要な一翼を担っていたと評価することが出来る。

(82) 最も代表的な教育論としては、「教育論——身体の能力」が挙げられる。なお、森の身体論と教育思想の関係については、厳平「森有礼の教育思想における心と身体」（『京都大学大学院教育学研究科紀要』第四八集、二〇〇二年）を参照されたい。

(83) 上沼八郎・犬塚孝明編／大久保利謙監修『新修森有礼全集』別巻二「解題」（文泉堂書店、二〇〇三年）。

(84) 寺﨑昌男「旧制高校教育研究の視座」『近代日本における知の配分と国民統合』（第一法規、一九九三年）。

(85) 一八八五年一二月二九日付『官報』号外。

(86) 主な顔ぶれは以下のとおり。文部大臣官房長心得・学務局長心得兼任辻新次、会計局長心得久保田譲、編輯局次長心得伊沢修二、学務局次長心得折田彦市、東京師範学校勤務・予備門長心得兼任野村彦四郎、視学部勤務江木千之などである。

(87) 「文部省大変革」『教育時論』第二六号、一八八六年一月五日刊。

(88) 中野前掲「帝国大学体制成立前史(二)」、二四頁。また、中野前掲書、四三頁。

(89) 詳しくは、中野実「帝国大学創設期に関する史料と文相森有礼――『帝国大学体制』の形成に関する試論的考察――」(『教育学研究』第六六巻第二号、一九九九年)、または中野前掲書を参照されたい。

(90) 大学案の作成には、東京大学関係者も関与していたと思われる。例えば一八八六年二月四日刊の『時事新報』には、「東京大学の各部長は毎日文部省に出頭して改革の取調中なりしが、已に調べも済たる由なれば、近々発表するなるべしと云ふ」と報道されている。大学改革をめぐって東京大学の関係者も文部省に呼び出され、大学令の作成に意見を提供したと想定される。

(91) 「中央大学」について中野は、現有の「東京大学を(そのまま――引用者)学校系統から外し」てこれに充てると指摘している(中野前掲「帝国大学体制成立前史(二)」、二四頁。また、中野前掲書、四三頁)。しかしこの報道には「大学は之を東京に設け」るというように、設置場所を東京に限定したものの、実体としても東京大学がそれに充てるとは明言されていなかった。とはいえ、「中央大学」を新たに「東京に設け」ることは財政上、現実的ではない。従って、現有の東京大学を基礎にしてこれを拡充・整理していく方法は、もっとも現実的な選択であった。

(92) その時点では大学分校は予科の生徒しか有していなかった。しかし、将来的にはそれは大学になる見込みがあるため、「地方大学」の範疇に入れることができると中野はいう(中野前掲「帝国大学体制成立前史(二)」、二四頁。また、中野前掲書、四三頁)。

第四章　モデルとしての第三高等中学校

第一節　第三高等中学校の発足過程

（1）「中学校令」の再検討

前章で述べたとおり、一八八六年二月末に「五大学校」案が却下され、三月一日に発布された「帝国大学令」はもっぱら、「帝国大学」だけに関する法令になった。それは、二月末の文部省官制改革によってすでに規定されていた。その後、三月九日に五つの学事地方部が「学事上ノ便宜」により設置されたことを挟んで、四月一〇日に「中学校令」が発布された(1)。

「中学校令」（勅令第一五号）は、中学校を尋常と高等の二等に分け、尋常中学校は公立の一府県一校を原則とし、また文部大臣直轄の高等中学校を全国に五校設置するという方針を打ち出した(2)。こうして、同日に発布された「師範学校令」（勅令一三号）、「小学校令」（勅令一四号）、「諸学校通則」（勅令一六号）、それにすでに三月一日に公布された「帝国大学令」とあわせて、「諸学校令」体制が発足した。中学校は、小学校と帝国大学との中間にある学校として、内実はともかく、形式上は両者を接続する学校として初めて明確に位置づけられたのである。そこで、高等中学校の特質とは何かという基礎的な問題を検討するために、まずは「中学校令」の関係規定を確認しておきたい。

周知のとおり、「中学校令」の「第一条」は中学校全体の設置目的を規定するものである。いわゆる実業従事と進学準備といった二重目的に関する規定は、一八八一年の「中学校教則大綱」の時から見られたものであるため、特に新しいとはいえない。「第二条」では、まず中学校の高等・尋常の二等分類を規定した上、高等中学校を文部大臣の管理下におくことを明確にしている。すでに多数の先行研究で明らかになったように、この規定は従来の中学校の中にあった初等・高等科の分類とは、まったく違った意味合いを持っているのである。ここでは、高等中学校に関する規定の特徴を、従来の分析とは異なる視点で再検討してみたい。まず高等中学校に関する規定内容をあらためて確認しておこう。

第二条　中学校ヲ分チテ高等尋常ノ二等トス、高等中学校ハ文部大臣ノ管理ニ属ス。
第三条　高等中学校ハ法科、医科、工科、文科、理科、農業、商業等ノ分科ヲ設クルコトヲ得。
第四条　高等中学校ハ全国（北海道、沖縄県ヲ除ク）ヲ五区ニ分画シ、毎区ニ一箇所ヲ設置ス、其区域ハ文部大臣ノ定ムル所ニ依ル。
第五条　高等中学校ノ経費ハ国庫ヨリ之ヲ支弁シ、又ハ国庫ト該学校設置区域内ニ在ル府県ノ地方税トニ依リ之ヲ支弁スルコトアルヘシ、但此場合ニ於テハ其管理及経費分担ノ方法等ハ別ニ之ヲ定ムヘシ。

第三条は、高等中学校に「分科」を設けることができるという規定である。具体的には、法科をはじめ、あわせて七つの科目名を並べている。一方、第七条「中学校ノ学科及其程度ハ文部大臣ノ定ムル所ニ依ル」の規定から読み取れるように、中学校の学科及び程度については未だ確定していなかった。「中学校ノ学科及其程度」についてはその内容が未確定の中、高等中学校の分科はすでに明確化されていたわけである。この違いから一つ重要な事実が読み取れる。すなわち、高等中学校における分科の設置構想が、「中学校ノ学科及其程度」よりも先行して具体化されていたことがわかる。この違いは、「中学校令」を分析した従来の研究では重要視されてこなかったが、きわめて重要な事実であることをあらためて強調しておきたい。

そしてもう一つ着目したいのは、分科の内容に農業や商業など帝国大学の分科大学には見られない専攻も含まれていることである。この事実は、高等中学校の分科が必ずしも帝国大学の分科大学に対応したものではないことを物語っている（中野実）。

続いて第四条は、高等中学校の設置方法、また第五条はその経費捻出に関する規定である。後述するごとく、いずれも高等中学校の「設置区域」という、新たに登場した概念と関連している。第四条の高等中学校の設置については、全国を五区に区画し、一区に一ヶ所、つまり全部で五ヶ所を設置することを決めている[3]。高等中学校の設置方法に関するこの規定の意義を理解するには、重要なポイントが二つある。一つ目は、五つの高等中学校を全国各地域に設けることである。言い換えれば、高等中学校は、東京の一ヶ所に集中させるのではなく、複数の学校を全国の地域に分散させねばならないという発想に基づいて構想されている。これは、そもそも高等中学校が設置された理由を考える上で不可欠な視点である。

そして二つ目は、「其区域ハ文部大臣ノ定ムル所ニ依ル」という規定の持つ意味である。具体的に大臣が決めるところは二つある。全国をいかに五つの区域に分けるかということ、そして分けられた区域の中に一ヶ所ずつの高等中学校をどこに置くか、すなわち設置区域の設定と設置場所の決定ということである。この二つの問題については、いずれも「文部大臣ノ定ムル所ニ依ル」という文言にとどまっており、未だ具体的には決まっていなかった。事実、五つの設置区域が決定されたのは一八八六年一一月三〇日（文部省告示第三号）である。また設置場所は、幾度かの変更を経て、ようやく一八八七年五月三〇日になって最終的に決定された。

一方、第五条の経費負担、とりわけ府県負担の部分は、設置区域の決定を待たねばならなかったことはいうまでもない。具体的に各府県の経費負担は「高等中学校経費支弁方」（勅令四〇号、一八八七年八月二日）や「高等中学校設置区域内府県委員会規則」（勅令四六号、一八八七年九月一二日）に基づいており、その内訳は各設置区域の協議によって決められることになっている。他には、先に述べた高等中学校の学科内容、修業年限、入学資格など（第七条）の具体的な内容は、一八八六年七月一日（文部省令第一六号）の「高等中学校ノ学科及其程度」によって定められることとなった。

以上、「中学校令」の内容をあらためて検討してきた。「中学校令」に関する規定には不確定な部分が多かったことが再認識できた。諸学校令の中でも、「帝国大学令」や「師範学校令」と比べると、「中学校令」のこの特徴は顕著である。第三章で述べたとおり、二月末の段階で文部省は、東京大学とともに「五大学校」を建設する構想をもっていた。しかし、「五大学校」構想を切り捨てて帝国大学令を制定した一ヶ月後に、高等中学校という形式で「五大学校」構想を事実的に引き継ぐ制度が設けられた。ここで事実上引き継いでいるというのは、全国を五つの地域に分けた上で各地域に設立するとしている点、直轄学校として文部省の管理下に置く点、経費に関しては文部省と設置区域たる府県の両方が負担する点が共通しているからである。しかし、だとすれば、なぜ五つの新しい教育機関は「大学」や「高等学校」ではなく、「高等中学校」という名称で「中学校令」の中に規定されたのだろうか。以下、この問題を設置区域に即して考察することにしたい。

(2)高等中学校設置区域の決定

高等中学校設置区域が、従来の「通学区域」を意味しないことは明らかである。「設置区域」は、「中学校令」の発布とともに登場した、新たな概念であった。具体的には、北海道と沖縄を除いて全国を五つの「区域」に分け、それを高等中学校の「設置区域」とした。「区域」ごとに高等中学校を一校ずつ置くことが定められたからである。「設置区域」の特徴として、「区域」が複数の府県によって構成されること、それに学校の設置場所が各「区域」の中にあることが挙げられる。そういう意味で、設置区域と設置場所が一対の決定事項であったといえる。つまり、設置区域を決め、その区域の中から設置場所を選ぶことになる。逆に、設置場所が決まることによって、決定された場所が所属する設置区域の範囲を、あらためて調整する必要が出てくる。一つの設置区域の中に二つ以上の設置場所が出てくることは、法令上認められていなかったからである。設置区域の持っていたこの特徴を正確に理解することが重要である。これに関連して、設置区域も設置場所もその決定権は文部大臣にある以上、いずれも流動的であることは不可避である。

では、「設置区域」はいかに決定されることになったのか。内閣発足後の「文部省大変革」が断行された一八八五年一二月末へ、今もう一度さかのぼってみたい。この時、文部省人事刷新の一環として、五人の視学官が新たに任命されたことは先述したとおりである。それは、新設した視学部に伴って設けられた制度であった。つまり、「本省中視学部ヲ置キ、府県ヲ五部ニ分テ各一部ヲ担任」させるという規定である。地方部が五つに分けられることは、一八八五年七月一一日の学務二局（地方学務局）庶務概則改正により、従来の六つから五つへと変わることを継承したものとみられる。一八八六年一月から流され始めた「五大学校」報道では、この五つの地方部に対応して大学校の建設を予定することになったのだろうか。

まず、視学官設定に際しての地方部の範囲を確認しておこう。地方部は、一八八六年三月九日に文部省が「学事上ノ便宜ヲ以テ」分けたものである。その構成は以下の通りである。

第一地方部　東京府、神奈川県、新潟県、埼玉県、千葉県、茨城県、群馬県、栃木県、静岡県、山梨県、長

野県

第二地方部　北海道、宮城県、福島県、岩手県、青森県、山形県、秋田県、札幌県、根室県

第三地方部　京都府、大阪府、兵庫県、三重県、愛知県、滋賀県、岐阜県、福井県、石川県、富山県、和歌山県

第四地方部　鳥取県、島根県、岡山県、広島県、山口県、徳島県、愛媛県、高知県

第五地方部　長崎県、福岡県、大分県、佐賀県、熊本県、宮崎県、鹿児島県、沖縄県(4)

大雑把に言えば、第一地方部は関東、第二は東北・北海道、第三は近畿・北陸、第四は中国・四国、第五は九州・沖縄というものであった。それに対して、「五大学校」構想では、一八八六年二月三日の『時事新報』及び『東京日日新聞』、それに二月六日の『大阪朝日新聞』（ただし、二月三日付『東京日日新聞』記事の再録）及び『大阪日日新聞』は、その位置をいずれも、東京、大阪、金沢、広島、鹿児島と報道していた。これらの新聞記事に即していえば、東京、大阪、広島、鹿児島は、それぞれ第一、三、四、五の地方部に所属される。これに対して金沢は、大阪と同じく第三地方部に所属されている。一方、第二地方部の東北には一つの候補地も挙げられていなかった。「五大学校」構想は、五ヶ所設置するというように数字的には五つの地方部と一致しながらも、その設置場所については必ずしも地方部に対応してはいなかったことがわかる。言い換えれば、「五大学校」の設置場所は、また別の論理で決められていたというである。この論理は、「中学校令」の発布後、いよいよ明確になってくる。

さて、高等中学校の設置場所について、森文相はいかなる論理でもって決めたのだろうか。ここでは一八八六年一一月二〇日付で京都府知事北垣国道が森宛に提出した、「高等中学校御設置之儀稟請」の書き出し文を見てみよう。

高等中学校位地之儀ハ、該校建築並ニ敷地ニ係ル経費凡拾萬円有志者等ノ出金ヲ得ハ、当府下ニ設立ナルヘキ段御内定相成候旨、曽テ御省次官ヨリ内示有之（以下省略）。(5)

この文章は、北垣知事が、高等中学校の京都設置を誘致する意向を示すために森文相へ送った稟請書の前文である。この文面に限って、以下のような事実が判明する。すなわち、①京都府は高等中学校の設置候補地として当初からあったこと、②それを実現するために経費一〇万円の負担が求められていたこと、③そしてこの条件についてはすでに文部次官（辻新次）によって内示されたこと、である。これによって、文部省が高等中学校の設置場所を決める論理を、以下のように推測することができる。つまり、文部省は高等中学校の候補地を決め、それから一〇万円の設置費用を提供することを条件に、次官を派遣して各候補地を説得する、というシナリオである。「五大学校」構想に先立つ「府県聯合設立高等学校」構想において、「府県各箇ノ資力ヲ以テ之ヲ毎府県ニ設置セシメン歟、府県ノ経済亦何ヲ以テ能ク堪ヘン」という議論が提起されていたことを思い起こそう。(6)府県の経費負担能力は、学校の実現可能性を大きく左右するものであった。文部省としては、この負担を転嫁しうる府県を探し求めていたということになろう。とりわけ、国庫負担が予定されていた「五大学校」案は経費の理由で否決された以上、その代案として高等なる「中学校」の設置ならば府県に負担を求めることが可能であるという考えが、より現実味を持つ妥協案として提起されたと推測できる。

(3)第三高等中学校の発足

では、文部省は一体、どのような候補地を挙げたのか、そしていつその内示を候補地に伝えたのだろうか。これらに関する詳細は未だ解明されていない。ただし、一八八六年四月二〇日付の『日出新聞』は、高等中学校の設置場所は東京・大阪・広島・長崎・仙台に決定したと伝えている。また、一八八六年六月以降、文部省高官の地方巡視が頻繁に行なわれるようになった事実が確認できる。

例えば学務局長折田彦市は、六～七月に石川県・山口県・高知県に出張している。その途中、大阪府知事にも面会しており、また京都府も訪問している。辻新次文部次官もまた、森に代わって七月より山口県・石川県を訪問している（谷本宗生、荒井明夫）。これらの動向をみた限りでは、森文相は京都または大阪・金沢・山口・高知などを高等中学校の候補地として示唆したように思われる。一一月七日付の『日出新聞』でも、この動向通り、第一東京、第三大阪、寄付を伴う運動の結果第二は金沢に決まり、第四・五は山口・仙台、または仙台・熊本との説があると伝えている。

さて、ここで三区の動向を確認しておこう。東京の予備門と大阪の大学分校は、一八八六年四月二九日に第一高等中学校と第三高等中学校へとそれぞれ改組された。ただし、それはあくまでも現存の学校への処置決定であり、高等中学校の設置場所を最終的に決めるものではなかった。特に大阪の場合は、一八八五年七月に大学分校の設置が決められた以後、新校地の選定をめぐって学校側が積極的な動きを見せている。この場合、大阪に限らず兵庫県や京都府なども選択肢として充分考えられた。

しかし、京都府は、北垣知事のリーダーシップのもとで他府県に先がけて一八八六年一一月二〇日に、府会で高等中学校の設置費用を地方税より支弁することを議決させることに成功した(7)。それをもって京都府は、正式に高等中学校の設置誘致を決めた。つまり京都は、「地方費ノ内ヨリ支出」するという方法で、文部省の高等中学校設置の打診を受け入れる見解を示した。それを受けて北垣知事は同日、先述した「高等中学校御設置之儀稟請」を森文相宛に送ったわけである。そしてこの稟請が文部省の容れるところとなり、京都の高等中学校設置が決定された。

一方、金沢の位置する石川県は五月になってから、高等中学校の誘致をめぐって積極的に動き出した。六月に折田学務局長、七月に辻文部次官の訪問を受けた上、七月三一日に県学務課長檜垣直右や専門学校長武部直松など石川県の教育関係者は、「高等中学資本金募集ノ事ヲ談合ス」と正式に誘致運動を始めた。(8) 地域社会による努力の結果、石川県は高等中学校の誘致は成功した。一一月三〇日に公布された「高等中学校設置区域ノ事」（文部省告示第三号）において、設置区域は次のように正式に決まった。

第一区　東京府、神奈川県、埼玉県、千葉県、茨城県、群馬県、栃木県、愛知県、静岡県、山梨県、長野県
第二区　宮城県、福島県、岩手県、青森県、山形県、秋田県
第三区　京都府、大阪府、兵庫県、三重県、滋賀県、岐阜県、鳥取県、島根県、岡山県、広島県、山口県、和歌山県、徳島県、愛媛県、高知県
第四区　新潟県、福井県、石川県、富山県
第五区　長崎県、福岡県、大分県、佐賀県、熊本県、宮崎県、鹿児島県

文部省は、京都や金沢の設置決定を受けて設置区域の範囲を最終的に決定した。そのため、第四区にはわずかに四県しかなかったのに対して、第三区は、二府一三県も有している広域となっている。(9) 残りの二区と五区は、設置場所が未定のままであっても、それぞれ東北や九州といった境界線のはっきりとした地域となっていた。したがって、設置場所の決定を後回しにしても大きな混乱を招く可能性が低かった。

この設置区域の府県配分を、先に見た三月の五地方部のそれと比較してみよう。全体的に、前者では北海道と沖縄県は除外されていた。それは、「中学校令」の規定（第四条）に準じたものであろう。そして、第一、二と五

区の構成はほとんど変わっていない。対して第三と四区には大きな変化が見られる。すなわち、従来の広島を中心とした中国・四国地域が消滅し、代わって北陸が単独の四区として登場しているのである。

先述したとおり、「中学校令」は、各設置区域に高等中学校を一校だけを置くことを規定していた。したがって、そもそも第三区に所属していた金沢に高等中学校の建設が決まった以上、設置区域の調整を余儀なくされたのである。一一月三〇日の「高等中学校設置区域ノ事」は、このような背景で生まれたと理解される。それはまた、第三区が他の区域よりも遥かに広い面積を有している、いわば特別な存在という結果を形成させた直接の原因だと思われる。

と同時に、「高等中学校ノ位置第一区ハ東京第三区ハ京都第四ハ金沢トシ、第二区第五区ハ追テ之ヲ定ム」という決定が下された。その後、二区の仙台は一八八六年一二月九日（文部省告示第四号）、五区の熊本は一八八七年五月三〇日（文部省告示第五号）になってそれぞれ決められた[10]。このようにして、第一から第五の高等中学校は、それぞれ東京、仙台、京都、金沢、熊本に設けられることになったのである。

第二節　第三高等中学校の教育とその特質

(1) 教員と教科カリキュラム

先述したとおり、高等中学校は当初から確たる理念に基づいて発足したとは言い難い。その中で一八八六年四月二九日、大学分校は第三高等中学校と改称された。しかし、新学期の開始は九月まで待たなければならなかった。一方、高等中学校の学科教則などは未だ制定されておらず、七月までは旧来の大学分校予科、すなわち大阪中学校の制度をそのまま継続させることになった。これについて一八八六年初に大学分校へ入学した金子登は、「田舎の中学を卒業し大学分校を志願して大阪へ来た」が、「九月に廃止され第三高等中学となった。故に大学の授業は僅かに三ケ月間であった。為め同年七月試験を経ての新入学のものは実際大学分校として授業を受くることと無く第三高等学校の課程を修むることとなつた」と述べている。[11]

一方、第三高等中学校における教授陣は、先の大学分校時代に続きその充実度を増している。例えば一八八七年二月の職員一覧表を見ると、学校長中島永元以下、教諭四名・幹事一名・助教諭一三名・舎監三名・書記二名・雇員一〇名・出張会計員四名・外国人教師二名、総計四〇名を数えた。実際には、舎監は教諭や助教諭が兼任していたため、実数は三七名となる。間もなくドイツ語担当の教諭湯目補隆が加わったため、教授陣は学校長を含めて二二名、うち一八名がもと大学分校教官の再任であった。なお、後にも述べるように、一八八七年四月には学校長中島永元が文部省書記官に転出し、同省参事官折田彦市が学校長を兼任することになった。

さて、外国人教師米国人グッドリッチとヒッチコックの雇用が、分校時代に計画されていたことをすでに前章で述べた。翌一八八八年度からは、米国人ギューリック（Theodore Weld Gulick）と英国人シャープ（Edmund Hamilton Sharp）に代わっている。少し前にドクター・オブ・フィロソフィ（コロンビア大学）の称号を持つ松井直吉と文学士前川亀次郎が着任しており、教授陣の充実が一段と進められた。

一方、諸規則の制定は一八八六年七月に始まった。同月一日に公布された省令第一六号「高等中学校ノ学科及其程度」に基づき、第三高等中学校は八日に「予科仮課程」を上申し、翌八月一三日にその許可を得た。その中で、予科の規定によれば、予科第三級は「尋常中学校第三年級以上ノ学科及其程度ニ拠ルモノトス」（第七条）と定められている。一方、別課第二級は尋常中学校の課程に準拠していたため、大学分校時代の予科課程と一致しており、教科書もほとんどそのまま採用することが認められた。授業科目全体に原書主義が見られるのも大学分校以来のものである。それに対して金子は、「和漢文を除き教科書が凡て英書であった」と回想している。[12]

なお、第三高等中学校における予科・本科を合わせた規則は、一八八六年一〇月頃に上申してから文部省との間に幾度の往復があり、最終的に許可を受けたのは翌一八八七年四月一四日であった。それにより、本科課程の修業年限は二年とされ、各年次の法・工・文・理の学科目が挙げられ、授業の細目や時数が定められた。また、「医学及理学志望生ノ課程ハ当分欠クベシ」と定められている。これは、文部省側の指示に従ったものであると思われる(13)。しかし、八月一九日付の告示により、医科は医学部に改められ、各高等中学校に医学部が設置された。また、七月六日付の文部省令第四号「高等中学校ノ学科及其程度ノ一部改正」により、学科を法・文系の二部、工・理系の二部、医系の二部に分け、授業科目に法学通論を追加することになった。これに伴って第三高等中学校では、一八八八年九月の新学期からは本科の学科課程が一部と二部に分けられていった。

一方、一八八七年一二月の文部省告示により、高等中学校の予科に欠員が出る場合には、当分の間予科補充生を入学させることが可能となった。その学科および程度は尋常中学校の一、二年となっていたため、実質的に高等中学校の予科以下は、尋常中学校がそのまま含まれていたように見られる。この現象は、当時の中学校とりわけ府県の尋常中学校の学力の不足を物語っている。つまり、それらの生徒の学力と高等中学校の期待する学力水準との間には、大きな格差があったのである。後述するように、第三高等中学校はこの問題を解決するために、府県の中学校卒業生からの無試験入学を含めてさまざまな施策を考案していった。

(2) 体操教育の実態

兵式体操の導入とその変化

第二章では、折田校長が自らの体験をもとに大阪中学校において積極的に体操教育を導入した過程を検討した。それは、体操をはじめとする身体教育を学校教育の重要な一環として取り入れたものであった。当時、文部省は確たる方針を持っていなかったため、大阪中学校の体操教育は、広く府県中学校のモデルとして大きな役割を果たした。

一方、すでに多くの先行研究で明らかにしたように、身体教育とりわけ兵式体操の重視は森文政期教育の特徴の一つであった。特に一八八五年以降、森有礼の文部行政への関与が徐々に強まっていくことにつれて、体操教育に対して文部省は積極的に取り組む姿勢を見せている。体操教育に関する森の理念を折田のそれと比較すると、どのような特徴が見えるのか。また、それが折田の学校にいかなる影響を与えていったのだろうか。以下、大阪中学校で行なわれた体操教育は一八八五年以降いかに変化していったのかを、体操教員、体操内容、銃器使用の普及という諸点を通じて明らかにしたい。

まず、体操教員について、大阪中学校では従来体操伝習所卒業生がそれを担っていたことを先述した。ところが一八八五年以降、それに軍人を起用する現象が増えていった。実際文部省は、中等学校における兵式体操担当教員は「陸軍武官タル者ヲシテ担当セシムルニアラサレハ教導上宜キヲ得サル」と考えていたからである。(14)現に東京師範学校では、倉山唯永歩兵大尉及び松石安治歩兵少尉が文部省御用掛に命じられ、兵式体操の教授に当った。このような中、一八八五年一一月、「歩兵一等軍曹遠藤治吉、当校生徒歩兵操練科教員ヲ兼勤ス。先是当校ヨリ大阪鎮台へ照会セシニヨリ、同台ヨリ特ニ派遣シタルナリ」との記述が示すように、大阪においてもついに現役の軍人が歩兵操練科の教員として迎えられた。(15)

現役の陸軍武官を教員として迎えるようになったのは、森文政期の大きな変化である。(16)ただし、遠藤治吉が一八八六年七月二九日付で第三高等中学校に解嘱された後は、現役の軍人が兵式体操教員に迎えられることはなかった。それにかわり、体操科教員を第四師団へ派遣し、兵式体操を研修させるようになった。例えば一八九二年四月に、体操科教員の友野正忠と大西亀三郎は(17)「兵式操練科訓練上取調之為メ、客月二五日ヨリ第四師団へ出張セシメ候処、昨三一日帰校」したと文部省に報告している。(18)

文部省が現役士官を兵式体操教員に兼任させようとした例は、他の高等中学校でも見られた。例えば、森文相は第一高等中学校にて「生員最多且概子少壮ノ者ニシテ其兵式体操教官ノ主員タルモノハ在職士官ヨリ兼任セシメ候儀必要ニ有之候付右壱名兼任」させるよう要求し、一八八八年一〇月五日に「(陸軍)省定員外ニ大尉弐名(内壱名ハ現ニ高等師範学校兼任ノ分)被差置当省へ兼任」させることを閣議に請求した。[19]陸軍省はこれを受けて、現役士官の第一高等中学校兼任を一〇月二六日に一旦許可したものの、一二月一一日に許可を取り消した。さらに森が第二から第五まで各高等中学校に対して士官の配置を求めた際も、陸軍省は人数の関係で支障があるとして拒絶した。[20]以上、森文相は現役軍人を兵式体操教員にあてようと構想したが、それは陸軍省の都合によって必ずしも実現しなかったことがわかる。

次に、兵式体操の採用は、体操の内容にいかなる変化をもたらしてきたのであろうか。体操科としての教科内容そのものには大きな変化がなかった。[21]しかし、教科としての体操科の枠を超える大きな変化の一つに、行軍の導入があった。行軍は、「兵式体操ヲ課スル生徒ヲシテ実地演習ノ為メ」に兵式体操の一環として取り入れられたものである。[22]これは、佐藤秀夫が修学旅行について、「軍に範例を求めた訓練、とくに兵式体操の本格化とともに創設された特色ある学校行事」といった指摘と符合する。[23]実際、兵式体操の導入に伴い、東京師範学校を始めとして各中学校や師範学校は次々と行軍を導入していった。[24]

第三高等中学校は、一八八八年三月三一日から四月五日にかけて奈良・月ヶ瀬方面へ五泊六日の「修学旅行」を実施した。『第三高等中学校第一回修学旅行記事』によれば、体操科教員友野正忠と大西亀三郎を指揮官、辻岡才治を喇叭手とし、職員二一人、生徒九九人が参加した。「軍隊ニ擬シ一個中隊ニ編制シ」、四小隊に分けて「軍歌ヲ唱」い、そして時々発火演習や、南北両軍による対抗運動を行なった。[25]そのために作られた「行軍中心得」では、行軍の目的を、「軍隊ノ風紀ヲ実習スルヲ以テ主要トス」るものであると述べ、行軍において守るべき事項として「厳正ヲ旨トシ緩慢ヲ戒メ艱苦ヲ忍フベシ。又他人ニ対シ言行ヲ慎ミ学校生徒ノ体面ヲ汚スコトナキ様注意スベシ」をあげている。[26] 行軍は単に身体を強健にするためだけではなく、精神的な鍛錬のための機会と位置づけられていたのである。

第三高等中学校において現役軍人の体操科教員採用が一時的なものに終わったのに比べ、こうした行軍は、露営や射的演習を含めてその後も継続・実施されたという点で重要である。[27] さらに一八九二年四月には、第三高等中学校区域内の尋常中学校長会議の開催にあたり、「尋常中学校ニ於テ修学旅行ノ方法及可否」という諮問案が提出され、尋常中学校へ修学旅行の普及が図られることになった。この会議で各府県に提示された「修学旅行法案」では、「修学旅行ヲ分チテ学術旅行兵式旅行ノ二種トス」ることを定め、とくに「兵式旅行」について隊伍の編制方法を規定している。また、行軍は「教養上最重要ナルモノナリ、故ニ若シ生徒ニシテ欠課スルモノハ事故ノ何タルヲ問ハス欠席ヲ以テ処分ス」ると大いに重視されていたことが、注目される。[28]

銃器使用の普及

兵式体操の導入によるもう一つの大きな変化は、銃器が各学校に普及し、実弾射撃演習が行われるようになったことである。兵式体操導入以前では、銃器の使用はごくわずかの学校に見られるだけであった。[29] その中で、早くも大阪中学校時代の一八八五年五月、大阪鎮台の城南杉山射撃場を借りて実弾射的を実施し、中等教育における実弾射撃演習のさきがけとなった。また一八八九年に第三高等中学校が京都に移転した後も、京都射的会の協力を得て、日吉山射的場において定期的に射的演習を行なった。そして一八九一年三月には「兵式体操科実弾射的規程」が制定された。[30]

第三高等中学校以外においても、森文政期以降は銃器の使用が広くなされるようになった。文部省は「銃器取扱要領」を規定し、二府四二県に通知した。[31] さらに一八八六年四月に歩兵操練のため陸軍省から借用した短エンピール銃五〇〇〇挺を第三高等中学校が領収・管理し、以後四月二三日（京都）から七月一六日（岐阜）にかけて、三二の府県や学校にそれぞれ引き渡している。[32]

表7は一八八六年から一八八八年にかけて、文部省が各府県の学校に配布した銃器数をあらわしたものである。この表から、文部省が銃器による実弾射撃演習を含んだ兵式体操を、積極的に全国の中等教育機関に普及しようとしていた姿勢が窺われる。

以上述べてきたように、一八八五年以降とりわけ森文政の開始とともに兵式体操が実施され、体操教育は新たな段階を迎えた。学校教育における気質鍛錬を目的とした身体教育の一環として、兵式体操が文部省の推進により全国に普及していったのである。第三高等中学校でも、早い段階から現役軍人を体操科教員に採用したり、体操教員を軍隊で研修させたりというように、文部省の方針に積極的に対応した。また、兵式体操の一環に位置づけられた行軍や実弾射的演習が森文政以後にも継承されていくことになった。このことは、学校教育における体操教科の変化が着実に起こっていることを意味している。

一方、この変化から、体操教育をめぐる理念は、折田と森との間に一定の共通点を持ちつつ、異なった面も見られるといえる。すなわち、体操教育を教育的に学校に取り入れるという点においては、両者が共通している。ただし、具体的なやり方、例えば教員の選任などについては、両者には意見の相違が見られる。折田が体操伝習所の卒業生に任せていたのに対して、森は、より「精神」力の持つ現役軍人を迎えたいと計画していたのである。それは、両者の青年時代の体験の違いによるところが大きいと思われる。

(3)寄宿舎制度の確立

森文政下の寄宿舎

体操同様、寄宿舎の整備は、大阪中学校時代における折田校長が積極的に取り上げた「急務」の一つであった。とりわけ大阪中学校において、寄宿舎に入るかどうかという判断は学生の都合に委ねる、という点は、当時においてきわめて稀にしか見られなかった理念であった。それは、先述したとお

表7　銃器借用一覧表（1886～1888年）

日　　期	銃の種類	挺数	貸　渡　先
1886年3月16日	スナイドル	100	宮城県
3月23日	スナイドル	300	所轄校
4月8日	スナイドル	300	所轄校
5月25日	村田	4	第三高等中学校
9月6日	モストル	460	不詳
11月1日	短レカルツ	10	不詳
11月27日	短エンピール	60	不詳
1887年2月4日	短エンピール	200	沖縄県
2月20日	室内射的	10	不詳
2月22日	短エンピール	150	鹿児島県
3月24日	村田	5	高等商業学校
3月25日	モストル	260	直轄校
4月4日	短エンピール	100	富山県
7月2日	短エンピール	10	不詳
7月15日	短エンピール	30	不詳
8月5日	スナイドル	50	東京農林学校
9月22日	短エンピール	40	不詳
11月28日	村田	20	第五高等中学校
12月5日	短エンピール	100	不詳
12月8日	室射、村田（※1）	11	不詳
1888年1月31日	長モストル	50	高等商業学校
3月16日	長モストル	50	高等商業学校
5月2日	エンピール	50	栃木県
5月30日	短エン、室射（※2）	25	和歌山県
7月26日	短エンピール	200	第五高等中学校医学部
9月12日	短エンピール	400	第三高等中学校医学部
10月13日	モストル	50	第一高等中学校
合　　計		3,045	

注：防衛省戦史資料室所蔵『陸軍省大日記』（1886～1888年）より筆者作成。
※1：室内射的銃10挺、村田銃1挺。
※2：短エンピール銃20挺、室内射的銃5挺。

り、折田の留学時代のマコッシュ学長の「自由」観に由来しているからだと思われる。さて、こうした大阪中学校時代の寄宿舎理念は、果たして一八八五年以降には変わっていったのであろうか。

先述したとおり、森文政の顕著な特徴として、師範学校における兵式体操の徹底と寄宿舎の兵営化が挙げられる。第三高等中学校の寄宿舎のあり方を検討する前に、一つの比較例として、高等師範学校における変化を確認しておきたい。すなわち一八八六年五月一七日に文部省は、高等師範学校の「生徒編制法」について以下のような訓令を発した。

教場内外一切ノ事業ヲ以テ生徒ノ気質鍛錬ノ資ニ供シ、就中寄宿舎及体操ニ係ルモノヲ以テ教場外最重ノ事業トシ（中略）生徒ヲシテ伍ヲ組ミ、隊ヲ編ミ輪換分担セシメ、其間下ニ在テハ上ノ命令ニ服従シテ順良ノ道ヲ修メ、上ニ在テハ下ヲ統御シテ威重ノ実ヲ固フシ、及高級生ニシテ下級生ノ下ニ立ツ者ヲシテ其及ハサル所ヲ親切ニ補導シ以テ信愛ノ情ヲ深クセシムルヲ要ス。(33)

ここでは、森文相の唱えた「三気質」養成が「寄宿舎及体操」の目的としてはっきり示されている。具体的な編制法は、舎監―組長―什長―伍長―学友という形となっていた。しかも「組長ハ四年生、什長ハ三年生、伍長ハ二年生トシ、三週間輪番ヲ以テ従事セシム」といったように、組長以下は上級生によって担わせた。(34)この生徒編制法をはじめ、「明治十九年九月、諸則略々成り直ニ之ヲ実行し、寝食座臥、室内の整理、一ニ兵営に於けるが如くせしめた」というように、高等師範学校においては兵隊式の管理法が取り入れられた。(35)そうした関係の中、上位者への服従については少しの違反も許されない状況が形成された。即ち「下タル者上タル者ニ対シテハ諸事従順尊敬ヲ尽サヽルヘカラス」とし、命令に対して「謹テ之ヲ遵守」し、「犯則シテ責罰ヲ蒙ムルトキハ仮令不当ト思惟スト雖其ノ弁解ヲ請フコトナク必ス之ニ服従シ」と、まさに軍隊式の絶対服従が要求されているのである。

この点について佐藤秀夫は、師範学校の寄宿舎において、一八八〇年代前半までその管理には「自由な雰囲気」が漂っていたという。しかし、その後半になると、軍営式な寄宿舎の管理法等の採用により、「生徒間では伝統主義的な年長者支配あるいは上級生支配の規制方式が形成されるようになるのである」と述べている(36)。

このように寄宿舎における管理が強まる風潮の中(37)、第三高等中学校の寄宿舎にはいかなる変化があったのか。一八八五年までの「寄宿舎規則」第一條では、「寄宿舎ヲ分チテ幼年舎、青年舎ノ二トス」と簡潔に示していた(38)。森文政期の一八八六年になると、「生徒便学ノ為寄宿舎ヲ設ケ」という文面が新たに加えられた(39)。これは従来の方針を変更したというよりも、「便学」という折田の寄宿舎観をより明確に条文化したものと思われる。同年九月に、第三高等中学校において、次のような「寄宿舎生徒組合規約」が制定された。

「寄宿舎生徒組合規約」

取締上ニ関シテハ新ニ寄宿舎生徒ノ組合規約ナル者ヲ定メタリ。是ノ法ヲ設ケシ以来、舎中ノ風紀大ニ改リ、生徒皆能ク其ノ本分ヲ守ルニ至レリ。其ノ規約左ノ如シ。

第一条　寄宿舎生徒ノ風紀ヲ厳粛ニシテ舎則ヲ確守セシメンカ為メ、茲ニ在舎生徒ヲ分チテ第一組ヨリ第七組マテノ諸組ヲ設ク。

但南舎上ノ北側ヲ第一トシ、同南側ヲ第二トシ、南舎下ノ北側ヲ第三トシ、同南側ヲ第四トシ、北舎下ノ北側ヲ第五トシ、同南側ヲ第六トシ、幼年舎ヲ第七トス。

第二条　各組ニ組長一名ツヽヲ置ク。

第三条　組長ハ学力ト品行トニ拠リ生徒中ヨリ舎監之ヲ指定スル者トス。

第四条　組長ハ善ク舎則ノ精神ヲ体認シ、組員ノ風紀ヲ正シクスルヲ旨トシ。其ノ行状ハ勿論、各室ノ情態及諸物品ノ整否等ニ注意シ、舎則ニ違背スルコトナキ様常々警戒ヲ加フルノ責ニ任スル者トス。
第五条　組長ハ其ノ務ヲ挙行スルニ就キ必要ナル場合ニ於テハ特ニ其ノ組員ノ室ニ出入スルコトヲ得。
第六条　組員ハ各自組長ノ勧告ニ戻ラス、総テ舎則ニ厳守スルコトヲ務ムヘク、又組長ニ対シテハ互ニ恭敬ノ意ヲ忘ルヘカラサル事。(40)

これによれば、寄宿舎生徒を組合に編成する目的は、「風紀ヲ厳粛ニシテ舎則ヲ確守セシメン」と記されている。ところが、この「組合規約」には原案と思われる案が存在している。そこには、「寄宿舎生徒ノ気質ヲ鍛錬スルヲ目的トシ、茲ニ在舎生ヲ分チテ第一組ヨリ第七組マテノ諸組ヲ設ク」と記されていた(41)。寄宿生組別編成は「気質ヲ鍛錬」するためという。これは森の教育的意図をそのまま反映しようとしたものと思われる。しかし、この原案はやがて「風紀ヲ厳粛」、「舎則ヲ確守」といった規約へと変えられた。

また、寄宿生は寄宿舎の場所によって七つの組に分けられている。ここでは先の高等師範学校のような組、什、伍という上下のヒエラルヒーが見られず、いわば並列の関係にあることが分かる。組長の決定は舎監の指定によるとされたが、三ヶ月交替であった。さらに、のち一八八八年二月一日付の「寄宿舎生徒ノ風紀」に関する記録の中、「組長ハ学力ト品行ニ拠リ生徒中ヨリ之ヲ撰挙ス」と、「組合規約」（一八八六年九月制定）の実施について記されている。

第一高等中学校との比較　ここでは、この「規約」の特色を一高のそれと比較しながら明確にしたい。一八八六年一〇月に制定された第一高等中学校の「生徒部伍編成規則」は、その目的について次のように記している。

第一条　生徒部伍ハ至誠、順良、信愛、荘重ノ気質ヲ保持シ遵守、整頓、清潔ノ習慣ヲ鞏固ナラシムル等、凡ソ学科外ノ要道ヲ完全ナラシムルノ便ヲ開カンカ為メニ相互ノ気脈貫通ヲ主トシ之ヲ設ク。

第二条　在舎ト通学トニ拘ハラス、生徒総員ヲ左ノ四大部ニ分ツ。（以下略）

第三条　各部中生徒人員ニ応シ、部長ノ見込ヲ以テ科若クハ級及組、什、伍ニ分ツモノトス。（以下略）

第五条　部長ハ其部内ヲ挙テ第一条ノ主趣ニ適合セシムルヲ以テ緊要ノ務トス。故ニ部内ニ於テ通達申告等ノ為メ其手続等ヲ要スルモノアルトキハ、部長ニ於テ科若クハ級及組等ノ秩序ニ循ヒ之ヲ定メ校長ヘ報告スルモノトス。(42)

ここで提示された「至誠、順良、信愛、荘重」といった気質は、森有礼が高等師範学校で求めた三気質（順良、信愛、威重）をほぼ包含している。また、部、科（または級）、組、什、伍といったように、「部内ニ於テ通達申告等ノ為メ其手続等ヲ要スルモノアルトキハ、部長ニ於テ科若クハ級及組等ノ秩序ニ循ヒ之ヲ定メ校長ヘ報告スルモノトス」と上下関係が明確に決められている。しかもこうした部伍編成は、「在舎ト通学トニ拘ハラス」生徒全員を対象としていることが注意されたい。一方、一八八七年一月に制定された「第一高等中学校規則」によれば、「寄宿舎ハ人員ヲ限リ上級上席ノ生徒ヨリ寄宿セシムル所トス」（第七章「寄宿舎規程」第一条）と定められ、寄宿舎への入舎は、成績順でその優先順位を決める方針を示されていた。

さらに一八八八年以降木下広次教頭の着任により、「明治廿三年ヨリ入学ノ生徒ハ総テ寄宿スヘキモノトス」というように、一高における「全寮制度」の採用が一八九〇年から行なわれるようになっていった。(43)それは、生徒の下宿を完全に禁止することを意味している。(44)木下は、「寄宿寮を設けたる所以」は「純粋なる徳義心を養成せしむるに在り。決して徒らに路程遠近の便を図り、或は事を好みて然るに非る也」と述べている。(45)ここで「徳義心を養成」させる場として寄宿舎の設置目的を示唆した木下は、就学の便利など生徒側の理論を完全に排除する姿勢を示した。この木下の寄宿舎理念は、先述した折田のそれと比較すれば両者の違いは歴然としている。すなわち折田は、「入舎ヲ請フト否トハ生徒ニアリ」と入舎の自由は生徒にあることを明確に表明していた。また、具体的な入舎理由については、「遠路ノ通学」や「適当ノ下宿所ナキ」など生徒側の都合を充分に理解していたのである。大阪中学校時代から「希望者に応じる」という理念を貫いた折田に対して木下は、自らの教育理念を実現させる「精巧な装置」として寄宿舎を捉えたのである(46)。

ここで強調しておきたいのは、第一高等中学校の生徒編成は、高等師範学校のそれと同じく、すべての生徒を対象にした生徒管理・編成の一環であったことである。しかも、兵式体操と同じく「三気質」鍛錬の目的が入っていた。それに対して第三高等中学校の「寄宿舎組合規約」は、「気質ヲ鍛錬スル」という文言は削除され、それよりも、寄宿舎内部の秩序に重点をおいていたことが注目される。自由意志で入寮した生徒のみを対象にしており、寄宿舎生活の秩序や風紀維持としての規約となっていた。言い換えれば、一高の生徒編制は全体生徒の取締りの意図が含まれていたのに対して(47)、三高は寄宿舎管理の一環としてだけ捉えられていたのである(48)。しかも、それは大阪中学校時代から一貫していることである。

なお、寺﨑昌男も認めているように、木下の理念はフランス留学の知見によるところがおおきい(49)。一方、すでに明らかにしたように、折田の寄宿舎理念はマコッシュ学長の「自由」に関する理念とは通底している。すなわち、一高と三高の寄宿舎のあり方の違いは、学校長の寄宿舎理念の違いに由来していた。もっともそれは、両者の留学経験の違いに根付いていていると思われる。

第三節　尋常中学校との接続問題

(1) 入学問題と「設置区域」

「高等中学校設置区域」の意味

「中学校令」により、高等中学校設置区域という従来になかった概念が登場することとなったことは先述した。しかし従来、「設置区域」の存在さえ「有名無実」として殆どその意義は無視されてきた。その根拠として二つの理由が挙げられる。一つは、設置区域がいわゆる「通学区域」を意味しないことである。確かに、設置区域は各府県の生徒の通学や進学先を規定するものではないことは、既に複数の先行研究で指摘されている(50)。

そしてもう一つの理由が、高等中学校経費の一部として府県の地方税を負担させる区域概念として、実際には機能しなかったことである。高等中学校は文部大臣直轄とされながら、当初その経費の一部を府県の地方税より支弁することが予定されていた(「中学校令」第五条)。この場合に設置区域は、地方税の支弁単位として関係府県の委員会を招集させる機能を持っていた。しかし実際には府県から激しい反抗を受け、一八八九年以降高等中学校の経費を全額国庫金に切り替えた(一八八八年八月七日「文部大蔵内務各省訓令」「高等中学校経費地方税ノ分担ヲ止メル事」)(51)。従って、設置区域という用語が周知されていても、その存在意義については従来殆ど言及されてこなかったのである。

ところが、井上毅文政下の一八九六年六月一一日、文部省は第一、第二、第四、第五高等学校宛に「訓令第四号」を発布した。その内容は、「明治三十年四月以降其校大学予科へ生徒ヲ入学セシムルニハ高等中学校設置区域ニ依ラサル儀ト心得ヘシ」となっている(52)。この文面を見る限り、設置区域は従前、生徒が大学予科へ入学する場合、何らかの形である種の制限を与えていたことを思わせる。以下、第三高等中学校における設置区域のあり方を検討し、設置区域が果たしていた教育機能を明らかにしたい。

生徒募集と採用における設置区域内の優先原則

新たな概念をもって登場した高等中学校[53]について、制度面において文部省は必ずしも明確な方針を持っていなかった。それ故に、高等中学校の内部も、運営する際に出てきた諸問題の処理をめぐって意見の対立がしばしば発生した。まず生徒の募集範囲をめぐるトラブルがその中の一つである。

かつて府県中学校から東京大学予備門への入学試験は、予備門へ出頭の上で実施するもの（「出頭試験」）とは別に、試験問題を府県に送付し各府県庁に委託するいわゆる「委託試験」という形式も取られていた[54]。前者については、全国各地からの生徒が出身や族籍などに関わらず、自由に試験を受けていた事実は周知の通りである[55]。対して後者が、一八八三年以降英語専修科の設置に伴う「便宜」措置として行なわれたことは先述した。すなわち、「初等中等科卒業ノ者ニ限リ便宜ヲ計リ、入学試業問題ヲ地方官ニ托シ（中略）其答紙ハ地方官ヨリ直ニ之ヲ当門ニ送致スル」、それを受けて予備門は採否を決め、地方官に報告するという流れである。

しかし、一八八六年に「中学校令」が発布され、高等中学校の設置を前提に、全国は五つの「設置区域」に分けられた。周知のとおり、一区には予備門から改組された一高が置かれた。では、一高は予備門時代同様、「設置区域」の内外に関わらず、全国から生徒を募集することができたのだろうか。まず一八八七年五月一九日刊『官報』第一一六四号の公告欄に一高が載せた生徒募集広告を覗いてみよう。

今般当校ニ於テ試業ノ上生徒ノ入学ヲ許ス志願ノ者ハ、本月二十五日ヨリ六月二十日迄ニ当校へ願出ツヘシ／但入学試業課目ハ官報第千六百二十四号[56]（四月二日）教育事項ノ部ニ掲載セリ。又尋常中学校第二年級卒業以上ノ生徒ニシテ地方庁（東京府ヲ除ク）ニ於テ入学試業ヲ受ケントスル者ハ其庁ニ申出ツヘシ。／明治

二十年五月／第一高等中学校

予備門時代から生徒を全国から募集している一高にとっては、これは従来通りの広告である。しかしこれを目にした三高の折田彦市校長は、五月二四日付で下記のような異議を申し立てた。折田は、森文政の発足とともに一時期上京して文部省で学務局長などを歴任したのち、一八八七年四月に三高校長（文部省参事官、三高校長兼任）として帰阪したばかりだった。

本月十九日之官報ヲ一覧致候処、貴校生徒募集之広告但書ニ「地方庁（東京府ヲ除ク）ニ於テ入学試業ヲ受ケントスル者ハ其庁ニ申出ツヘシ」ト有之、右広告之趣ニ依レハ貴校生徒ハ全国ヨリ募集相成候儀ニテ、其地方庁ニ試験問題ヲ御送付相成候事ト被存候。然ルニ当校ニ於テ募集致候生徒モ当第三区内之府県ニ試験問題相廻シ候筈ニ付、自然生徒募集競争之姿ニモ立至可申候。元来各地ニ高等中学校ヲ被置、其区域ヲ定メラレタルハ各地生徒ヲシテ東京ノミニ蟻集セシメス、各自最寄ノ高等中学校ニ於テ夫々養成可致候旨意ト存候処、今貴校ニ於テ此区域ニ関セス全国府県ニ依頼シ募集相成候テハ、此御旨意ニ相悖ル儀ハ有之間敷哉。殊ニ当校ニ於テハ前校長（中島永元——引用者）親シク区内ノ各尋常中学校ヲ巡視シ、当校ト聯絡ヲ通スル為種々計画致置候事モ有之。且前陳ノ如ク、既ニ区内ノ府県モ試験問題相廻シ生徒募集致候筈ニモ有之旁、今回貴校ヨリ試験問題御送付ノ儀、当区内府県丈ハ御取除相成候様致度、此段及御照会候条、至急御回答有之度候也。(57)

折田がここで問題にしたのは、「委託試験」の形で行われる一高への入学試験を、全国各府県において実施させることの是非である。折田は、各地域での生徒争奪をめぐる対立を起こしかねないとして一高のやり方を批判した。[58]折田が反対の理由として持ち出したのは、「設置区域」の意義である。つまり、「各地生徒ヲシテ東京ノミニ蟻集セシメス、各自最寄ノ高等中学校ニ於テ夫々養成」させるということは、折田にとって「元来各地ニ高等中学校ヲ被置」という政策の根幹に関わることであった。換言すれば、東京への一極集中防止は高等中学校設置の理由として、折田はこの理念を重視していたわけである。[59]折田の指摘は、高等中学校の設置理由について重要な示唆を示している。高等中学校の設置理由や目的について、森文政発足前後における文部省資料が乏しい中、折田の発言はそれを補う重要な証拠として注目に値する。具体的には、「当区内府県丈ハ御取除」と述べ、当面は三高設置区域だけを一高の募集対象から除外するよう要求した。

折田の異議に対して一高の野村彦四郎校長は五月二八日、次のように反論している。

今般御照会之趣ニ見レハ、当校広告ノ為メ貴校へ入学スル生徒ヲ相妨ケ候様ニ立至ルカモ計ラレサルノ感覚ヲ惹起致シ候(中略)已ニ成立候高等中学区域内ノ生徒ハ他中学区域内ノ高等中学校ニ入学セシムヘカラサルノ省議已ニ確定候モノナルヤ。果シテ然レハ特リ各府県(第三高等中学校下)へ問題相回候義ヲ取消ノミナラス、東京ニ来リ直ニ入学試験ヲ受ケントスル者ノ内貴校区域内ニ在籍スル者ハ総テ入学ヲ謝絶セサルヲ得ス。然トモ今ノ文部省ヨリ何タル御示モ無之ニ付テハ、当校限リ現今此謝絶ヲ実行致候義ハ甚困ム所ニ有之候(中略)文部省ヨリ取計向キ確乎御示シ相成候様貴校ヨリ御上申相成候。若クハ貴校ノ御発議ヲ以テ当校モ之ニ捺印シ大臣ノ裁可ヲ受ケ候様致候テハ如何哉。[60]

野村は、生徒募集の範囲に関する具体的な実施方法が未だ明確ではないと宣言した。それを理由に彼は、三高区域内に在籍する生徒の入学を拒否することは到底、受入れられないと主張している。しかしこの回答は、的はずれなものであった。折田が問題視していたのは、例えば京都府の出身者が一高を受験することそれ自体の可否ではなく、京都府の出身が京都府庁による「委託試験」において一高を受験する、というような事態についてであったからである。こうしたすれ違いが生じていること自体、「設置区域」という制度の運用をめぐる合意が未形成であったことを示している。

野村校長の回答を受け取った折田は、両者のすれ違いを明確にしながら、次のように記している。

当校ニ於テモ区域ヲ限リ入学ヲ許否スルノ精神ニハ無之。目今ノ処ハ他区域内ノ生徒ト雖、本人ノ志望ニ依リ入学出願ノ者ハ無論之ヲ許可スルノ見込ニ有之。又当区域内ノ生徒ニシテ他区域中学校ヘ入学ノ者有之モ当校ヨリ之ヲ制止スル等ノ義ハ素ヨリ不致積ニ有之。唯試験問題ヲ府県ニ依托シテ生徒ヲ募集スルノ一事ニ至リ、既設高等中学校区域内ハ当該高等中学校ニ譲リ、他ヨリハ可成干与セサル方穏当ノ順序ニシテ、貴書ニ所謂漸次其旨趣ニ帰着セシムルヲ務ムルノ方法ニテハ有之間敷哉。若シ然ラスシテ各高等中学校ヨリ競テ府県ニ依頼シ生徒ヲ募集スルトキハ、生徒ニ於テモ或ハ就学ノ方向ニ就キ彷徨之念ヲ生シ、或ハ繁昌地方之学校ヲ希望スルノ念慮ヲ長スルノ傾ナキヲ保シ難キカト存シ、尤他区域内ノ生徒タリトモ本人ノ便宜ニ依リ出校之上入学ヲ望ム者ノ如キハ、前述ノ如ク許可スルコトニ致シ更ニ差支有之間敷存候。当校之旨趣ハ全ク右ノ通ニ有之候間、御熟考之上再ヒ何分之御回答ニ預リ度候也。(61)

ここで生徒募集の範囲に関する折田の認識が明瞭に示されている。つまり、設置区域は生徒が直接出頭の上で、受験できる範囲を制限するものではない。しかし、地方庁に試験を委託する場合には、区域内の高等中学校が優先権を有しているという点を主張しているのである。これこそ高等中学校の地方設置の「旨趣」を実現させるためには「穏当ノ順序」であろうと折田は強調し、一高の再考を促したのである(62)。結局野村は数日後の六月六日に次のような回答を送り、折田の意を受け入れて、一高が府県の試験委託をあきらめることによって事態は収束した。

当校ニ於テモ生徒ヲ競募スルノ見込ヲ以テ試業問題ヲ府県ニ依托スルノ主意ニハ無之、至遠隔地方ニ在ル生徒ニシテ当校ノ入学試業ヲ受ケント希望スル者ノ為メニ一ノ便宜法ヲ設ケタル迄ノ事ニ有之。然トモ御申越候如く、之カ為ニ生徒就学ノ方向ニ迷ヒ候等ノ事有之候テハ、甚不都合ニ付、御校区域内ノ府県へ試業問題ヲ送付スルコトハ見合可申。尤モ本人当校へ出頭ノ上入学ヲ望ム者ハ之ヲ許可スル事ニ可取計候。(中略)追テ、入学ノ申込未タ無之分ハ本文ノ通リ夫々可取計候得共、京都、岐阜、鳥取等ノ府県ヨリハ已ニ入学願書、試業費迄相添送致候ニ付、右ニ限ニ当度ハ其志願ニ任セへク(下略)(63)。

以来、三高の生徒募集は、試験問題を区域内の府県に委託して行なわれた。これについて、一八九〇年に三高に入学した三宅徳業は、「試験は高中(「高等中学校」のこと——引用者)から県庁へ問題を送って来県庁の役人が吾校の講堂へそれを持って来、そして之を開封してするので、出京の必要はなかった」と証言している(64)。ここで注目すべきことは、委託試験が尋常中学校の会場を借りて行われていることである。折田は一高宛の照会で「前校長親シク区内ノ各尋常中学校ヲ巡視シ、当校ト聯絡ヲ通スル為種々計画致置候事モ有之」と述べていたが、委託試験の会場が尋常中学校となっている事実は、尋常中学校と高等中学校の間の接続関係を明確にし、両者の「聯絡」を図るための諸計画の一環として委託試験を考察すべきことを示している(65)。

以上、生徒募集に関して府県へ試験を委託する際、設置区域内の高等中学校が優先権を持つという三高の主張を明らかにした。この場合、高等中学校にとっての設置区域は、地域の教育機関として独占的に地元の人材を吸収する装置として機能していく。そして、それは東京への一極集中に対する防波堤の役割もある程度果したと見られる。換言すれば、高等中学校をある種の地方型の高等教育機関として折田が理解していたのである。生徒募集に関するこの原則は、まず三高が提起し、これを一高に受け入れさせることに成功した。この設置区域の優先原則は、やがて一八八七年一二月に開催された高等中学校長会議において議論の上合意され、正式に文部省によって制度化されていった。

設置区域内優先原則の制度化

一高と三高を含む五つの高等中学校が場所の選定を経て正式に発足したのは、一八八七年一〇月以降である。同年一二月に、高等中学校長会議が東京で開催された。高等中学校責任者が一同に会して初めて開かれたこの会議は、草創期の高等中学校建設に重要な意味を持っていると考えられる[66]。各高等中学校長が出席した上で諸般の議論・協議を経て一二月一七日付で、「各校互ニ履行スヘキ分」及び「文部省ニ於テ御採納相成度分」が一三件ずつ議決され、それが森文相に報告された。その中から、生徒の募集や入学に関する規定を確認しておきたい。

左ノ十三件ハ各校互ニ履行スヘキ分。（中略）

(三)生徒（医科分科ヲ除ク）募集方法ニ係ル件。

一　生徒募集ノコトハ各校其設置区域内ノ府県庁ニ通知スヘク。其官報又ハ各新聞紙ニ広告スルハ各校ノ便宜タルヘキ事。

該生徒入学試験ハ各校ニ於テ施行スルノ外、便宜其校設置区域内ノ各府県庁（該校所在地ノ府県庁ヲ除ク）ニ之ヲ委託スルヲ得ヘシ。[67]

これは各高等中学校の間で合意した協議内容の一つである。それによれば、生徒募集に関して府県庁へ通知することは、該当高等中学校に義務づけられている。と同時に、先述した府県への試験委託は各設置区域を管轄する高等中学校に限定されるという原則も、この場をもって正式に各高等中学校の合意事項として確認された。もう一つ注意しておきたいことは、ここにいう生徒とは、本科・予科の生徒を指しており、専門学部（医学部、一八八九年以降は三高に法学部）に所属している生徒は対象外であるということである。

ここまで、高等中学校の生徒募集における府県委託に関する規定を取り上げてきた。次に、設置区域優先原則は、生徒募集時だけに限らず、入学試験にあたり合格者を判定する場合においても貫かれていたことを検討する。同じく高等中学校長会議で議決された「文部省ニ於テ御採納相成度分」は、明確にこの方針を示している。

（十三）設置区域内外ノ生徒取扱方ニ係ル件。

一　授業料額ハ該校設置区域内外ノ生徒共之ヲ別異セシメラレサル事。

一　各高等中学校ニ汎ク設置セラルヽ学科ノ入学試験ニ際シ、若シ及第者募集定員ニ超過スルコトアルトキハ、先設置区域内ノ生徒ヨリ採リテ、次ニ他区域ノ生徒ニ及ハシメラルヘキ事。[68]

授業料の徴収に関して、例えば一八八七年八月に開催された第五高等中学校区域内各県の相談会においては、「区域外ノ者ハ倍額ニシタシ」という意見が出され、設置区域内の優遇性が強調された。[69]数ヶ月後にそれを同額にするという合意に達したことは、高等中学校長会議は学校間の意見相異などを調整する機能を持っていた事実を物語っている。ところで、入学試験の合格者が募集定員を超えた場合、成績順で決められると思われがちだが、設置区域内の生徒がまず優先的に入学許可となっている。この原則に注目されたい。

このように、生徒募集や入学決定などに際して、高等中学校設置区域は、区域内生徒を優遇する機能を持っていた。高等中学校発足直後から三高が提起したこの原則は、各校間の議論などを経て確立していった。この原則は、高等中学校の入学制度にいかなる影響を与えていったのだろうか。次は中学校から高等中学校への無試験入学の実施実態を分析し、その構造を明らかにしたい。

(2)無試験入学の実施と実態

区域内中学校の無試験入学

「中学校令」に基づき公布した「高等中学校ノ学科及其程度」によれば、高等中学校本科への入学は、尋常中学校卒業生または相当なる学力を有するものと定められている(第六条)。しかし、当初に高等中学校に入学した者のうち、公立の尋常中学校よりも私立学校出身者の方が高い比率を占めていた。表8は、一八八七年一二月に三高で行なわれた予科第三級及び別課第一級の臨時募集の合格者一覧である。

ここから明らかなように、合格者二五人の中、最終出身校が尋常中学校のものはゴシックで示した僅か四人に過ぎなかった[70]。他はすべて東京や大阪の私立校出身者であり、しかも尋常中学校を中退して私学へ転学した者が殆どである。また、高等中学校入学者の中には、公私立学校の他に、他の高等中学校からの転学及び退学生の再入学なども含まれている(この場合は無試験編入が原則である)。

次の表9は一八八七年から一八九〇年にかけての三高入学者の出身を表している。この表も、私立学校からの入学生が多数含まれていた事実を示している。入学者全員に対する尋常中学校卒業者の割合は、一八八七年の時点ではわずか二・六%(三人)、一八八八年の時点で八・九%(一五八人)、これに対して、私立学校の生徒は一八八八

表8　第三高等中学校1887年12月臨時募集生徒及第者一覧表

階級		姓　名	族　籍	従前修学せし学校（修学順）
1	予科第三級	山崎直方	高知士族	東京府尋常中学校、私立東京英語学校
2		大平駒槌	広島平民	広島県福山中学校、私立東京共立学校
3		三輪万次郎	愛知平民	愛知県尋常中学校、私立大阪予備学校
4		信藤敬蔵	三重平民	三重県尋常中学校、私立東京共立学校
5		**佐栖藤太**	**愛媛平民**	**愛知県第一中学校**
6		江崎一郎	福岡士族	福岡県柳川中学校、私立東京共立学校
7		菊池三九郎	和歌山平民	東京三田慶応義塾
8		木寺栖三郎	東京士族	東京府尋常中学校、私立東京英語学校
9		天野熊次郎	愛媛平民	愛媛県第一中学校、私立東京日本英学館
10		岩田健次	愛知平民	愛知尋常中学校、私立東京英語学校、私立大阪予備学校
11		**小川新次郎**	**岐阜平民**	**岐阜県尋常中学校**
12		**藤田豊八**	**徳島平民**	**徳島県尋常中学校**
13	別課第一級	井田堅蔵	兵庫士族	姫路中学校、私立大阪協立学校
14		角田総夫	兵庫士族	兵庫県尋常中学校、私立大阪予備学校
15		山口次郎	長野士族	私立東京共立学校、私立大阪専修学校、私立大阪予備学校
16		中村雷二	福岡平民	私立東京成立学舎、私立大阪予備学校
17		秋光次郎九	広島平民	広島県中学校、私立大阪予備学校
18		加藤正雄	広島士族	私立大阪予備学校ほか私立大阪二校
19		山本鋭一郎	兵庫士族	私立大阪専修学校、私立大阪予備学校
20		**喜田貞吉**	**徳島平民**	**徳島県尋常中学校**
21		山川俊作	岐阜平民	岐阜県華陽学校、私立東京同人社
22		三木猪太郎	徳島平民	徳島県尋常中学校、私立楳園学校
23		八星外吉	大阪平民	私立東京英語学校、私立東京成立学舎
24		井上源太郎	徳島士族	徳島県尋常中学校、東京府尋常中学校、私立東京英語学校
25		藤井約三	広島平民	広島県福山中学校、私立東京英語学校

出典：「募集生徒試験成績学校長へ通報之件」『明治二十年校規書類綴込第三高等中学校』(870075-27)。

表9　第三高等中学校入学者入学前修業学校区別表（1887～1890年）

	入学前修業区分	1887年	1888年	1889年	1890年	合計
1	尋常中学校卒業	3	15	32	64	114
2	同未卒業	38	72	26	35	171
3	高等小学校卒業	0	0	0	1	1
4	**私立学校の生徒**	**69**	**71**	**86**	**105**	**331**
5	元当校生徒再入学	5	7	8	9	29
6	他高等中学校より転入学	2	4	5	13	24
7	農科大学予備科より転入学	0	0	0	21	21
	合　　計	117	169	157	248	691

出典：「生徒府県別等取調の件」『明治廿三年専門学務局往復書類第五号』(900101-16)。なお、「私立学校の生徒」には、卒業者と未卒業者が含まれていると思われる。

七年の時点で五九・〇％（六九人）、一八八八年の時点で四二・〇％（七一人）である。これについて一八八八年の『文部省年報』では、尋常中学校の卒業生は高等中学校の「予科ニ入ルヲ得ルモノハ十ノ一二ニ過キス」との現実を説明し、この場合、不足は東京の私立学校によって補われざるを得ないとの認識を示している。(71)

本省定ムル所ノ高等中学校生徒ノ定員ハ、本科予科合セテ三千六百八十名、医学部千六百名ニシテ、之ニ入学セシムヘキ生徒ハ年々凡ソ千二三百名ヲ要ス、然ルニ本年尋常中学校ノ卒業生ハ僅カニ二百八十一名ニシテ、猶ホ其ノ四分ノ一ニ足ラス、蓋シ尋常中学校ノ卒業生ハ直ニ本科ニ入ル能ハサルノミナラス、其ノ予科ニ又モ猶ホ入ルニ堪ヘサルモノアリ、現ニ地方ノ卒業生ニ就キテ之ヲ観レハ其ノ予科ニ入ルヲ得ルモノハ十ノ一二ニ過キス、其ノ他ハ小学校教員トナルモノ若クハ東京府下ノ私立学校ニ入ルモノ多シ、是レ学科程度ノ変更日猶ホ浅キニ困ルト雖モ、要スルニ高等中学校ノ本科ニ入ラントスルニハ猶ホ太タ逕庭アリ、而シテ其ノ卒業生ノ少ナキコト此ノ如キハ未タ以テ満足スヘカラサルモノトス、現今地方ノ高等中学校ニ予科補充生ヲ置キ、府下ニ私立学校ノアルアリテ纔ニ其ノ欠フ補フヲ得ルト雖モ、是レ固ヨリ已ムヲ得サルニ出ツルモノナリ、抑々尋常中学校ハ啻ニ高等中学校ニ入ルヘキモノヲ養成スルノミナラス、其ノ第一ノ目的ハ直ニ実業ニ就クモノヲ養成シ、併ニ他ノ高等学校ニ入ルモノヲ教育スルニアリ、今ニシテ益々其ノ完整ヲ図リ規模ヲ大ニスルニ非サレハ、恐クハ十分ノ望ニ副フコトヲ得サルヘシ。

ここで注意すべきことは、東京への一極集中という問題は私立学校の優勢という状況と連動していたことである。したがって、東京への一極集中を改革する作業には、私立学校と公立学校の力関係の逆転が必要になる。すでに先行研究で指摘されてきたように、文部省は公立の尋常中学校の学力水準向上を図るとともに、高等中学校への進学について尋常中学校に対して特権を与える措置をとった。ここで特に着目したいのは、一八八九年から高等中学校へ無試験入学制度が導入されたことの意味である。

ここでまず無試験入学制度の導入状況を確認しておきたい。もっとも早い時期で無試験入学の話題を取り上げたのは、第五高等中学校である。開校前の一八八七年八月、入学・学科・程度などに関する区域内府県の相談会が熊本で開催された。この中、「将来各尋常中学ヨリ当校へ無試験ニテ転学スルノ便ヲ得ヘシ」といった「御相談ノ件」が挙げられた(72)。また、第二高等中学校において一八八八年一一月に区域内尋常中学校長会議が開かれ、「各尋常中学校卒業中学力優等にして、其学校長の保証する者に限り、将来入学試業を須ひず、第二高等中学校本科へ仮入学を許可する事」と具体的な実施方法などを「熟議」したという(73)。以上はいずれも将来に関する無試験連絡の理念として示されたものである。

一八八九年四月、三高では、設置区域内の尋常中学校長会議において、無試験入学の実施を議決した。また一高は、一八八九年七月一一日に設置区域内の尋常中学校卒業生に関する「第一高等中学校入学在学退学規程」を定め、無試験入学制度を取り入れようとした(74)。この二校は、いずれも同年九月の新学期より実施した事実が確認できる。さらに、第四高等中学校も、遅くとも一八九二年初頭から設置区域内において、尋常中学校との無試験連絡を図ったことが確認できる(75)。このように各高等中学校は、尋常中学校との連絡を保つための方策を、無試験入学を含めて模索しながら実施していったのである。

それでは、なぜ無試験入学制度が実施されることになったのだろうか。従来、これは生徒数の確保といった難題を解決する手段の一つだったと解釈されてきた(76)。この解釈は部分的にはあたっているとしても、この解釈に従えば、生徒獲得の悩みが存在しない一高もまた無試験制度を導入した理由を説明することができない。

この点について、まず一高における無試験入学の基準を確認しておこう。それは、「設置区域内ノ尋常中学校ノ卒業生ニシテ該学校長ニ於テ品行方正、学術優等、身体壮健ト認メタル者ハ試業ヲ須ヒスシテ学力相等ノ学級ニ編入ス」と定められている（「入学在学退学規程」第一条）。生徒の学力と身体に優先する形で、生徒の「品行」、いわば道徳的な面をまず重視していることに注意すべきであろう。この点は、無試験入学に限らず、試験入学者の選抜においても反映されている。すなわち、合格者が定員を超過した場合、「先ツ品行方正ノ誉アル者又ハ管理方法宜キヲ得タル寄宿舎ニ在リテ、正当ノ徳育ヲ受ケタル生徒ヲ採リ、次ニ合格者ノ内ヨリ学力試業平均点ノ順序ニ依リ」入学させるといったような見解を示している[77]。ここから、学力よりも「品行」の方を優先させていた事実が確認できる。

しかしここで強調したいのは、このように「品行」を重視する考えが、実は、私立に対する公立の優先という原則と結びついて解釈されていたことである。「品行」の良さは、一高自身が個別の生徒について入念に面接試験などを通じて判断したわけではない。「品行」の良さを判断するのは、尋常中学校の校長である。換言すれば、高等中学校に入学するにふさわしい生徒を選別する権限が、部分的ではあるが尋常中学校の校長に委譲されていたと評価することもできる。先の引用文中「品行方正ノ誉アル者又ハ管理方法宜キヲ得タル寄宿舎」という表現も、「品行」の評価対象が個々の生徒というよりも、学校――「管理方法宜キヲ得タル寄宿舎」を持つか否か――であることを示している。

このように、無試験入学制度は生徒「品行」の評価ということをいわば口実としながら、学校を評価の対象とした。そして一高の場合、無試験入学が認められたのは、いずれも設置区域内の公立尋常中学校に限定されている。私立学校は除外されていた。一高の事例に即して、一八八九年以降入学者の採用優先順位を整理すれば次のようになる。

一、設置区域内における、「品行方正」の公立尋常中学校卒業生の無試験入学。

二、設置区域内における、公立尋常中学校卒業生の試験入学。
三、設置区域内における、私立学校卒業生の試験入学。
四、設置区域外における、公立尋常中学校または私立学校の試験入学。

周知のとおり、森文政下に「中学校令」によって設置された高等中学校は、大学予備教育および高等専門教育の教育機能を期待されていた。しかし、実際には高等中学校は帝国大学へ進学するための予備教育機関として機能していた。そのために、高等中学校への無試験入学が公立尋常中学校に限定されることは、私立学校にとっては深刻な問題となった。東京に集中している多数の私学にとって、一高区域外の高等中学校を受験する場合に、先の採用順位では最後の四に回されることが余儀なくされたからである。さらにこの場合においても、公立尋常中学校との取り扱い方は異なっていたのである。以下では、この点を踏まえながら、三高における無試験入学の導入と実施状況を検討することにしたい。

設置区域外公立中学校からの無試験入学

先述した一高にみられた入学者の優先順位四は、三高の場合はさらに二つのパターンに分けられる。つまり、高等中学校の区域外中学校は、三高へ入学の際、公立か私立かによって取扱われ方が異なっていたのである。これを考察する前にまず全体像として、三高への定期入学試験及び無試験による入学者数を表10で示しておく。

この表から明らかなように、一八八九年に無試験入学制度が導入されて以来、三高入学者に占める無試験入学者割合は徐々に増加している。一八九二年には合計一七〇名の入学者の中、無試験入学者は一三一名を占めている。さらに一八九三年には入学者一一九名のうち無試験入学者は一一八名を占めており、試験による入学者は僅か一名に過ぎなかった。言い換えれば、三高においては中学校から高等中学校への無試験連絡がほぼ実現されていたといえる。

表10　第三高等中学校定期入学試験及び無試験入学者数一覧表（1889～1893年）

年度	受験者（A）	合格者（B）	無試験入学者（C）	合計（D＝B＋C）	無試験入学者の割合（C/D）
1889	262	126	23（ 28）	149	15.44%
1890	438	158	70（ 50）	228	30.70%
1891	234	18	50（ 66）	68	73.53%
1892	287	39	131（108）	170	77.06%
1893	76	1	118（127）	119	99.16%
合計	1297	342	392（379）	734	53.41%

出典：各年度の『第三高等中学校年報』。合否状況は各年７月に実施された定期試験の結果により作成。1890年より始まった法学部入学者は含まれていない。1891年入学者数の激減は最下級補充科の廃止に伴うものと思われる。（A）は「試験入学受験者」、（B）は「試験入学合格者」、（D）は「入学者合計」、それぞれの略。また、「無試験入学者」欄中、（　）内の数字は、『明治廿七年三月　区域内各尋常中学校連絡以来取調書』（940065）による。『年報』の統計とは一致しない。それは両者の作成時期に時差があることなどによると考えられる。『年報』は、各年度７月時点の合否結果を示す。同『取調書』は、1893年11月に三高が発した取調に対して各府県が回答したデータを、三高が1894年３月にまとめたものである。また、無試験入学が決まっても実際に入学しなかった例もしばしばあった故、二つの統計には若干のズレが見られた。

一方、試験による合格者の数は急激に減少している。例えば、一八九二年では受験者二九〇名のうちに合格者は三九名に過ぎず、また一八九三年では七九名のうち合格したのは僅か一名であった。しかも、かろうじて合格した者も殆どは最下級に入学している。例えば、一八九二年は試験合格者三九名の中三八名は最下級の予科三級、残り一名は二級に編入された。また、予科三級の廃止にともない、一八九三年に唯一の試験合格者は最下級の予科二級に入学した。

先述したとおり、高等中学校における生徒採用の優先順位は、まず設置区域内の公立尋常中学校卒業生の無試験入学生、次に入学試験に合格した生徒を採用する。それもまず設置区域内の公立尋常中学校出身者を優先する。無試験入学については、各高等中学校は独自の無試験入学の基準を設けている。

次の事例から分かるように、たとえ他の高等中学校の入学試験に合格したとしても、必ずしもこれをもって他の高等中学校へ無試験で入学できるとは限らない。三高の場合は、無試験入学は区域内の公立尋常中学校に限定し、設置区域外の中学校からの無試験入学は原則として認めていなかった。そればかりでなく、設置区域外で他の高等中学校に試験入学で合格したものを受け入れることも拒んだ。例えば一八九〇年八月二四日に、文部省専門学務局の浜尾新局長から折田彦市校長へ次のような照会を送ってきた。

過般第一高等中学校ニ於テ生徒募集ノ際合格者二百七十八名ヲ得候処、其内入学ヲ許スヘキ定員百八十七ニシテ、之ニ超過スル九十一名ハ其志願ヲ宜クスル次第ニ有之候。依テハ右合格者ノ内貴校ニ転入ヲ望ム者ハ、此際第一高等中学校ノ試験ニ就キテ資格ヲ認定セラレ、直ニ入学ヲ許サレ候ハヽ、唯本人共ノ幸タルノミナラス、生徒ノ一途ニ東京ニノミ集合スルノ通患ヲ救フノ一端トモ可相成哉ト存候（中略）差当リ入学ヲ許サルヘキ人員併セテ承知シ度、此段及御照会候也。(78)

一高の入学試験に合格した人数が定員を超過しているため、希望者を三高に無試験で入学させようと文部省が打診している。それに対して折田校長は二日後、次のように文部省へ回答した。

同校ニ於テ施行ニ係ル入学受験生ノ内ニテ当初見込之生徒数ハ、当区域内ノ者ニテ合格者可有之見込ニ候間、折角之御照会ニ候得共、引受致兼候条、宜敷御了知相成度、此段及御回答候也。(79)

三高は、各高等中学校が達成した合意に基づき、設置区域内生徒の優先入学原則を盾に、区域内において合格者が定員に達する見込みを理由に文部省の要求を断っている。一高への試験入学の合格者である以上学力的には十分なはずであったが、学力よりも設置区域内優先という原則がまず尊重されている。
その上で、定員割れの場合に限り、他の高等中学校の合格者による無試験入学は可能とされた。例えば一八九三年五月三一日、一高の木下広次校長は三高宛に次の照会を送った。

当校設置区域内府県立尋常中学校卒業生徒ノ中、本人ノ望ニ依リ貴校予科第二級及第三級へ入学之義、該学校長ヨリ推薦致シ候ハゝ、昨年ノ例ニ依リ本年モ入学御差許相成候哉、至急何分御報ニ預リ度、此段及御照会候也。(80)

木下校長は一八九二年同様、（無試験による）三高への推薦入学を要求する。欠員の出た三高は、七月に行なわれた三高の入学試験の結果を受け、二ヶ月後の八月三日に欠員が判明した後、「当今ノ処ニテハ大凡十五名位ハ当校へ転学差支無之見込ミ」と回答した。(81)つまり、三高に欠員が出る場合は一高設置区域からの無試験入学生徒を受け入れることにした。ただその場合においても、学力だけでなく「品行」などの面において、無試験入学の場合は、出身校の校長による保証のあるなしも影響していたと考えられる。(82)すなわち、一八九〇年に文部省から照会のあった先の事例では、対象が設置区域外であるばかりでなく試験入学の合格者でもあった。今回の対象は設置区域外ではあるものの、尋常中学校の推薦による無試験入学の合格者であった。この場合、設置区域外の尋常中学校からの無試験入学要求に対して、欠員の有無や生徒の「品行」条件などによって可否を下している。

ここには、設置区域内優先という原則に基づきながら、できることならば尋常中学校の校長が推薦する無試験入学生徒を受け入れようという姿勢が表れている。しかしそれはあくまでも公立の尋常中学校に限っており、設置区域外でありながら私立中の学校からの同じ要望が提出された場合の三高の対応は、まったく異なったものであった。この点を、次に分析していきたい。

設置区域外私立学校からの無試験入学　先述したとおり、一八八〇年代後半、公立尋常中学校からの無試験入学や設置区域優先原則により、高等中学校への入学は、公立尋常中学校卒業生の無試験入学が圧倒的に増え、私立学校出身者が入学する余地がなくなっていった。さらに一八九一年以降、高等中学校への入学は完全に公立学校に限定したという「風説」が教育雑誌上で出されて、やがて「私学撲滅論争」にまで発展する事態となる。[83] 当時の経緯について、例えば以下のような文章からその一斑を読みとることができる。

明治二十四年の夏頃に当り、第一高等中学校は公立学校と連絡を通じ、無試験にて入学を許すこととなり、他の私立中学校は此典に預かるを得ず。而して他の諸官立学校も漸次此方策を取るとの風説あり。(中略)本来撲滅案は官立学校にあらざれば真の教育を施し難きものと見て此の如き処置を執るに至りたるものなりと聞く。[84]

もっとも、高等中学校の側が私立学校を一切受け入れない、ということを明確に言明した資料は見られない。しかし、先の三高の場合も、一八九一年以降設置区域内の尋常中学校からの無試験入学者でほとんどすべての定員を満たしているのであり、こうした「風説」が流れてもおかしくない事態が生じていたことは確かであった。

こうした動きに対抗して、東京英語学校(一八九二年に日本中学校に改称、杉浦重剛校長)、東京共立学校(横田広太郎校長)、東京郁文館(棚橋一郎館主)(また、正則予備校は、外山正一によって一八九〇年創立され、一八九二年に尋常中学校になった)などいくつかの有力な私立学校が「連絡学校会」を結成し、第四帝国議会(一八九二年)に議論を持ち出すことに成功した。と同時に、私立学校は文部省の指導に従いながら、尋常中学校に変わろうと努力していた。例えば日本中学校の杉浦重剛校長は一八九三年三月に、一高の木下広次校長宛に「聯絡之儀ニ付キ請願」を送り、公立中学校と同じように無試験入学を認めるよう懇願している[85]。それを受けて一八九三年四月七日に一高が文部省に伺を提出した結果、文部省は「其設備ノ整否等ヲ察シ、相当ト認メタルモノハ府県立尋常中学校ト同様ノ振合ヲ以テ取扱」と五月五日に回答した[86]。文部省はこの回答を一高以外の高等中学校にも「為御心得」に回付し周知させた[87]。それを受けて一高は七月二七日、一高区域内の私立学校数校を「公立中学校ト一様ノ御取扱」と認定した。つまり、これらの私立学校は「尋常中学校」同様に認定され、一高の設置区域において無試験入学の権利を得ることに成功したのである[88]。

こうした事態を前例として、日本中学校、錦城中学校、郁文館などの認定校は、早速、ほかの高等中学校や官立学校にも一高同様の扱いを得られるよう訴えた[89]。例えば、七月二八日付で杉浦から発した三高折田校長宛の「請願書」は以下のようである。

本校ハ第一高等中学校設置区域内ニ在ルヲ以テ、先般同校ヘ連絡ノ義請願ニ及ヒ、昨廿七日ヲ以テ右許可相成申候。即本校養成セル処ノ生徒ノ学力操行ハ公立中学校ニ比シテ敢テ劣ル所有之間敷ト愚考致候。就テハ本校ハ貴校設置区域外ニ有之候ヘ共、今後本校卒業生ハ御校々則ニ依リ、公立中学校ト一様ノ御取扱ヲ受クル様御詮議被下候ハヽ、本校ノ光栄不過之候[90]。

ここで注目したいのは、一高に認定を受けた経緯として杉浦が挙げた理由である。つまり、「本校養成セル処ノ生徒ノ学力操行ハ公立中学校ニ比シテ敢テ劣ル所有之間敷」というように、生徒の学力と共に「操行」の面においても遜色はないことを強調している。このように一高に許可されたことを理由に、杉浦は三高にも同じように求めたわけである。しかし、折田校長はおよそ一ヶ月後、日本中学校長杉浦重剛、錦城学校尋常中学校長岩田武雄、尋常中学郁文館主棚橋一郎宛に次のような回答を送った。

尋常中学校卒業生当校予科へ入学ニ関シ、当校ト当校設置区域外各尋常中学校トハ従来聯絡無之候間、貴校（マ　マ）
月　日御申出之儀モ右同様難応貴需儀ト御諒知有之度候也。(91)

三高は公私立云々には言及せず、ただ「設置区域外」という理由で私立の尋常中学校からの無試験入学要求を拒否している。その後、東京共立学校(92)、東京正則尋常中学校（神田乃武校長）(93)などへも同じような理由で無試験入学要求を退けている。

以上述べてきたように、三高は、一高への無試験入学が許可された生徒を定員が許容する範囲において受け入れた。区域外からの無試験入学は、他の高等中学校の無試験入学に認められた公立尋常中学校生徒のみに限られていたことを強調しておきたい。換言すれば、区域外の高等中学校への無試験入学は、条件つきながらも公立尋常中学校に限定されていたのである。先述した三高設置区域内の無試験入学に関して私立学校が実施対象から除外された事実を合わせて、高等中学校への無試験入学は、その出身校が公立か私立かという区分に加えて所在の「設置区域」によって選別されていたことが明らかである。

では、「設置区域」が持っていたいわば生徒の選別機能は、府県の尋常中学校にいかなる影響を与えていたのか。次はこの点について検証してみたい。

以上述べてきたように、高等中学校「設置区域」は、とりわけ区域外の私学出身者の入学を排除し、区域内の生徒の入学を優先させることを通じて府県の人材を吸収する装置として機能していたのである。とりわけ三高においては、一八八九年に無試験入学制度が導入されて以来、三高入学者に占める無試験入学者割合が徐々に増加している。その数は、法学部を除いて（法学部では、「設置区域」に関わらず全国からの尋常中学校の卒業生が無試験で入学できるのが原則とされていた）、一八八九年の二三人を皮切りに、一八九〇年に七〇人、一八九一年に五〇人、一八九二年一三一人、さらに一八九三年には一一八人と増加していった（表10）。とりわけ一八九三年に至っては、試験を受けて入学を果たした生徒は、たったの一人だった。ほとんどの入学者が無試験により実現したという意味で、三高においては、設置区域内の尋常中学校からの「直接連絡」がほぼ実現できていたといえる。この事実は、地域の教育機関としての特質を三高が持っていたことを意味する。この点を、あらためて強調しておきたい。

ただし、ここでいう「直接連絡」とは、あくまでも高等中学校側からの視点であったということである。言い換えれば、予科を含む高等中学校の入学生が全員、尋常中学校から無試験で受け入れられる方向に固定化されていくということである。ところが、尋常中学校側からみれば、その卒業生または希望者が全員、高等中学校へ無試験で入学できるというわけではない。三高の設置区域だけで一八校も数える尋常中学校は、その教員構成やカリキュラムの編成が異なっており、またそれらにより在学生の学力もさまざまであった。その中で、高等中学校への入学を一律に求めることは到底、無理であった。換言すれば、尋常中学校によって、卒業生が無試験でどれぐらい三高へ入学できるかはまちまちであった。岡山尋常中学校を例にこの点を検証してみたい。

（3）尋常中学校と大学との接続を考える――岡山尋常中学校を例に――

尋常中学校からの視点

本科へ無試験入学の特権

岡山県に一八七四年六月、小学校教員養成の目的で温知学校が設立された。と同時に、中学生の養成を意図した養成所が併設された。岡山尋常中学校の歴史は、その時代にさかのぼることができる。この学校は、翌年に温知学校とともに旧岡山藩学校跡に移転し、さらに翌一八七六年に規則改正により変則中学科に変わった。同年に発足した岡山県師範学校とは組織上は独立しながらも、同じ敷地内で、同じ校長に学校運営を担わせた状況がしばらく続いた。一八八六年の「中学校令」の発布を受けてはじめて、師範学校と分離して岡山尋常中学校が発足した。[94]

一八八六年以降の卒業者数を以下のように示しておく。三高は、設置区域内を対象に、尋常中学校からの無試験入学を一八八九年から導入したことは先述した。実際に、岡山尋常中学校から三高への無試験入学は、一八八九年から一八九三年にそれぞれ〇人、一人、四人、一二人、九人となっている。徐々に増えているようにも見えるが、単純に入学者の数を論じる場合、さほど驚くものではなかったのも事実であろう。それよりは、岡山尋常中学校からの無試験入学が以下のような特徴を有していることに着目したい。一つは、一八九一年から三高本科一年への無試験入学が実現したことであり、そしてもう一つは、一八九二年と一八九三年の卒業生は全員、三高へ無試験入学を果たしたことであった。

前者に関しては、すでに西山伸が指摘しているとおり、三高設置区域内では岡山が、本科への無試験入学が認められた唯一の学校であった。[95]この事実は、岡山尋常中学校出身の生徒の学力が認められていたことを意味している。この点については、例えば一八九三年の卒業式に岡田純夫校長（一八八七～九五年在任）が行なった以下のような演説には、間接ながらその事情を説明している。

［岡山尋常中学校において、］教授方法の如きは時に其宜しきを採りて改良し、教科書の如きも亦時に其便を

図りて応用せり。従て教科の程度大に其度を進め、前学年より第三高等中学校区域内各府県尋常中学十八校の中に就き、独り本校の卒業生にして優等なるものは試験を要せすして同校本科一年級へ編入するの栄を得たる所以にして、尚ほ前年の卒業生にして同校本科一年級及ひ予科一級へ入学せし者の成績を調査するに皆毎には該級中の上位を占むるを以て、益本校の声価を高めたり(96)。

岡山尋常中学校に特権が許された理由について岡田校長は、教授法の改良、教科書の選定などにあると指摘する。いうまでもなく、教科の程度を高めることによって、生徒の競争力を向上させる結果をもたらしてくれるはずである。さらに重要なのは三高入学後の成績の良否である、と岡田校長はいう。岡山出身者が三高入学後、常に上位の成績を占めていることは、この学校の名声をさらに高めることにつながっていくのである。

事実、高等中学校本科への無試験入学は、当時においてはかなり注目を集めることであった。少なくとも、岡山のもっていたいわば特権は、他の尋常中学校にとっては羨ましい存在であった。それは、岡山尋常中学校や岡山県内に限らず、全国にも大きな影響を与えていったのである。それ故、まずは岡山尋常中学校の中で熾烈な上位争いが展開していくことになった。なぜなら、高等中学校本科への無試験入学という特権は、限られた卒業生にしか与えられていなかったからである。またそれを求めて、岡山県に限らず、県外からの生徒も岡山尋常中学校へやってくる。それは結果的に、岡山中学に在学している県外出身者の増加をもたらしてくる。当時の状況について、速水滉（のち京城帝国大学総長、文学博士）は次のように思い出している。

斯様な恩恵があったために、他の中学卒業生で態々岡山へやって来て五年生に編入されたものもあった。現に僕等の級にはか様な人が三名許りもあった(97)。

要するに、「斯様な恩恵」を求めるために、他の中学校の卒業生はわざわざ岡山にやってきて、「五年生に編入され」ることを選択しているわけである。この事態についてさらに詳しく述べているのは、松尾生（松尾哲太郎――引用者）の以下のような回想である。

吾々の五年（一八九二年――引用者）頃には、他の中学の卒業生が四人迄も這入って来ると云ふ奇観を呈した、是等の人々は運善くば三高の本科に入らうとの希望を抱いて来たのであった、他の中学の卒業生は優等にして、校長の推薦を得たもの、みが予科の一級に這入られ然らざるものは二級に編入さる、事になって居たのだから、運拙くて推薦の栄を荷はずとも、結局損はなかったのである。(98)

松尾もここで、「三高の本科に入らうとの希望を抱いて」、他の中学校卒業生の転学を語っている。彼はこの事態を「奇観」とも呼んでいた。さらに松尾は、他の尋常中学校出身者の（三高への無試験による）編入について、校長の推薦を得た優等卒業生に予科一級への入学が許されると指摘する。この指摘は、無試験入学制度の実施方法に関する重要な事実を示唆している。つまり、同じく優等な卒業生でなおかつ校長の推薦を得られたにしても、その出身校によって無試験で入学できる階級は異なっていた、ということである。岡山の特権は、このような無試験入学制度の実施方法の下で生まれたといえる。岡山における県外出身者の変化は、表11からその一斑を見ることが出来る。

この表が示すとおり、一八九一年以降の在学生に関しては、岡山県以外の生徒数及びその出身県数が徐々に増えていく傾向が見える。とりわけ三高本科への無試験入学が初めて実現した翌年の一八九四年度には、県外からの入学者の生徒数も範囲も大幅に増えていった。ある生徒が語った如く、「我が岡山中学の名声は第三高等中学

表11　岡山尋常中学校の県内外出身者数一覧表（1891～1896年）

年　度	生　徒　数	県外生徒数	県　　数
1891年	276	23	5
1892年	257	29	9
1893年	298	40	9
1894年	473	59	16
1895年	549	52	12
1896年	578	40	13

出典：『岡山県尋常中学校年報』第５年報（1893年刊）から第８年報（1896年刊）、及び『岡山県岡山尋常中学校一覧』（1897年と1898年刊）。

管轄部内加之ならず、我が国数多の尋常中学中に於てすらも先ず上座に位す可き者なり」という[99]。岡山尋常中学校は、岡山県が所属する三高設置区域を越えて、全国の尋常中学校の中でも一躍有名になっていったのである。

全員無試験入学の意味

一方、岡山尋常中学校卒業生が全員、三高へ無試験入学を果たした事実は何を意味するだろうか。

ここで、無試験入学制度が導入される以前の進学状況を確認しておこう。以前は、卒業生の中では、東京の一高を希望する生徒が数多く見られた。例えば、一八八八年七月に卒業した八人のうち、三名が一高の予科に合格した。一方、無試験入学の導入により、一八九〇年頃から「岡山中学卒業生の目標校がようやく第三高等中学校に絞られてきた」、と後神俊文が指摘している[100]。その理由として、先述した如く、設置区域内の尋常中学校しか享受できない無試験の特権を、岡山が持っていたことが挙げられる。

そしてもう一つは、進学できる階級は、一高に比べて三高の方が上級であったことである。当時一高に進学するためには、上京して試験に合格することが求められている。しかしこの場合は、予科最下級の三級にしか入れない。一方、三高へは本科第一年まで入学できた。同じく大学への進学を目指す生徒にとって、無試験入学の特権は別にしても、一高よりも三高の方がその修業年限が短かったのは明白である。如何に大学への修業年限を短縮させるかといった問題を考える場合に、三高の方は明らかに魅力的であった。

このように、一八九二年になってからは、岡山尋常中学校の卒業生のうち、高等中学校への進学を希望した者は全員三高を目標にしていた。具体的にいえば、一八九二年に卒業した一八名の中で、一二名が高等中学校への進学を希望した。その中、全員が無試験入学で第三高等中学校に入った（のち一名は一高医学部転学）[101]。一八九三年の場合も、本科二名を含む九名が全員、無試験で第三高等中学校への入学が実現できた[102]。このようにして、岡山中学校と第三高等中学校との接続関係が明確化されていったのである。いわば尋常中学校より高等中学校への「直接連絡」が実現したわけである。

ここであらためて、折田校長が一八八五年に提出した「中学規則案」が想起させられる。この案において折田は、中学校の高等・初等科の区別を廃止し、英語教育の充実によっていわば一貫性中学校を建設し、大学への「直接連絡」の実現を重視したものだった。高等中学校は、帝国大学とは異なる性格をもったものの、先に「大学分校」について考察した如く、そもそも大学として考案された高等教育機関としてあったのである。そういう意味で、三高区域内で実施された無試験入学制度は、折田校長が自分の教育理念を実現させるために行なわれた実践の一環として理解することもできる。

「高等学校令」の影響

岡山尋常中学校から三高への無試験連絡が徐々にその軌道に乗り始めた頃、井上毅文政を象徴する「高等学校令」が一八九四年七月に発布された。これにより第三高等学校は、井上が期待した専門性の高い高等学校となり、大学予科を設けることはしなかった。この変化は、三高の設置区域の尋常中学校にいかなる影響を与えたのだろうか。

岡山尋常中学校の生徒の多くは、三高への無試験連絡を通じて大学への進学を夢見ていた。そのため、校長の推薦を得るために日々苦学していたのである。そんな中、突然の大学予科の廃止は、生徒たちにとって致命的打撃だった。卒業生の一人だった速水滉は、当時の状況を次のように思い出している。

僕等の卒業した時は丁度第三高等［中］学校が突然廃校になった時で誰れも此恩典に浴する事は出来なかった（中略）実に晴天の霹靂で、たしか卒業試験の略済むだ頃で、京都に往けると思って楽しんで其準備をもして居た吾々は急に往けなくなって、大いに失望して、狼狽もした。(103)

速水にとっては、予科の廃止は三高そのものの「廃校」を意味する他ならなかった。「晴天の霹靂」とも受け止めた卒業生たちは、その変化に対して失望し、また将来の方向も失ったような恐慌に陥ったに違いない。事実、三高の予科廃止に伴ない、従来の第三高等中学校設置区域はそれぞれ一高、四高、五高に分けられることになった。区分の基準は不詳だが、とにかく岡山は、一高設置区域へと変わっていった。その結果、岡山尋常中学校の卒業生のうち、直ちに一高を志望した者の増加が目立つ。例えば一八九五年の卒業生は、専門課程を希望した三高を除けばすべて一高を目指した。全部の一七名卒業者の中、一名は無試験、五名は試験による入学だった（内三名は、最も上等の成績を取得したという）。無試験の入学者が実現したのは、一八九五年に改正された「第一高等学校入学規程」によると思われる。それにより、従来の一高区域内尋常中学校しか利用できなかった無試験入学を含む特待制度を、岡山尋常中学校は利用できるようになったからである。また、一八九六年卒の三二名の中、一七名が第一高等学校を志望し、全員が合格した。(104)

以上みてきたように、三高における無試験入学制度の廃止により、岡山尋常中学校の卒業生は、その進学先を一気に一高へと変えていった。この状況は、岡山に第六高等学校が設置される一九〇〇年まで続いた。周知のとおり、六高は、一八九七年の京都帝国大学の新設に伴なった大学定員の増加に対応して設けられた。そのために六高には専門学部が設けられず、大学予科のみが設置された初めての高等学校となった。地元に高等学校が設置されることにより、岡山尋常中学校の卒業生は、再び地元への進学を求めるようになる。例えば一九〇〇年度の卒業者の進学先は、一高四名、三高三名、五高二名に対して、六高八名それに岡山にある三高医学部四名で合計一二名となっている。(105)

一方、六高のように、高等学校では大学予科のみを設けるという傾向は、やがて翌一九〇〇年以降、各高等学校の専門学部（医学部）が切り離され、医学専門学校として独立することによって強固になっていく。つまり、一八八六年の「中学校令」以来、高等（中）学校が持っていた専門教育という色彩が払拭され、以降大学予科のみの教育機関へと変質していくわけである。これにより高等学校は、いわゆる「高度な普通教育」機関として新たなスタートを切り出したのである。(106)

小　結

本章では、「中学校令」の条文を再検討し、高等中学校に関する規定には、分科を設けること、全国の各地域で五校を作ること、そして管理権は文部省にあることなどの特徴が見られることを再確認した。これらの特徴を解明するために、高等中学校「設置区域」がもっていた教育機能を考察してきた。その結果、「設置区域」は各府県の生徒の進学先を強制するものではなかったことが確認できた。しかし、生徒の募集を府県に委託する場合、「設置区域」は、他区域の高等中学校との競争を避け、極力地方の人材を吸収する装置として機能した。また入学者決定の際にも、同じような論理で区域内の生徒を優先させることを可能にしていた。さらに無試験入学制度の導入を通じて、「設置区域」は、区域内だけではなく区域外にある私学出身者の入学を排除する際にも、機能していたことが明らかになった。(107) 岡山尋常中学校と三高との無試験連絡の実現は、この機能が確実に働いていた事実を物語っている。

ただし、このような機能は、大学への進学を希望する生徒に対するものであり、専門学部を目指す生徒に対してではなかった。三高法学部の場合には公立・私立に拘らず、尋常中学校であればその卒業生の無試験入学が保障されていたからである。[108]高等中学校の「設置区域」はこのように、生徒の出身や学校の性質によって「大学予科」入学希望者を選別する機能を果たしていた。

以上のように高等中学校「設置区域」の教育機能を解明したことによって、高等中学校の設置理由を解くために以下のような重要な手がかりを得ることができた。まず高等中学校の設置目的の一つは、生徒の東京への一極集中の弊害を防止することであった。一八八〇年代初期から生徒、とりわけ「問題青年」の東京集中は、伊藤博文をはじめ明治政府の中枢にとって悩みの種であった。青年の大学志向を満たすと共に、「子弟の東京に競奔するの念を抑へ、地方に安じて教育の素を養ふの基を開く」ためには、地方に大学を設けることがいわば「一石二鳥」の得策と言える。[109]事実、先述した一八八四年末の「府県聯合設立高等学校」構想や大学分校そして「五大学校」案は、高等教育機関の地方分散化を志向するものであった。[110]

もう一つ、上記の理由を踏まえたうえ、文部省が高等中学校に期待していた機能は、大学予備教育よりも専門教育機能であったという仮説を提起できる。「元来高等中学校ハ必ラスシモ分科大学ノ予備科ニ非ス」と森が断言したとおり、生徒が諸専門学校に入ったり、実業に就いたり、高等官になったりするための専門知識の伝達機関として高等中学校が期待されていたのである。[111]帝国大学への入学を目的とする「大学予科」を希望する生徒入学を制限しても、各地域での活躍を期待される専門学部を希望する生徒に制限を設けていなかったのも、専門教育機関としての高等中学校のあり方を示している。

つまり、「高等中学校の全国各要地への設置は、第一高等中学校（旧大学予備門）の全国的拡大といった性格をもっていた」[112]わけではなく、従来の予備門が持っていた予備教育機能を全国五ヶ所に分散させ、さらにその上に専門教育（完成教育）機能を新たに付与させることによって、高等中学校は構想されたということである。その中、予備教育機能はあくまでも「一時的」だったため、予備門がもっていなかった専門教育機能こそ、将来的に継続して実際に期待できるものとして考案された。換言すれば、高等中学校は地方へ分散した高等教育機関として構想された、という仮説を提起できる。こうした点で、予備教育機関から派生した一高よりも、三高の方が「中学校令」が構想した学校像に近かったということができる。

（1）この間の経緯をめぐって中野は、高等中学校体制は先の「五大学校」構想が挫折することによって生まれたという見解を示している（中野実「帝国大学体制成立前史(二)――大学分校を中心にして――」、『東京大学史紀要』第一八号、二〇〇〇年、二四頁。または中野実『近代日本大学制度の成立』、吉川弘文館、二〇〇三年、四三頁）。

（2）高等中学校は五校が設置されることになったが、現実には第一から第五までの高等中学校のほかに、勅令第一六号の「諸学校通則」第一条に従うものとして、同年一一月二〇日に山口に山口高等中学校を設置することが決定された。さらに同様の趣旨により、翌一八八七年一二月二〇日に鹿児島高等中学造士館の設置が決定され、ともに旧藩主の寄付による文部省管理の高等中学校であった。そのために、高等中学校は全国で七校が設置されたのである。この山口と鹿児島の高等中学校を開設させた「諸学校通則」第一条とは、「師範学校ヲ除クノ外、各種ノ学校又ハ書籍館ヲ設置維持スルニ足ルヘキ金額ヲ寄附シ、其管理ヲ文部大臣又ハ府知事県令ニ願出ルモノアルトキハ、之ヲ許可シ官立又ハ府県立ト同一ニ之ヲ認ムルコトヲ得」というものであった。つまり、学校の開設・維持費を寄付することを前提に、個人・民間開設の学校も、官立・府県立学校に準ずる権利を得られるということである。ちなみに、両校は医学部などを付設しない帝国大学の進学課程のみの学校であった。

（3）この規定にしたがって二見剛史は、高等中学校制度を「かつての官立英語学校体制の再現と思わせる」と指摘している（二見剛史「明治前期の高等教育と大阪中学校」、『日本の教育史学』第一七集、教育史学会、一九七四年、四四頁）。しかし本書で明らかにしたように、それは、新たな教育体制の構築を目指して試行錯誤の結果であり、過去の体制へ戻るという単純な反動ではなかったのである。

（4）『官報』、一八八六年三月九日付。

（5）『徳重文書』起明治十六年至明治廿年、親展来書、学第一六号、京都教育大学附属図書館所蔵（複写）。
（6）「府県聯合設立高等学校コルレージノ類之事」『諸官省内達綴　学務課』一八八四年、〇〇六二、宮城県公文書館所蔵。
（7）詳しくは、田中智子「第三高等中学校設置問題再考――府県と官立学校――」（『京都大学大学文書館研究紀要』第三巻、二〇〇五年）を参照。なお、田中論文は、府県における地方税支弁という視点から三高の設置問題を検討し、「府県の中高等教育機関を官立学校制度のなかに組み込み再編成する可能性」を示唆している。高等中学校の設置問題を府県の視点から考察しうる重要な論考であり、あわせて参考されたい。
（8）北條時敬「日誌及紀行」西田幾多郎編『廓堂片影』（教育研究会、一九三一年）七七八頁。詳しくは、谷本宗生「第四高等中学校について」（前掲『地方教育史研究』第二三号、所収）を参照。
（9）さらに奈良県は、一八八七年一二月九日の告示により第三区に追加されることになった。
（10）これまでの分析から分かるように、高等中学校の設置場所は、ただ「旧城下町」という単純な理由で決められたわけではなかったのである（二見前掲「明治前期の高等教育と大阪中学校」、四四頁）。
（11）『三高八十年回顧』（関書院、一九五〇年）八頁。
（12）同右、九頁。
（13）神陵史資料研究会編・阪倉篤義代表『史料神陵史――舎密局から三高まで』（神陵史資料研究会、一九九四年）七七四頁。
（14）「明治十九年一月大日記土陸軍省総務局」（前掲『大日記』、防衛省戦史資料室所蔵、総土第一号）。
（15）「明治十九年三月三十一日付第十六回年報」『明治十九年一月文部省伺並届類原稿』（8600061―8）。
（16）森が構想した兵式体操は、現役軍人によって全国民に施すことだった。詳しくは、「閣議案」（上沼八郎・犬塚孝明編、大久保利謙監修『新修森有礼全集』第二巻、文泉堂書店、一九九八年、一五八頁）および「兵式体操に関する建言書」（同、一六一頁）などを参考。
（17）陸軍教導団、戸山学校を経て一八八六年三月一五日に体操伝習所修業員、同年六月一四日卒業。翌年四月二六日より第三高等中学校助教諭として採用、体操科担当。徳島県平民。
（18）「友野正忠外壱名出張帰校」『明治廿五年文部省上申開申届類』（92003―12）。

(19) 前掲「明治十九年一月大日記土陸軍省総務局」総土第一号。
(20) 「壱大日記明治廿一年十月廿九日」(前掲『大日記』、総閣第四二二号)。
(21) 詳しくは、佐竹道盛(「兵式体操導入をめぐる学校教育の諸問題」『北海道教育大学紀要』第一部C教育科学編二八号、一九七八年、二二頁)や城丸章夫(「徴兵制度上の特典と師範学校における兵式体操――軍隊教育と国民教育(Ⅲ)――」、『千葉大学教育学部研究紀要』第二九巻第一部、一九八〇年、四三頁)の論文を参照。
(22) 「生徒行軍之際職員等へ旅費支給之儀ニ付伺」『明治廿一年文部省伺上申開申届類原稿』(880003―7)。
(23) 国立教育研究所編『日本近代教育百年史』第四巻(教育研究振興会、一九七四年、佐藤秀夫執筆部分)八一四頁。なお、佐藤は「『学術研究』的もしくは『教育』的な配慮」を加味した形で、「行軍旅行」から「修学旅行」が分離したとしている。いわば「修学旅行」の原型として「行軍旅行」を捉えているのである。
(24) 東京師範学校及び尋常師範学校成立期における修学旅行の実態について、水原克敏『近代日本教員養成史研究――教育者精神主義の確立過程』(風間書房、一九九〇年)及び新谷恭明「明治期の師範学校に於ける修学旅行について」(『九州大学教育学部紀要(教育学部門)』、一九九五年)を参照。
(25) 『第三高等中学校第一回修学旅行記事』(880058)。
(26) 「行軍中心得」『校定法規明治廿一年』(550005―40)。
(27) 例えば一八八八年一一月二二日から二四日和泉国牛滝山方面へ、一八九〇年四月一三日から一九日まで奈良吉野地方へ、同年一一月二〇日から二二日まで大阪府下河内国地方へなどの修学旅行が行なわれていた(『修学旅行書類』(880060)及び『明治廿二年修学旅行ニ関スル書類』(890070)などを参照)。
(28) 『明治廿五年四月区域内尋常中学校長会議一件』(920070)。
(29) 『文部省年報』からみた限りでは、大阪中学校のほか、東京師範学校、山梨県徽典館、学習院などごく限られた学校でしか銃器は使用されなかった。
(30) 「兵式体操科実弾射的規程　第一條　本科第二年及法科第三年ハ毎月壱回実弾射的ヲ肄ハシム。第二條　発射弾数ハ当分一人六十発ヲ以テ定規トシ、毎回十発以内射発シムルモノトス。第三條　標的ハ新式ニ憑リ十字的ヲ射撃スト雖トモ、或ハ五巻的ヲ用ユルコトアルヘシ。第四條　射的ハ総テ採点シ体操科学年点数ニ算入ス」(「実弾射的之儀ニ付御

届」『明治廿四年文部省上申開申届類書類』、９１０００６—13)。
(31)『文部省第十三年報』（一八八五年）五頁。
(32)『明治十九年九月　各府県渡銃器取扱書類』（８６００６５）。
(33)『官報』第八六一号（一八八六年五月一八日刊）所収。
(34) 同時に「四年生、三年生、二年生ニシテ非番ノモノハ総テ一年生ノ部ニ編入スルモノトス」とした規定もみられる（同上『官報』第八六一号所収）。
(35)『創立六十年』（東京文理科大学、一九三一年）三五頁。
(36) 国立教育研究所編『日本近代教育百年史』第四巻、八一〇～八一一頁。
(37) 気質鍛錬を目標とした兵式体操は、師範学校に限らず全国民へ施す計画だった。森有礼は、小学校においても運動会の開催をはじめ、体操教育を通じて規律鍛錬をすべての国民に与えようと努力していたのである。
(38)『大阪中学校一覧　明治十四年十五年』（８２００９２）。
(39)『文部省第十四年報』（一八八六年）。
(40)「寄宿舎生徒組合規約」『寄宿舎関係規則類』（５５００１２）。
(41)「第三高等中学校寄宿舎組合規約」『寄宿舎関係規則類』（５５００１２）。
(42) 前掲『第一高等学校六十年史』、一三〇頁。
(43)「寄宿寮規程　第一条　明治廿三年ヨリ入学ノ生徒ハ総テ寄宿スヘキモノトス」（前掲『第一高等学校六十年史』、二一〇頁）。
(44) 当時の下宿屋の状況について彼は、「試みに其［書生たちの］下宿屋に在る状況を察すれば放縦横肆にして殆んど云ふに忍びざるものあり」と述べ、その無秩序さを厳しく批判している。「此書生との交際を絶たざるべからず」というように、一高生と下宿の同世代の書生達との交流を絶つことが、寄宿寮設置の重要な目的だったのである（寺﨑昌男「自治寮制度成立史論——とくに木下広次とその二演説をめぐって——」、『旧制高等学校史研究』第一五号、一九七八年、四〇頁）。
(45) 第一高等学校寄宿寮編『向陵誌』（三秀舎、一九三七年初版、引用は大日本図書、一九八四年復刻版による）二頁。

(46) 寺﨑昌男「旧制高校教育研究の視座」(『近代日本における知の配分と国民統合』第一法規、一九九三年)一五二頁。寺﨑昌男は、第一高等中学校の自治寮制度を「武士的訓育」復活の一形態として捉えている(寺﨑前掲「自治寮制度成立史論」、二二頁)。

(47) ただし、第一高等中学校において実際には、定員制限などの理由で完全な全寮制を実現する条件になかった。寄宿舎の全寮制が実現したのは予科第三級生だけにとどまっていた(寺﨑同右「自治寮制度成立史論」、三九頁)。

(48) 全体生徒の管理に関しては、一八八九年九月一四日に定められた「生徒取締上ノ件会議決」が三高における人間関係をよく表していると思われる。とりわけ「称呼ノ事」では「教師ヨリ生徒ヲ呼フニハ、出席調ノ節ノミ呼捨テノ事、其ノ他ハ某姓様《ナニサン》ト呼フヘシ、但シ体操科ハ特ニ呼捨テノ事」といったように、教員と生徒とを互いに「ナニサン」と呼び合うことになっている(「生徒取締上ノ件会議決」『明治廿二年校規書類』、890124―16)。それを可能にしたのは、「学校長折田彦市の存在である」という(前掲『京都大学百年史』、八四頁)。

(49) 寺﨑前掲「自治寮制度成立史論」、四一頁。

(50) 例えば二見剛史執筆前掲『日本近代教育百年史』第四巻、四六九頁。または『明治前期教育制度発達史』第三巻、一七〇頁。

(51) 例えば一高区域内の府県は地方税の支弁要求に激しく反応し、このために開催された府県会議は一回限りで終わった、と大東重善がのちに語っている(大東重善「高等中学校経費の地方税支弁」、国民教育奨励会編『教育五十年史』民友社、一九二二年)。

(52) この訓令が一八九六年に出された事実は、「高等学校令」の発布後に高等中学校が廃止されても「設置区域」は依然、その効力を発揮し続けていたことを意味している。

(53) 高等中学校を従来の予備門の地方への延長と簡単に見做すことはできない。両者の違いについて一八八八年五月、森文相は高等中学校長会議の席において次のように述べている。「該校(第一高等中学校――引用者)ハ嘗テ東京大学予備門トシテ隷属セシモノ今ヤ独立セリ、其独立セルハ独立セザル可ラザルノ必要アリテ然ルモノナリ、分科大学ノ如何ノミヲ顧慮ス可ラス、他ノ高等中学校亦然リ」(「文部省において高等中学校長、高等中学医学部長に対する演説」、一八八八年五月二六日、前掲『新修森有礼全集』第二巻、四九五頁)。予備門が教育機関としての独立性を持たない「一時的」な存在だったのに対して、高等中学校は帝国大学の単なる予備教育機関ではなく、医学部や法学部などの分科が設けられていたことが示すように、専門教育機能も期待されていたからである。

(54)　入学試験は定期試験と臨時試験とに分けられている。入学は九月のため、年に一回の定期試験は普段、五月広告、七月～八月実施となっている。周知の通り、当時の試験は、募集定員を採用するのではなく、希望者の学力が希望する学級に達しているか否か、いわゆる学力試験といった形式を取っていた。そのため、本稿にも述べているように、学力認定者が定員を超過する場合、合格しても入学できない時もしばしばあった。一方、欠員が出た場合はその都度、臨時試験を行なって補充した。

(55)　そういう意味で、「設置区域」は、各高等中学校の生徒の出身地域を制限するものではなかった。それを理由に、「設置区域」の存在が「有名無実」としばしば無視されていたのである（高橋佐門『旧制高等学校全史』、時潮社、一九八六年、八八頁）。

(56)　『官報』第一一六二四号（一八八七年四月二日付）は以下の通り。「第一高等中学校ニ於テハ予科第三級ノ入学試業課目ヲ左ノ如ク定メタリ。但シ本年七月ノ入学試業ニハ△印ノ課目ヲ省ク（文部省）／予科第三級入学試業課目／倫理　人倫ノ要旨／国語及漢文　講読（漢文）書取（漢字交リ文）作文（漢字交リ文）／第一外国語　読方、和文欧訳、欧文和訳、書取、会話／△地理（略）／△歴史（略）／数学（略）／△博物物理及化学（略）／△習字（略）／△図書（略）／唱歌　当分欠ク／△体操　普通体操／右課目ノ外ニ体格検査ヲ施ス」。

(57)　一八八七年五月二四日送達、第六七三号「生徒募集之儀ニ付第一高等中学校御照会按」『明治二十年学校館所往復書類第三高等中学校』（８７０００７７—13）。

(58)　生徒の進学問題をめぐっては、折田は大阪中学校長時代以来、既に東京大学予備門との間にさまざまな摩擦のあるやり取りの経験を繰り返していた。折田は東京（一高）に対して強いライバル意識を持っていたのである。詳しくは、厳平「大阪中学校と折田彦市」（『日本の教育史学』第四六集、二〇〇三年）を参照。

(59)　森文相も、一八八七年の地方巡視において、「高等中学校ハ上流ノ人ニシテ（中略）社会多数ノ思想ヲ左右スルニ足ルヘキモノヲ養成スル所ナリ（中略）之ヲ養成スルノ場所ニ乏シキコト此ノ如ク、且ツ特リ東京ニノミ之ヲ設置スルハ最不便ナリ（中略）是レ高等中学校ヲ各要地ニ設置スル所以ナリ」と演説し、それに同調していたのである（一八八七年六月二一日「宮城県庁において県官郡区長及び学校長に対する演説」、前掲『新修森有礼全集』第二巻、四〇五頁)。

(60) 一八八七年五二八日送達、丙九四号［生徒募集之儀ニ付第三高等中学校ヘ回答］(『明治二十年学校館所往復書類　第三高等中学校』(870077―13)。

(61) 一八八七年六月一日送達、第七一七号「生徒募集之儀ニ付第一高等中学校ヘ重テ御照会ノ件」(同右)。

(62) また、一高の文部省に裁可を求める提案を無視する上、三高はこの問題の解決にかなりの自信を見せていたことも興味深い。三高の対応においてイニシアティブをとっていた折田校長は、時の森文相と青年時代からアメリカ留学期を経た親密な交流があり、「中学校令」制定当時に文部省学務局長の地位にあった。そのことも考えるならば、これはたまたま三高が行なった対応というよりも、森文政全体の政策意図、その中での高等中学校の位置づけという問題に関わっていると考えられる。

(63) 前掲［生徒募集ノ義ニ付第三高等中学校へ重テ回答ノ件］(870077―13)。

(64) 三宅徳業は、一八九〇年七月に岡山尋常中学校四年級を終了後、中途退学、三高予科一級への入学試験を受けて合格した(三宅徳業「余が在学当時の追憶」、『烏城』創立六十周年記念号、一九三四年、九〇九頁)。三宅は、のち行政裁判所長官などを務めた。

(65) 他には、一八八七年から尋常中学校へ過去の試験問題の送付、一八八九年より区域内尋常中学校長会議の定期開催、尋常中学校より学年試験点数の要求など、三高は「一層其聯絡ヲ密ニセンガ為メ」に諸々の計画を実施していた。

(66) この会議に関する協議の詳細についてはさらなる史料の発掘が必要となる。ただし、「尤モ医学部ニ関スル件ハ医学校取調委員並命ニ依リ出京ノ千葉、岡山、石川三医学校長モ列席、協議致候儀ニ有之候」と医学部の建設や、三高における法学部の創設決定などに関する協議がなされていたことから、草創期の高等中学校にとって専門学部の発足が早急な議題の一つとなっていたことが注目される。

(67) 一八八七年一二月一七日上申「五高等中学校長会合協議ノ件」『明治十九年十二月改制　学則関係反省録第参　第三高等中学校』(860093―21)。

(68) 同右。

(69) 高森良人『五高五十年史』(一九三九年)四九頁。

(70) うち二〇番目に位置している喜田貞吉（一八七一〜一九三九）は高等小学校を卒業後、一八八四年六月に徳島尋常中学校へ入学した。そして一八八七年一二月に中途退学し、三高の予科補充科に受かっている。喜田はのちに順調に進級を重ねて一八九三年に帝国大学への進学を果した（喜田貞吉「六十年の回顧・日誌」『喜田貞吉著作集』第一四巻、平凡社、一九八二年／初版は一九三三年）。
(71)『文部省第十六年報』（一八八八年）、三六頁。
(72) 高森前掲『五高五十年史』、四七頁。
(73)『教育時論』第一三一号、一八八八年一二月五日刊。
(74) 前掲『第一高等学校六十年史』、一九六頁。
(75)『金沢大学五十年史』（一九九九年）一七頁。
(76)『京都大学百年史』総説編（一九九八年、海原徹執筆部分）七七頁、または、後神俊文「第三高等中学校と設置区域内尋常中学校との連絡――岡山県尋常中学校の場合――」（『岡山朝日研究紀要』五号、一九八三年）九八頁。なお、後神論文は、のちに『岡山中学事物起源覚書』（一九八八年）に収録されている。『覚書』は岡山中学校の歴史を、全般にわたって論述した著書である。従来の尋常中学校研究は、文部省や上級学校側の資料に依存してきた。それに対して後神氏は、尋常中学校側の資料を長年にわたって数多く収集・発掘した。そういう意味で『覚書』は、旧制中学校の研究書として重要な意味をもつ。本書も、特にこの部分において、資料の紹介・提供を含む、後神氏から多大な示唆・助言を受けた。
(77)『文部省第十七年報』（一八八九年）、三頁。
(78) 一八九〇年八月二四日達［第一高等中学校入学試験ニ合格ノ生徒転入学ニ付専門学務局ヨリ照会］『明治廿三年専門学務局往復書類第五号』（９００１０１―11）。
(79) 一八九〇年八月二六日達［第一高等中学校入学試験ニ合格ノ生徒転入学ニ係ル件回答］（同右、９００１０１―11）。
(80) 一八九三年五月三一日達教第一四号［第一高等中学校ヨリ転学生ノ義照会］『明治廿六年学校館所往復書類　第三高等中学校』（９３００６０―53）。
(81) 一八九三年八月三日送達、第一二一一号「第一高等中学校区域内中学卒業生当校へ転学許否ノコト」（同右、９３００

60―53）。
(82)　一八九二年六月に三高へ無試験入学を許可された一九名は、いずれも「尋常中学校長ヨリ当校（一高―引用者注）へ推薦相成候生徒」であった（「第一高等中学校ヨリ推薦生入学ノ件」『明治廿五年学校館所往復書類』、92006 3―34）。
(83)　「私学撲滅論争」については、久木幸男「私学撲滅論争」（『日本教育論争史録』近代篇（上）、第一法規出版、一九八〇年）に詳しい。
(84)　大町桂月（芳衛）・猪狩史山（又蔵）『杉浦重剛先生』（政教社、一九二四年）四七九頁。
(85)　『日本中学校五十年史』（日本中学校、一九三七年）一〇六〜一〇九頁。
(86)　また、「教員ノ任免ハ其都度本校（一高――引用者）へ報告スヘシ、但シ教員任免ノ節ハ其履歴書ヲ要ス」など、高等中学校側の管理を受けることが条件となっている。
(87)　一八九三年五月一二日付、文部省専門学務局長事務取扱牧野伸顕発第三高等中学校長折田彦市宛「私立尋常中学校卒業生ニ関シ第一高等中学校ヨリ伺ニ対シ指令通知」『明治廿六年専門学務局往復書類附普通学務局　第三高等中学校』（930073―5）。
(88)　それに先立って、学習院中等学科（一八九二年七月）と独乙学協会学校（一八九二年九月、加藤弘之校長）が一高から無試験入学の認可を受けたことを付記しておく（前掲『第一高等学校六十年史』、二一五〜二一六頁）。
(89)　「同二十八日第二、第三、第四、第五、山口、鹿児島、高等中学校及東京工業学校、高等商業学校へ同じく連絡の儀請願、又東京法学院外四校、同二十九日成城学校へ同上照会す。（中略）第三、第五、高等中学校及郵便電信学校とは事遂に整はず。」（大町・猪狩前掲書、四八一頁）。
(90)　一八九三年七月二八日付「連絡之義ニ付請願」『明治廿六年学校館所往復書類　第三高等中学校』（930060―38）。
(91)　一八九三年八月二六日付第一二八五号「日本中学校、錦城中学校、郁文館ヨリ連絡ノコト出願」（同右、930060―38）。
(92)　一八九三年八月二九日「東京共立学校ヨリ連絡ノコト願出」（同右、930060―42）。
(93)　一八九三年一〇月二五日「東京正則尋常中学校ヨリ連絡ノコト出願」（同右、930060―68）。
(94)　『岡山県尋常中学校第五年報』（一八九二年四月刊）の「沿革略」による。

(95) 西山伸「第三高等中学校における『無試験入学制度』」(『地方教育史研究』第二三号、二〇〇二年)七七頁。
(96) 「第十一回卒業証書授与式」『尚志会雑誌』第二一号、三二頁。
(97) 速水滉「在学時代の憶ひ出」(『御大典記念会報』第一三号、岡山県第一岡山中学校校友会、一九二八年)二六〜二七頁。
(98) 松尾生(松尾哲太郎――筆者注)「思出のままを」(『烏城』第五二号、岡山県立岡山中学校尚志会、一九一四年一一月)二九頁。
(99) いどぶた生「偶感」同上『尚志会雑誌』第二一号、一八九三年九月三〇日。
(100) 後神前掲書、一〇六頁。
(101) 『岡山県尋常中学校第六年報』、一八九四年四月刊行。
(102) 『岡山県尋常中学校第七年報』、一八九五年四月刊行。
(103) 速水前掲「在学時代の憶ひ出」、二七頁。
(104) 『岡山県尋常中学校一覧』、一八九八年四月刊行。
(105) 「本年度卒業生の高等学校入学者」『烏城』第二七号、一九〇〇年一一月一四日刊。
(106) この原則は一九一一年七月に、小松原英太郎文相が公布した「高等中学校令」(勅令第二一七号)によって正式に決定した(「高等中学校ハ中学校ヲ修了セル者ニ対シ精深ナル程度ニ於テ高等普通教育ヲ為スヲ以テ目的トス」)。
(107) 高等中学校の無試験入学制度と森文相との関わりについては、今のところ不明である。もとより尋常中学校と高等中学校の連絡の円滑化は森文政期から図られていたが、尋常中学校からの無試験入学が実現されたのは一八八九年森の死後だったからである。この問題を究明するには、森の私学観も含めてさらなる考察が必要だと思われる。ただ、一八八八年七月に開催された高等中学校教頭会議において議決された「監督学校ノ件」の中、「地方ノ情況ニ依リ高等中学校ノ監督ニ属スル予備ノ私立学校ヲ設クル様奨励致度候事」が記されている(前掲「五高等中学校長会合協議ノ件」、860093―21)。森文政下においては、高等中学校の監督を受けることを条件にしながら、私立予備校の設立が奨励されていたのである。もし私学排除が森の方針ではなかったとすれば、その後の教育方針の転換は森以降に図られたということが考えられる(佐藤秀夫「明治二三年の諸学校制度改革案に関する考察」『日本の教育史学』第一四集、一九七一年。また、佐藤秀夫『教育の文化史三　学校の構造』、阿吽社、二〇〇四年)。

(108)　三高法学部への入学者は、一八九〇年から一八九三年にかけてそれぞれ一七人、二一人、一六人、一六人であった。内一八九〇年の試験合格者二人を除き、すべて無試験によるものである（各年度の『第三高等中学校年報』に収録されている定期試験の結果による）。

(109)　従来、いわゆる「問題青年」に対して文部省は、退学者の三年以内の再入学禁止などの処罰を与えるのは一般的であった（『訓諭牒類　自明治十五年至同十八年』、８２００２１）。さらに文部省は高等中学校の問題生徒に対して、東京から地方へ追放するという厳しい姿勢で臨んでいった。

たとえば一八八八年一月一二日、一高から三高宛に以下のような照会が届いた。「当校予科第二級生徒高知県士族壬生長年義保安條例ニ因リ、昨廿年十二月廿六日ヨリ一ヶ年間東京内住居被差止候に付、貴校へ転校致度旨願出候条、御差支無之候ハヽ右転学御許可相成候條致度、此段及御照会候也」（「壬生長年当校へ転学ノ儀ニ付第一高等中学校幹事ヨリ照会之件」『明治廿一年学校館所往復書類　第三高等中学校』、８８０００６―２）。これは一高生徒の三高への転学願であった。

その理由は「保安条例」により、東京での住居が差し止められたという。一八八七年一二月に発布された「保安条例」には、「内乱ヲ陰謀シ又ハ教唆シ又ハ治安ヲ妨害スルノ虞アリト認ムル」場合に「皇居又ハ行在所ヲ距ル三里以内ノ地」から三年以内の期間で退去させられることを決められていた（第四条）。

この事例は、たとえ一高の生徒であってもそれに違反すれば東京から追放されることが余儀なくされる事実を物語っている（ちなみに該当生徒は翌一八八九年八月に一高への復帰を果たした（「壬生長年外二名他高等中学校へ転学ノ件」『明治廿二年学校館所往復書類　第十四号』、８９０１２８―25）。

治安妨害者をとりあえず東京から地方へ追放し、できるだけ社会影響を抑えることがその背景にあったと思われる。政治参加を理由に地方への追放という意味で、あたかも一八八七年の保安条例による「自由民権派追放事件」の縮小版として捉えることもできる（それによって星亭（一八五〇～一九〇一）や中江兆民（一八四七～一九〇一）ら自由民権派五七〇人が皇居三里外へ退去させられ、すなわち東京から追放されたことが周知の事実である。ついでに条例は一八九八年六月に廃止された）。

(110)　伊藤政治の一翼を担っていた森文政は、最終的に社会の安定にもつながっていくはずである。森の教育思想における

「治安維持論」については、厳平「森有礼の教育思想における心と身体」（『京都大学大学院教育学研究科紀要』第四八号、二〇〇二年）を参照。

(111) 前掲森有礼「文部省において高等中学校長、高等中学医学部長に対する演説」（一八八八年五月二六日）、四九四頁。

(112) 内田糺「森有礼文相と高等中学校の創設」（『旧制高等学校史研究』第一三号、一九七七年）二四頁。

結　章　折田彦市からみた近代日本の中等・高等教育の模索

第一節　論点の整理

周知のとおり、近代日本の国家形成と同じく、教育の近代化もまた、西洋化に向けた試行錯誤の過程であった。明治初期には、お雇い外国人教師を通じて直接に西洋近代の情報を吸収した（石附実）。一方、幕末から維新初期にかけて、多数の留学生が異国での体験を通じて自分の思想を形成して帰国した。雇用期間が限られていた外国人教師に比べて、留学生たちが日本教育の近代化に果たした役割は決して過小評価すべきではない。

例えば、すでに林竹二が明らかにしたように、薩摩藩士森有礼は欧米経歴を通じて、国家建設のために教育に献身することを決意した。とりわけワシントン駐在時代に森は、『日本の教育』の編集・出版など教育に関する関心を高めていた。無論、教育に対して関心を示したのは森だけではなかった。事実、一八七〇年の時点で新島襄（アーモスト）や折田彦市（ミルストン）も同じくアメリカ東部において勉学生活を送っていたのである。ちなみに森が『日本の教育』を編集する際に、意見を聞いたアメリカ有識者一三人の中には、マコッシュ学長の名も含まれていた。森が折田の入学以前からすでにマコッシュ学長と交流があったことは、本書第一章で論述したとおりである。また新島は岩倉使節団のアメリカ訪問を通じて、森そして恐らくは折田とも、面識があったと思われる。いずれにしてもこの三人には少なくとも、米国留学、キリスト教信仰、教育の生涯などの共通点を有している。また教育のあり方については、知育偏重ではなく、徳育・体育も同時に取り込んで、いわば「人間・人格教育」を目指して行なうべき、という点においても共通しているように思われる。

しかし、こうした共通点とは別に、教育の具体的なコースや方法については、三人はそれぞれの教育構想を立てて、またそれぞれに異なる実践をみせた。森は、文部大臣として、身体を回路とした「道徳教育」の方法を考案した。具体的には、全国民に兵式体操の普及を通じて身体の規律化を通じた人間形成を図ろうとしていた。一方新島は、キリスト教主義の高等教育機関の建設を通じて、日本の青年を教育しようと考えていた。それに対して折田は、学校行政を担当しながら、個別の学校の改革を通じて、より多くの学校で「有用なる人材」の育成ができるように尽力した。

なぜ三者は、共通の土壌を持ちながらも異なった道を歩んでいったのだろうか。それは要するに、具体的な留学経歴も帰国後の立場も歴然として異なっていたからである[1]。森は、薩摩藩の留学生としてイギリスやアメリカなどで西洋体験を重ねるうちに、自らの思想形成を遂げた。やがて文部大臣として明治国家の教育を率いた。彼に課された課題は、国家全体の進路を方向づけることである。そこで森は、「国家主義」や「経済主義」の見地に立ちながら、教育改革を断行した。一方新島は、アメリカ人の実業家に助けられながら、神学校で勉強するほどキリスト教への信仰を深めていった。やがて宣教職を得て帰国した彼は、私立学校長の立場で、一貫してキリスト教主義を全面的に打ち出し、それを軸に教育を行なった。そして折田は、アメリカでもっとも古いコレッジの一つであったニュージャージー・コレッジで四年間を過ごし、当時のアメリカのコレッジにおける教育のあり方、そして名高きマコッシュ学長の教育理念を充分に理解していた。帰国後折田の官立学校長の立場は、私立学校長の新島とは異なっており、また文相の森とも明らかな違いを示していた。

さて、アメリカ留学を通じて折田はどのような思想を形成し、また帰国後官立学校長の立場でいかなる教育構想を立てたのか、それは当時の日本の中等・高等教育において、いかなる意味を有していたのか。折田の視点から、本書で明らかになった論点をあらためて整理し、最初に設定した課題に対して仮説的にも解答を試みたい。

(1)米国留学時代——教育思想形成期——

折田が留学した一八七〇年代は、アメリカ高等教育史上においても重要な変革期の一つであった。コレッジの拡張やカリキュラムにおける選択制の定着、それにスポーツの流行などの現象が示したように、アメリカの高等教育は制度面、内容面また学生の文化面で、近代的な軌道に乗り始めた時代であった。さらに彼の在学していたニュージャージー・コレッジは、着任直後のマコッシュ学長の改革により凄まじい変化を見せ始めていた。

マコッシュ学長は、知識の教授を学生に強要するのではなく、学生に科目選択の自由を与えていた姿勢を採っていた。そのために彼は教科カリキュラムの改革を行ない、従来の古典中心で画一的な科目必修制に対して、選択科目の導入を試みた。彼のいう選択の自由とは、完全な選択の自由を認めていたハーバードとは異なっており、具体的に与えられた一定の大枠の中での一種の「秩序ある自由」と理解することができる。こうした「自由」観は、マコッシュの寄宿舎理念にも見られる。すなわち、コレッジ「再建六ヶ条」の中で、寄宿舎への入居は「希望者には」と個人選択の自由を前提としていたのである。

こうしたマコッシュ学長の「自由」観を、折田がどの程度理解し、取り入れたのかは、確定できない。それにしても、折田が洗礼を受けていたこと自体、マコッシュ中心の教育体制を受容したということが言えよう。それにスポーツの体験を加えて考えれば、折田がアメリカ留学を通じて、体育やキリスト教による人間形成、マコッシュ学長の「自由」観といったものを得られたと考えられる。やがてこれらの体験は、帰国後三高およびその前身校における校長としての実践に無視できない影響を与えていった。

（2）大阪中学校時代――「第二次教育令」期――

帰国後、文部省入りを果たした折田は学監事務所や体操伝習所勤務を経て、一八七九年大阪に赴任した。この時期は従来、「学制」期以来の「自由化」政策の推進者だった田中不二麿が一八八〇年三月、文部省を去ったのを契機に、教科書への統制をはじめとして、文部省は教育全般への統制化と標準化に着手したといわれている(2)。いわゆる明治教育における反動期の始まりである(3)。しかし一方、この時期は教育の近代化をめぐるさまざまな試行錯誤が行なわれた時期でもあった。そこでまず注目すべきは、大阪中学校の再建策として折田は、カリキュラムの再編よりも、体操科の本格的な導入や寄宿舎の充実を優先的に取り入れた事実である。斬新ともいうべき彼の教育構想には、とりわけ「生徒ノ便」に応じるのを特徴とした寄宿舎制度のあり方などは、かつてマコッシュの「秩序ある自由」観と一致しており、アメリカ留学時代の影響は根強く残されていたと思われる。

一方、当時の文部省は、東京大学の建設や師範教育および初等教育の普及という面に重点を置いていたために、中等教育の整備・充実という面では、確たるプランを持っていなかった。こうした状況の中で折田彦市は、官立大阪中学校長として、近代日本の中学校に関する教則を初めて作成した。「大阪中学校規則」は、近代日本の中学校運営全般に関する指導的なシナリオとなっていった。従来、大阪中学校の位置づけについては、東京大学予備門と同じく大学予備教育機関としてしか捉えられてこなかった。しかし、本書で明らかにしたように、折田校長が大阪中学校で構想した教育とそれに基づいた教育実践は、一八八〇年代において一般の府県立中学校のモデル的な役割を果たしていたと評することができる。

（3）大学分校時代――一八八六年四月まで――

ところで、一八八四年末以降「府県聯合設立高等学校」を始め、いくつかの高等教育機関の設置構想が見られた。これらの構想を分析することを通じて、文部省、府県中学校、そして東京大学側もそれぞれ思惑を持っていたことが明らかになった。例えば予備門の英語専修科設置は、実質的に東京への中央集中を一層強化させる結果になり、対して文部省は「府県聯合設立高等学校」の設置を含めて「明治一七年学制改革案」とも呼ばれる構想を打ち出した。

文部省の改革案は、高等教育機関の増設志向という意味で、府県の教育要求を満たしていたとして評価できる。しかし、従来の中学校や大学との接続関係を明確に規定していなかったという意味で、充分な改革案とは言えなかった。それに対して折田校長は、自らの実践に基づいて、従来の六年制の大阪中学校を五年制に改革した上で、その上に本科を上積みする「関西大学校案」を構想していた。「関西大学校」は、そのレベルは東京大学には及ばないものの、四年制の完結した大学として構想されたのであった。「大学」を関西につくるという意味で、折田の構想は、高等教育機関の地方分散を目指した試みとして捉えることもできる。

ところが、実際にできあがった大学分校は結局、全国第二の「大学」としてその名こそ残ったものの、東京大学に比肩しうるような教育機関とはなりえなかった。しかし、これらの事実は、一八八〇年代半ばがまさに中等・高等教育の模索期であったことを示している。従来、大学分校は、存続期間が短かったこともあって、その存在意義についてはほとんど言及されてこなかった。しかし、本書で明らかになったように、大学分校は、一八八四年末から文部省が模索してきた高等教育機関の増設問題の一環として、実現をみたものである。つまり、大学分校は、「第二次教育令」期における中等・高等教育の整備・充実過程の中で生まれた一形態であった。

一方、森が文相に就任して以降、「大学」という名称を持つ教育機関を全国各地に増設する計画を打ち出した。そのモデルとして考えられていたのは、すでに関西の地で設立されていた「大学分校」であった。しかしこの案も、財政上の理由で挫折するに至ったが、これに代わる高等教育機関の必要性に対する認識が、のちの高等中学校の設置につながっていったと考えられる。

（4）第三高等中学校時代――森文政期――

大阪中学校から大学分校へという流れの中から、高等教育機関を地方に増設する必要性が認識されていた事実が浮かび上がってきた。「五大学校」案の挫折を受けて文部省は、全国に五つの高等中学校を作る案を企画していた。短期間で作られたこの案には、高等中学校の設置場所の選定、カリキュラムの制定、経費の府県負担方法などといった具体的な施策については、ほとんど白紙のままであった。この事実は、高等中学校の性格が当時不安定であったことを意味している(4)。

従来の高等中学校像は、一高の主導で予備教育機能の強化を通じた中央への人材集中という視点から描かれてきた。これに対して、本書では、高等中学校の入学制度における「設置区域」が、地方への人材収集という教育機能を持っていたことを解明した。この機能が確実に働いていた事実を、岡山尋常中学校の事例によって明らかにした。さらに「設置区域」は、無試験入学制度の導入を通じて、区域内だけではなく区域外にある私学出身者の入学を排除する機能も、持っていたことが明らかになった。換言すれば、高等中学校の地方設置には、東京への一極集中を防ぎ、高等教育機関の地方分散化を図る意味があったということができる。

第二節　結論と課題

最後に、本書によって初めて明らかになった以上の知見に基づき、序章で取り上げた三高の変遷とその過程のうちに見出された折田の視点によって、最初に提示した課題に対する新たな仮説的解答を試み、今後の課題と展望を示しておきたい。

（1）なぜ「高等中学校」なのか

なぜ「高等中学校」になったのか、という謎を解明するために、今一度、一八八〇年代における中等・高等教育の改革構想を確認しておこう。すなわち、文部省は中学校正格化を図るとともに、高等教育機関の増設を図っていた。具体的には、予備門に英語専修科の設置、「府県聯合設立高等学校」案の検討、さらに大阪中学校の改組を経て大学分校の開校など、様々な教育改革を模索してきた。内閣制発足直後の「五大学校」構想も、同様な動向と見受けられる。これは、東京大学予備門の強化構想とは決定的に異なっているのである。実際、「五大学校」案は財政上の理由で挫折するに至ったが、これに代わって五つの高等中学校の設置が一ヶ月後に決定された。したがって、高等中学校の設置理由を考える時、一八八四年以来文部省のなかで高等教育機関を地方に設置する動向が一貫していた事実は、極めて重要なことと考える。

さて、「五大学校」案の廃案を受けて、その処置をめぐっておおむね以下のような三つの選択肢があったと考えられる。すなわち、①この案を完全に断念して白紙に戻すこと、②「大学」よりは低度なる別名称の学校（例えば「（地名）大学分校」、「高等学校」、「（地名）大学予備門」の類など）で新たに立案すること、③「五大学校」を格下げして「中学校」の範疇に嵌め込むことの三つである。①は、高等教育機関の地方分散化を断念することを意味している。それは、一八八〇年代の高等教育機関の増設動向に相反するため、当面は考えにくい。②は、財政難という問題を解決しない限り、依然として現実味が薄い選択肢であった。加えて森の「目的」別の原理に従えば、「大学条例」と「中学条例」とは異なった「〇〇学校条例」を新たに制定する必要が生じてくる。その作業を行なうためには時間的な余裕がなかったと考えられる。③はもっとも現実的だが、とりわけ現有の「大学分校」と従来の「中学校」との間で、学力レベルの隔たりが解消されていなかったという問題がある。こうした状況の中で、高等教育機関を増設することを意図して、従来の中学校よりも「高度なる」という意味で「高等中学校」構想が生まれたと推定できる。

いうまでもなく、この案でも依然として財政上の困難が消えたわけではなかった。しかし一方、国庫負担を原則とした②の「大学」や「高等学校」などに比べれば、③の「中学校」のほうが府県へ財政負担を求める正当性が得やすかったと考えられる。事実、「中学校令」における高等中学校に関する規定は、五つの学校を、国家の管理下に置いた上で、地方に分散して設置するなど、いわゆる「五大学校」案の骨子の大枠をほぼ踏襲していた。また、骨子以外の部分、例えば場所の選定、カリキュラムの制定、経費の府県負担の方法など具体策については、いずれも未定のままであった。このように考えれば、時間的にも逼迫する状況の中、過渡的な措置として「高等中学校」が「中学校令」の枠の中に嵌め込まれるに至った、と考えても不自然ではないであろう。

以上の叙述に基づいて、高等中学校の成立について以下のような仮説を提起することができる。森は「目的」別の「学校制度原理」に基づき、「小学校」―「中学校」―「大学」（それに「師範学校」）の学校体系を構想していた。ただここで注意すべきは、これによって完成された森の学校体系は、小学校―中学校―大学という接続関係を明確にしたものではなかったということである。森は、諸学校がそれぞれの「目的」をもって「完成なる教育機関」として機能していくことを期待していたのである。すなわち、「小学校」は尋常四年と高等四年で終了し、卒業者は直ちに社会に出て自力で生計をたてていくことが求められた。一方、「中学校」は尋常五年に高等二年をもって終わりとし、卒業者は各方面において地域のリーダーになることが期待された。そして「大学」は、四年間のコースが用意され、卒業者は国家の将来を担う人材として期待されたことになる。森の構想では、これらの学校を卒業した「人物」は、いずれも同じく帝国日本の臣民として国家建設に献身する、というシナリオが描かれていたのである。

そもそもこの構想には「高等中学校」という学校形態が想定されていなかった。言い換えれば、「中学校」には

「尋常・高等」の区別が最初から構想されていたわけではなかった。「小学校」についても同じ論理で「尋常・高等」の区別がなかった。ところが、「大学」構想は「五大学校」案の否決により、その修正が余儀なくされた。その結果、「五大学校」を格下げにして、「高等中学校」という名称で「中学校」の中に取り込まれた。またそれに倣って「小学校」も「尋常・高等」と区別するようにあらためた。したがって、「小学校」は中学校への進学を用意したコースではなかった。それは、尋常中学校への入学資格は高等小学校卒業ではなく、尋常小学校四年または高等小学校二年を終えてから可能になっていた事実(「尋常中学校ノ学科及其程度」、一八八六年六月二二日)からも傍証されている。言い換えれば、中学校を目指す生徒は、高等小学校の修了を求められていなかったのである。同じ原理で、「中学校」も大学への進学を目的で設けられたコースとは言えなかった。帝国大学には見られなかった専門科(農業、商業など)が高等中学校の構想に含まれていたことは、この事実を物語っている(中野実)。むしろ「高等中学校」の専門部コース(三高の法学部など)への進学が、強く期待されていた。すでに第四章で言及したように、尋常中学校の卒業者なら無試験で専門部へ入学できる特典が用意されていたからである。一方、大学を目指す中学校の生徒は、いわゆる高等中学校の「大学予科」コースに入学するわけである。これは、森の構想ではむしろ公式なルートとしては予定されていなかったと思われる。

しかし、事態は必ずしも文部省の思惑通りに進んだわけではなかった。「大学予科」コースが、実質的に「高等中学校」の教育機能を独占していったからである。三高法学部への入学者は毎年一〇~二〇人程度に過ぎず、一五〇人の定員を大幅に下回っていた。にもかかわらず、一八九四年の「高等学校令」の発布を受けて成立した第三高等学校は、大学予科を設けず専門学部のみを設定した唯一の高等学校となった。三高は文部省の方針に最も忠実に従って、さらに専門教育機能を強める方向へ向かっていったのである。ところが、三高は高等中学校の中で定員数が一位、実際の在学数も二位を誇っていたにもかかわらず、大学予科を設けないという改革の結果、従来の在学生の大多数が転学に走り、新しい年度の入学者数も例年より激減するということになった。専門教育の地方分散化という文部省の理想と、地方の大学進学希望の帝国大学進学への意向という現実との間には、大きな隔たりが存在していたのである。やがてこの隔たりは、一八九七年の京都帝国大学の新設、及びこれに伴なう一九〇〇年以降専門学部の独立、高等学校の完全な「大学予科」化によって解消していった。それは他方で同時に、さまざまな形で模索されてきた「低度大学」や「コルレージ」構想が最終的に破綻したことを意味するものでもあった。

近代日本における「コルレージ」構想が実現しなかった理由は、さしあたっては、当時の府県の学生において「大学進学志向」の傾向が強かったことにあると解釈できる。この大学への憧れという「大学進学志向」は、近代日本だけではなく一九世紀後半以降のヨーロッパ・アメリカにおいても普く見られる現象であった。しかし、こうした状況がなぜ生じたのかについては、欧米においては「上昇移動願望」という前提が自明な論理として強調され、学問的な説明が行われてこなかった(5)。そういう意味で、明治期における「大学進学志向」はいかなる理由で行なわれていたのか、この問題への学問的な解明はなお必要である。

(2)折田の中等・高等教育構想とその可能性

一八七〇年代のマコッシュ学長は、折田の留学先のニュージャージー・コレッジにおいて、学校の再建を目指して改革を断行し始めていた。その中、教授陣の充実を始めとする人的資源の確保は改革の重要な一環であったが、大勢の学生にとっては、むしろ体育館の建設や寄宿舎の充実の方が、身近に実感できる「改革」であった。折田は、まさにこの時期のこうした環境の中で、数少ない留学生の一人として入学したのである。マコッシュ学長の教育では、一定の大枠のうちにおける選択の「自由」を学生に与えたことが何よりも印象的であった。この

「自由」観は、カリキュラムの選択制の導入や寄宿舎の入舎原則でも典型的に見られた。折田も、マコッシュ学長のこの「自由」観に影響されずにいられなかったのだろう。葛藤の末、卒業直前に折田が学長から洗礼を受けた事実は、マコッシュの教育理念を受け入れたことを意味している。

折田のこうしたアメリカ体験は、帰国後の教育的実践といかなる関係を有しているのだろうか。事実、帰国後の折田が大阪中学校―大学分校―第三高等中学校での実践を通じて、マコッシュ学長の「自由」観を彼が受容したことが浮かび上がってくる。大阪中学校時代における「変通教授法」の採用や、寄宿舎制度における希望者主義はいずれもこの事実を物語っている。さらに、管理主義によらずにして至るところ寛容主義をもって対処することは、三高を卒業した数多くの同窓生の回想にも証言されている。これらはいずれも一高とは基調を異にした校風であった。そういう意味で、折田がアメリカで経験した「自由」観は、帰国後の彼の実践に生かされていったと言ってよい。

一方、大阪中学校―大学分校―第三高等中学校の変遷から見られるように、折田が構想していた中等・高等教育構想は必ずしも実現したとは言えなかった。彼は、大阪中学校をモデルとした一貫五年制の中学校（「中学規則案」）、その上に四年制の大学（「関西大学校案」）を重ねる提案を打ち出した。それは、府県の各地の中学校の充実を図りながら、それに連なる「低度大学」の地方設置という構想であった。一八八四年当時における高等教育機関の増設動向の中で、彼の提案した構想は東京大学の東京一極集中に対抗した、一種の高等教育の地方分散構想と理解することができる。実は、彼による「低度大学」のこの地方分散構想は、まさに一八六〇年代後半以降アメリカ高等教育にも見られた動向と通底していると考えられる。

しかし、彼の構想とは裏腹に、実際には大学分校と「五大学校」構想を経て、高等中学校が設置された。一八八〇年代において中等・高等教育のあり方をめぐって、明治政府・文部省、東京大学及びその予備門、そして府県の中学校が、それぞれ異なった構想を描いていたのである。いずれにしても一八八六年に高等中学校体制の発足は、高等なる教育機関を府県で設置するという意味においては、折田の地方分散化構想と一致しているように思われる。問題は、完成教育としての「低度大学」構想と高等中学校の「大学予科」という現実とは、隔たりが大きかったことである。折田の第三高等中学校は法学部を設置するなど、極力、彼の構想に近づけるよう努力していた。さらに一八九四年の「高等学校令」の発布を受けて成立した第三高等学校は、大学予科を設けず、専門学部のみを設置した唯一の高等学校となった。「高等学校令」に示された理念に基づき、三高を先頭として各高等学校は、やがて府県における「低度大学」として昇格することになるはずであった。そのことは、一八九三年以降の西日本における大学の設立動向、さらに京都大学大学文書館所蔵の「京都帝国大学創設計画案」からうかがうことができる。

この案は、東京の唯一の帝国大学に匹敵する第二の帝国大学を、既存の三高を改組した上で実現しようとするものだった。もしこの案に基づいて京都帝国大学が建設されることになれば、一八八五年から議論され始めた関西における大学の建設計画が、ようやく実現することになったはずである(6)。しかし、この案はやがて否決され、三高を存続させたまま、新たに京都帝国大学を建設する方向で議論が進められていくことになった。かくて京都帝国大学の新設は、旧来の三高を基礎にしてそれを大学へ昇格させる可能性を完全に葬り去ることになったのである。

この事実は、ある意味で、寺﨑昌男が提示した旧制高校の大学予科イメージの形成期が一九〇五年以降であるとする仮説を、さらに前倒しする可能性を示唆している。実際、京都帝国大学の新設を受けて、専門学部のみの第三高等学校は早速予科を増設することになった。三高における大学予科の増設は、高等学校が専門教育としての機能を果たす動向への反動として捉えることが出来るからである。言い換えれば、一八九七年の京都帝国大学の新設は、第三高等学校を含む高等学校の大学予科としての性格を決定づけた事件として捉えることが出来る。大学予科を高等教育の一環として捉えるならば、近代日本の高等教育制度の枠組みは、この時点において明確になったといえる。

折田の地方分散による「低度大学」構想の挫折は、ある意味で当時の日本の教育情勢を如実に反映していたと言える。すなわち、アメリカの私学主導の高等教育体制に対して、当時日本の学校体系とりわけ高等教育は、完全に官学優位となっていた。これは、最初から両者が異なっていた点である。東京に開校した多くの私立予備校のように、日本においても私人による教育建設は、盛んに行われ始めていたが、これらの学校は明治国家の政治的な理由により、時には「私学撲滅論」と噂されるほど、政策上においてはしばしば抑圧的に、そして不公平に扱われていた。例えば新島襄による私立同志社大学の設立運動に見られるような私立大学の構想は、実に大正期になって初めて認められることになった。官立に非ざる高等教育機関は、文部省、中央政府の絶対的な管理下に置かれることを余儀なくされていた（例えば山口と鹿児島の高等中学校）。この違いこそ、折田の地方分散型の中等・高等教育構想を挫折させた根本的な要因の一つとなったかもしれない。

最後に、京都帝国大学の設立をめぐって、折田の三高拡大案と新設案と意味の違いを指摘し、折田の中等・高等教育構想の可能性を展望してみたい。無論、折田案は、第三高等学校を拡大した上で地域の青年を「大学」に収容するものであった。対して新設案は東京にある帝国大学に対抗しうる、いわば従来の高等学校の上級機関としてあった。結果的には後者が勝利した形で、近代日本において二つ目の帝国大学が発足したのは周知のとおりである。帝国大学の新設は、近代日本の七つの帝国大学体制を形成させるために重要な第一歩を踏み出したと評価できる。

もし、新設案ではなく折田の主張した第三高等学校の大学昇格案が採用されていたならば、近代日本の高等教育史像が大きく変わっていく可能性が大いにあった。三高に次いで、他の高等学校も同じく「大学」に昇格させる動きが、より現実的になっていくと思われるからである。事実、当時において高等教育機関の増設にもっとも大きな障碍となっていた予算の面を考えても、三高昇格案のほうがより現実的であったはずである。だとすれば、三高から五つへ、そして全国の府県へというシナリオを描くことが比較的に容易に考えられる。

事実、戦後における日本の高等教育改革は、結果的には各都道府県に一つの新制国立大学が設置されることになった(7)。それは、ある意味でアメリカ流の州立大学に近い体制として理解することもできる。もし、折田の三高昇格案が実現できれば、多額な経費を要する集中型の帝国大学体制よりも、地域ごとの「低度大学」体制は、戦後の教育改革を待たずに現実となっていたかもしれない。

（1）　立場の違いにより、例えば身体教育に関するやり方にも差がもたらされている。森有礼は、早くも一八七九年に東京学士会の会合において「教育論――身体の能力」を発表し、以来、教育における身体鍛錬の必要性を訴えていた。教科科目としての体操は、やがて一八八六年に森文相の推進によって実現を見た。とりわけ師範学校において求められた「三気質」（従順、信愛、威重）は、兵式体操によって重視されていた。それに対して折田の大阪中学校は、体操を教科科目の中に正式に取り入れた初めての学校であった。注目すべきは、折田が体操教育を取り入れたのは、徴兵特典を享受するためでもなく、また森文相が唱えた「三気質」鍛錬の手段でもなかったことである。前者については、折田が徴兵令改正の前から、大阪中学校に本格的に体操教育を取り入れた事実によって証明される。一方、後者においては、とりわけ師範学校でそれが典型的に示されている。すなわち、気質鍛錬のために導入された兵式体操教育は、なんと言っても寄宿舎制度とペアになって実施されていたことである。本書で明らかになったように、折田の寄宿舎はあくまでも生徒の要望に応じて設けられており、他の目的ではなかった。その点、寄宿舎をめぐる理念は、両者が完全に異なっていた。つまり、折田の寄宿舎は、師範学校的気質鍛錬（規律化）とは無縁であり、あくまでも彼の体験したアメリカ体験に基づいていたのである。

（2）佐藤秀夫「解題」『学事諮問会と文部省示論』教育史資料一（国立教育研究所、一九七九年）一頁。また、佐藤秀夫『教育の文化史三　史実の検証』（阿吽社、二〇〇五年）二六二頁。

（3）この時期の情勢について佐藤秀夫は、次のように分析している。民権運動の実質的な担い手に小学校あるいは師範学校等の教員が数多く参加していることに大きな脅威を感じた政府は、その前年「教学聖旨」をめぐって対立したはずの保守派とも部分的に提携して、教員の政治活動への規制と、「秩序」意識を育てるために旧思想である儒教主義道徳教育の強化とを展開した（それに対して福沢諭吉らは反発した）。これはイデオロギー対策の次元だけにとどまらなかった。学事における従来の「人民自為」方針を変え、文部省は国家権力の「指導性」を回復させ、教育制度および行政措置の標準化を強く推進する。そのため、教育令が発布されてからたったの一年三ヶ月後の一八八〇年一二月に「改正教育令」を発布して、その基盤を作った。その後、翌一八八一年から一八八二年にかけて、「小学校教則綱領」「小学校教員心得」「学校教員品行検定規則」「中学校教則大綱」「師範学校教則大綱」「医学校通則」「薬学校通則」等々、「第二次教育令の施行上の諸細則を一斉に制定した」。これらの規則は、既存の制度についての抜本的な手直しの実施を意味していた（同右「解題」、二頁。また、佐藤同右書、二六二〜二六三頁）。

（4）実際に一八九一年以降、高等中学校廃止論が帝国議会で取り上げられた背景には、こうした事情があったと考えられる。

（5）橋本伸也等訳『高等教育の変貌一八六〇〜一九三〇――拡張・多様化・機会開放・専門職化――』（昭和堂、二〇〇〇年）八頁。

（6）「京都帝国大学創設計画案」が実現すれば、大阪中学校時代から校長職にあった折田彦市が、執拗に追及し続けた夢が現実になるはずであった。事実、大学新設の創立委員として、牧野伸顕（文部次官）、木下広次（専門学務局長）、永井久一郎（会計課長）とともに、折田彦市も第三高等学校長としてその委員長に名前が挙げられたのである。

（7）寺﨑昌男『大学教育　戦後日本の教育改革　第九巻』（東京大学出版会、一九八〇年、初版は一九六九年）一〇〇頁。

あとがき

それは高校二年生の時。同級生の家で偶然みたテレビの画面に目が止まった。桜の花、着物の少女、そして富士山を背景に走る新幹線。「日曜日本語」という日本語学習番組の始まりのシーン。この国を知りたい、こうした気持ちが湧いてきた瞬間だった。その後、志望大学・専攻をすべて日本語学科にした。入学した広州外国語学院では、「タクアン」の試食や日本語能力検定試験の時に鉛筆とりんごジュースが配られたことが印象的だった。教室での授業よりも、課外で日本人留学生との日中言語の「相互学習」を楽しんでいた。これで「メチャクチャ」、「マジで」のような教科書にない日本語や野球のルールまで覚えた。今でも西武ファンを自称するのは、一九九二年に日本シリーズを制したのが、西武だったからである。

大学卒業時、教えることが好きだったことから教員を志望した。叶わなかった悔しさから一転、留学を決意。会社勤めで留学資金を貯めて、いざ京都へ。日本教育史を志望した。日本と日本人を根底から理解したいと考えていたからである。明治国家の内面を構成する日本の「国民」が、いかに教育を通じて作り出されてきたのか、という問題を考え続けてきた。

まずは修士課程において、国民教育を軌道にのせたとされる森有礼の「身体教育の方法」に注目した。行動様式の規律化を回路とした国民教育の有効性に気づいたからである。その後の日本近代教育史を考えれば、森のこの教育の方法を無視することができないと確信するに至った。

博士後期課程に進学後、森の身体論の実像を探るために、学校レベルで身体教育の実態調査を試みた。

元防衛庁戦史資料室で一次史料に出会った。今手にしている史料はもしかして、自分が初めて読んでいるかもしれない、という思いに、抑えがたい喜びを覚えた。史料が自分を求めている、とも感じた。そのことが研究手法に変化をもたらせた。活字資料を読み込んで解釈するそれまでのスタイルより、未知の第一次史料調査の面白さに目覚めたといえる。

研究手法だけでなく、その調査は、森を通じて折田彦市と出会うきっかけにもなった。身体教育実施の点で、折田校長の大阪中学校が、森文政以前からの先駆けだった事実が判明した。折田への関心がふくらみ、さらに深く掘り下げていく過程で、大阪中学校―三高への変遷とその意義、さらには折田のアメリカ留学の意味など、限りなく関心が広がっていった。それは、我ながら驚きでさえあった。

かくして、比較的身近にあった京都大学総合人間学部附属図書館の「舎密局〜三高資料室」に辿りついた。真夏にでも冷房装置のない資料室へ、日課として通い続けた。「学位論文が百本も書けるぞ」（某先生）とも言われるほどこの膨大な資料の一部を利用して、本書は、その中の一本目となったと思う。

＊　＊　＊

本書は、二〇〇五年に京都大学大学院教育学研究科に提出した学位請求論文「近代日本中等・高等教育の成立過程と折田彦市」に加筆・修正したものである。各章の内容と関係している既発表論文は以下の通り。

第一章　折田彦市のアメリカ留学体験　『教育史フォーラム』創刊号、二〇〇六年三月

第二・三章　大阪中学校・第三高等中学校の寄宿舎制度の特質――折田彦市の教育理念に即して――

森文政前後の中等教育における体操科の導入と変化――大阪中学校・第三高等中学校の実態を中心に――

『中等教育史研究』第一一号、二〇〇三年五月

『関西教育学会研究紀要』第三号、二〇〇三年六月

大阪中学校と折田彦市

『日本の教育史学』第四六号、二〇〇三年一〇月

第四章　尋常中学校から高等中学校への入学問題と『設置区域』――第三高等中学校への無試験入学の実態分析を手がかりに――

『日本教育史研究』第二三号、二〇〇四年八月

第一章は、既発表論文をほぼ二倍の枚数に加筆修正した。執筆時期は最も新しい。折田の模索を思想的に追跡する必要性に気づき、アメリカのプリンストン大学に、二〇〇四年三月から半年間、史料調査に出かけていった成果である。第二～四章は、教育制度・教科内容・寄宿舎といった三つのトピックを軸に構成した三本の論文を、それぞれ大阪中学校・大学分校・第三高等中学校という三つの時期にわけて、大幅に加筆・修正した上で再構成した。一方、それぞれの時期における文部省・東京大学・予備門の動向に関する部分は、最近発表した「高等中学校はいかなる経緯で設置に至ったのか?――中等教育史研究の課題と展望――」(『中等教育史研究』第一五号、二〇〇八年四月)にその一部を収録している。

本書は、中等・高等教育史、旧制高等学校史、三高・京都大学史、留学生史など様々な角度から読んでいただければありがたいと思う。中等教育の模索という点に限って言えば、対象の時期は、新谷恭明先生の『尋常中学校の成立』(九州大学出版会、一九九七年)と米田俊彦先生の『近代日本中学校制度の確立――法制・教育機能・支持基盤の形成――』(東京大学出版会、一九九二年)との間にあたる。また、三高の成立史、もしくは京都大学の前史として捉えることもできるかもしれない。『京都大学百年史』では戦後から

書き始められた京都大学総合人間学部（教養部）の歴史の、その前史にあたるといってもよい。

さらに、今日の大学教育改革との関連で考える場合、例えば「教養教育」のあり方をめぐって様々な議論が展開されているものの、その中身については必ずしも具体像が見えてこないきらいがある。旧制高校の教育、とりわけ人間形成に関わりが深い人文学的教養教育や語学教育などは、今日の「教養教育」を考える一つの手がかりになるかも知れない。もしそうであれば、望外な幸せである。

加えて、折田彦市の三高にもたらした影響は、いかに考えることができるか。さらに、いわゆる「京大の自由の学風」を考える時に、彼の存在はどのように意味づけられるのだろうか。さらに折田は、若き時代にアメリカへ留学し、そこで思想、中でも教育思想を形成し、帰国後、自らの留学体験で得た知見にもとづいて、日本の中等・高等教育の近代化に尽くした。近代日本留学生史の主題を考える時に、折田の留学経験は、いかに位置づけられるのだろうか。森有礼については、これまで多くの議論がなされたが、森文政など、教育の近代化を支えた文部官僚——たとえばこの折田のような官僚たちの留学経験にも、目を向けていくことが、留学生史研究を豊かにすることになるに違いない。

本書を書き終えて、いま、新たな研究テーマが浮上してきた。それは、東アジア、とりわけ中国近代化においてなされた、外国留学の歴史的なあり方である。明治初期、森や折田は、欧米留学を通して国家の近代化に貢献した。中国では、どうであったのか。二〇世紀前後に日本に大量の留学生を送り込んできた中国人留学生の、中国近代史における意味づけの問題と言ってもよい。

それは思えば、著者自身が、いま日本に留学して教育を考えていることと、重なる主題でもある。近代化をめざす「日本」を「東アジア（中国）」におきかえて、目下、東アジア留学生に関する研究に、新たな意欲を持って、日々取り組んでいる。もとよりそれは、本書の延長線上に、必然として自覚された研究である。なおこの研究主題によって、現在、日本学術振興会外国人特別研究員の機会に恵まれている。これにも感謝している。

＊　＊　＊

母は時々、息子のことを心配して占い師に尋ねる。占い師から「貴人」の助けがあるから心配不要だ、と言われたら慰めになるらしい。いつもはこの種の占いを一蹴する息子だが、この点に限っては否定することができない。本当に恵まれてきたと思うからである。

例えば高校時代に数学を教わった潘天章先生に、「一視同仁」という教育者、いや人間として最も基本的な姿勢を教わった。広州外国語学院時代は、韋立新先生、楊詘人先生の授業で語学を通じた異文化交流の楽しさを覚えた。「お雇い教師」水落いづみ先生、北嶋徹先生に強く勧められ、京都大学の研究生として留学することができた。暖かく受け入れていただいた山崎高哉先生には、感謝の辞を申し述べる前に、留学の事務手続きまでご迷惑をおかけしたことを、お詫び申し上げねばならない。

来日から本書が出来上がるまで、十年来の指導教官である辻本雅史先生と、大学院進学以降ご指導いただいた駒込武先生に、特に感謝したい。

辻本先生には、著者は初めての留学生であった。これまで学問の訓練を全く受けていなかった著者に、崩し字の読み方から句読点の打ち方まで、辛労を惜しまず丁寧にご指導をいただいた。学会発表の時、本人以上に真剣な眼差しで時計を見やっている先生の姿は、脳の奥に打ち付けて動かずのままとなっている。学問の方法だけでなく、いかに「人となる」べきか、というところまで教えられている意味において、真なる「教育者」である。

駒込武先生は、史料に基づいてものをいうという、いわば当たり前のことに、一切の妥協を許されない。天性散漫の著者は、それに十分にはお応えできなかったかもしれないが、必死に努力はしてきた。もし本書において、史料発掘・読解・立論に少しでも光るところがあるとすれば、それは先生のお蔭であると実感する。

恵まれた研究環境にもかかわらず、両先生は、常に異なった場での多様な意見に耳に傾けることを勧められた。その結果、本書に至る研究の過程で、諸々の研究会で様々な有益なアドバイスをいただいた。「教育史フォーラム・京都」での梅村佳代先生・沖田行司先生・宮坂朋幸さん、「久木自主ゼミ・教育と歴史研究会」の米田俊彦先生・湯川嘉津美先生・高橋陽一さん、「中等教育史研究会」の新谷恭明先生ほか皆さん、そして日本教育史学会の石川松太郎先生・高野俊先生にもお礼を申し上げたい。

「一八八〇年代教育史研究会」の研究主題の一つは、著者の考えていた課題と重なっている部分があり、そこで受けた学恩が大きい。神辺靖光先生・荒井明夫先生ほかの皆さんに深謝したい。

史料調査にあたり、数々の図書館や関係者にお世話になった。京都大学総合人間学部附属図書館、京都大学大学文書館、元防衛庁戦史資料室、国会図書館、同志社大学図書館、東京大学百年史編纂室、金沢大学附属図書館、熊本大学五高記念館、中でも格別なご便宜を図っていただいた京都大学大学文書館准教授の西山伸先生には、とりわけ感謝申し上げる。加えて、岡山朝日高等学校校史編纂室の後神俊文先生、同志社大学の本井康博先生、故石附実先生、海原徹先生、三高同窓会の海堀昶さん、一高同窓会の辻幸一さん、折田正昭さん、折田泰宏さん、そして京都大学教育学部図書室の福井京子さんにもお礼を申し上げたい。

また、アメリカ訪問中、プリンストン大学の Martin Collcutt, ラトガース大学の Donald Roden, 両先生のご協力に特に感謝したい。

With sincere appreciation to Martin Collcutt, Donald Roden and to Allen Buurma, Fred Mueller, Russell Gasero for assistance and encouragement. With thanks to Nancy Shader, Christine Kitto of Mudd Manuscript Library at Princeton University, Fernanda Perrone of Rutgers University's Alexander Library for valuable help in using archive materials.

本書の表紙で用いた写真を提供してくださったのは、石黒敬章氏である。折田彦市や森有礼を含めて「石黒コレクション」には、幕末・明治期の貴重な写真資料を多数、収集・展示されている。犬塚孝明先生のご協力にも感謝したい。

名を連ねることができないが、ほかにも諸々の方々の助けに恵まれた。ただただ感謝するのみ。

本書出版のチャンスを与えてくださった思文閣出版の原宏一さん、そして編集担当の立入明子さんにもお礼を申し上げたい。立入さんの適切なアドバイスと丹念な校正があって本書の最終的な上梓がある。最後に、縮衣節食しながらも養育してくれた父と母、また、琳佳・日新・那聡・鴻宇を両手に育てながら、常に笑顔で支えてくれた（高瀬）有佐にも、この場を借りて心より「謝謝」と言いたい。

二〇〇八年四月

厳　平

索　　引

【事　項】

【人　　名】

の

は

ひ

ふ

へ

ほ

ま

み

も

や

ゆ

◆著者略歴◆

厳　　平（Yan Ping）

1971年　中国生まれ
1993年　広州外国語学院日本語学科卒業
1997年　京都大学研究生として来日
2003年　京都大学大学院教育学研究科博士後期課程学修認定
2004年　「石川謙日本教育史研究奨励賞」（日本教育史学会）受賞
現在，日本学術振興会外国人特別研究員（京都大学）
教育学博士（京都大学）
主要論文：「大阪中学校と折田彦市」（『日本の教育史学』第46集，2003年）「尋常中学校から高等中学校への入学問題と『設置区域』」（『日本教育史研究』第23号，2004年）など．

三高の見果てぬ夢
——中等・高等教育成立過程と折田彦市——

平成20（2008）年５月29日発行

定価：本体7,500円（税別）

著　者　　厳　　平
発行者　　田中周二

発行所　株式会社　思文閣出版
〒606-8203　京都市左京区田中関田町2-7
電話075（751）1781（代）

印刷製本　株式会社　図書印刷　同朋舎

ISBN978-4-7842-1399-3 C3021